제3판

# 아동복지론

정미현 · 전영록 · 박주현 · 김태동

창지사

# 제3판 머리말

저출산 - 고령사회는 우리의 발목을 잡고 있다. 우리나라는 2001년부터 2018년까지 합계출산율 1.30명 미만의 초저출산이 18년 동안 지속되고 있다. 특히 2018년에는 세계적으로 그 유래를 찾아볼 수 없는 1.00명 미만의 합계출산율인 0.98명을 기록하였다. 만혼화와 더불어 초산 연령이 점차 노년화되며 단기간 내에 출산율이 오르기는 어려울 것이다.

한편, 우리 사회의 미래이고 사랑받으며 보호받을 권리가 있는 아이들이 눈에 잘 띄지 않는 사각지대에서 심한 학대를 받는 사례가 하나둘 드러나면서 크나큰 충격과 아픔을 주고 있다. 이처럼 아이들이 가장 행복하게 살아야 할 가정이 어떠한 이유로 아동인권의 사각지대가 돼가고 있는 것일까? 무엇보다 우리나라의 가부장적 전통과 유교문화의 영향에 기인한 것일 수도 있다.

우리나라에서는 가정 내에서 자녀가 하나의 독립된 인격체라기보다는 부모의 가르침이나 양육을 받는 대상이나 부모의 소유물로 인식돼 왔다. 내 자식을 내가 훈육하기 위해 체벌을 가하는 것이 용인됐던 사회문화가 사랑의 매를 만들어 낸 것이다. 그러한 사상의 영향으로 아동학대를 점점 더 가정 내 문제로 치부해 버린 것이다. 그래서 아동학대를 목격하거나 의심이 되더라도 신고를 꺼리게 되는 경우가 많다. 하지만 우리가 자주 접하는 외국 드라마에서조차 옆집에서 싸우거나 아이들을 학대한다고 생각되면 바로 경찰에 신고한다. 이는 관점의 차이이며, 관심의 차이이다. 그 차이가 아동학대 발견율에서 여실히 보이는 것이다.

아동은 우리 사회의 희망이고 미래다. 더구나 인구 감소 추세를 고려한다면 단 한 명의 아동이라도 학대의 피해자가 돼서는 안 된다. 모든 범죄의 시초는 가정과 어린 시기에 시작된다. 사랑받으면서 화목한 가정에서 자란 아이가 다른 사람에 대한 배려와 이해심이 더 많다.

이번 제3판에서는 아동복지 관련 법규의 개정에 따른 사항, 아동복지의 실천 방법과 기술, 아동학대와 시설보호아동 분야 등을 대폭 보완하였다. 구체적으로 제8장 제3절 코칭 부분과 제9장 제2절 시설보호아동 부분을 수정하였다. 아울러 각 장의 끝에 제시한 토론과 토의 부분도 보완하였다.

2020년 1월

저자 일동

# 머리말

아동복지란 무엇일까? 아동복지는 아동의 건전한 발달, 양육, 보호를 지향하는 인간서비스와 사회복지 프로그램 및 이데올로기의 한 부분으로, 아동이 행복한 삶을 누릴 수 있는 기본적인 여건을 조성하고 조화롭게 성장·발달할 수 있도록 하기 위한 다양한 지원을 말한다. 간략하게 말하면, 아동복지는 아동을 보호하고 가족의 안정성을 증대하기 위해 정부가 시행하는 서비스이다.

서구사회, 특히 대도시에서는 물리적 생활 이상의 개성발달, 취업지도, 여가활용 같은 문제 등을 다루는 여러 가지 고도의 전문활동이 아동복지사업에 포함된다. 저개발국이 전쟁과 재난 직후의 아동복지정책은 긴급급식, 수용시설, 간단한 의료조치와 같이 아동의 생존을 보장하기 위한 필수적 조치에 국한된다. 일반적인 생활수준, 교육수준, 국가의 재원 등이 아동복지의 수준을 결정하는 요인이다.

후진국에서는 경제적 빈곤 때문에 아동이 노동에 내몰리는 경우가 있다. 아동노동은 성인으로 성숙하는 데 장애를 일으키고 교육의 기회를 박탈하며, 이들은 힘들고 위험한 일을 하기도 한다. 아동 노동을 하는 사람이 얼마나 있고, 그들이 하는 일이 얼마나 어려운지를 파악하기는 힘들다. 들리는 말로는 최소한 15억 명의 아동(5세 이하)이 노동하고 있다는 주장도 있다.

몇몇 국가에서는 일반 범죄를 저지른 아동을 구속할 수 있다. 이란이나 중국 같은 곳에서는 어린이가 사형도 당할 수 있다. 이러한 맥락에서 소년병이 생겨나고, 이들은 전쟁포로가 될 수도 있다. 가난에 빠진 어떤 아동은 아동 성매매를 저지르는 성인에 의해 성매매를 당할 수도 있다. 매우 극심한 가난과 인구과잉을 겪고 있는 중국 및 인도의 일부 지역에서는 영아 살해가 자행되기도 하며, 남아선호사상에 근거한 여아 살해도 지금까지 이루어지고 있다. 대한민국에서도 산전(産前)진단을 통해 수많은 여아가 낙태된 바 있다.

정부가 아동복지의 대상으로 삼는 아동 중 대부분은 성학대, 방임, 신체적 학대, 정신적 학대 등과 같은 문제를 겪고 있다. 이러한 문제에 노출된 아동에게 정부는 아동센터를 통한 지원을 하거나, 경찰력을 동원하거나, 입양을 통해 문제를 해결한다.

이 책은 이러한 아동의 다양한 문제에 접근하여 아동복지적 측면에서 그 해결방안을 독자가 스스로 모색해 보도록 하는 데 목적을 둔다. 이를 위해 2012년에 한국사회복지교육협의회에서 발간한 『사회복지학 교과목지침서』와 한국보육진흥원에서 발간한 『표준교과개요(보육교사 2급 자격 취득 교과목, 2014 개정판)』을 참고하여 총 13장으로 서술하였다. 이는 아동복지론이 사회복지사와 보육교사 자격증 취득을 위한 공통과목인 점을 감안하였기 때문이다.

끝으로 원고를 의뢰한 도서출판 창지사 관계자분께 마음속 깊은 곳에서 고마움을 전한다. 무엇보다 이 책을 쓸 수 있도록 모든 것을 허락하신 하나님의 축복과 은혜에 무한한 감사를 드린다.

2014년 8월

저자를 대표하여

남예종 연구실에서 **정 미 현**

# 차례

01
CHAPTER

# 아동과 사회환경

아동복지란 무엇인가? 아동복지를 이해하기 위해서는 먼저 아동을 제대로 이해하고, 그 다음에 복지의 기본 개념을 파악하면 될 것 같다. 역사적으로 아동에 대한 인식은 다양하게 변화해 왔는데 오늘날에 아동은 발달하는 존재이고, 독립된 인격을 가진 권리의 주체로 이해하고 있다. 복지(welfare)는 더욱 '만족스럽게, 행복하게'를 의미하는 부사 'well'과 '지나가다'를 의미하는 동사 'fare'가 합해진 용어로 '행복하게 잘 지내다'를 뜻한다.

아동복지 개념은 아동의 지위가 향상되고 복지사회에 대한 관심이 증가하면서 등장하게 되었다. 즉, 사회가 아동의 기본적인 욕구를 보장하고 그들이 건전하게 성장하고 발달할 수 있도록 제반 노력을 기울이면서 등장한 것이다. 본 장에서는 아동복지에 대한 기본 이해를 위해서 아동의 개념과 특성, 아동복지의 개념과 전제조건, 아동과 사회환경 등에 대해서 알아보기로 한다.

## 제1절 아동의 개념과 특성

### 1. 아동의 개념과 특성

#### 1) 아동의 개념

아동은 보는 관점에 따라 어른의 작은 형태, 꾸밈없는 천진난만한 존재 또는 생리적 충동과 욕구가 강한 존재로서 다양하게 표현되고 있지만, 아동에 관하여 사회적으로 합의된 일반적인 개념을 살펴보면, '신체적, 정신적으로 성장하는 과정에 있는 사람'을 아동이라고 부를 수 있다.

아동의 나이 구분 기준은 법률의 규정을 따르는 것이 일반적이다. 그러나 아동의 정의는 법률에 따라 다소 차이가 있다. 「UN 아동권리협약」에서 아동의 정의는 "아동에게 적용되는 법에 따라 더 조기에 성인 연령에 달하지 아니하는 한 18세 미만의 모든 사람"을 의미한다. 우리나라 「아동복지법」 제2조에서도 "아동이라 함은 18세 미만의 자"라고 규정하고 있다. 「입양특례법」 제2조에서도 아동이란 "18세 미만인 사람"을 말한다고 규정하고 있다. 「한부모가족지원법」 제4조 제5호에서도 "아동이란 모 또는 부에 의하여 양육되는 18세 미만의 자녀"로 정의하고 있다. 「실종아동 등의 보호 및 지원에 관한 법률(약칭: 실종아동법)」 제2조에서도 "18세 미만 아동"을 지원대상으로 규정하고 있다.

아동과 관련된 개념으로 미성년, 소년, 청소년, 영유아 등의 연령은 관련법령의 목적과 취지에 따라 다소 다르게 규정되고 있다. 「민법」에서는 만 19세 미만의 자를 미성년[1]이라 하고 있고, 「소년법」에서는 "20세 미만의 자를 소년"이라고 규정하고 있다. 그리고 「청소년기본법」 제2조에서는 청소년을 "9세 이상 24세 이하의 자"로 규정하고 다만, 다른 법률에서 청소년에 대한 적용을 달리할 필요가 있는 경우에는 따로 정할 수 있다고 하였으며, 「청소년보호법」에서 청소년은 19세 미만의 자로 규정하였다. 또한, 「영유아보육법」에서는 "6세 미만의 취학 전 아동"을 영유아라고 정의하고 있고, 「유아교육법」에서는 3세부터 초등학교 취학 전까지의 아동을 유아로 규정하고 있다.

이처럼 「아동복지법」상 아동의 나이, 「민법」상 미성년의 나이, 「청소년기본법」, 「청소년보호법」의 청소년 나이는 법의 취지와 목적에 따라 다소 다르게 정의되고 있음을 볼 수 있다.

---

1) 「민법」 제4조(성년)
사람은 19세로 성년에 이르게 된다.

〈표 1-1〉 법률적 관점에서의 아동의 규정

| 관련법 | 구분 | 연령 |
|---|---|---|
| 「아동복지법」 | 아동 | 18세 미만 |
| 「입양특례법」 | 아동 | 18세 미만 |
| 「한부모가족지원법」 | 아동 | 18세 미만 |
| 「실종아동법」(약칭)(주1) | 아동 | 18세 미만 |
| 「민법」 | 아동 | 19세 미만 |
| 「소년법」 | 소년 | 19세 미만 |
| 「청소년기본법」 | 청소년 | 9세~24세 이하 |
| 「청소년 보호법」 | 청소년 | 19세 미만 |
| 「영유아보육법」 | 영유아 | 6세 미만 |
| 「유아교육법」 | 유아 | 3세부터 취학 전 |

(주1) 이 법의 정식 명칭은 「실종아동 등의 보호 및 지원에 관한 법률」이다.

또한, 발달시기별 기준으로는 다음 표에서와 같이 출생에서부터 만 12세 미만까지의 초등학교에 재학 중인 시기를 아동기라고 한다.

〈표 1-2〉 발달시기별 아동의 규정

| 시기 | 아동의 호칭 | 연 령 |
|---|---|---|
| 영아기 | 영아 | 2세 미만 |
| 유아기 | 유아 | 2~6세 미만 |
| 아동기 | 아동 | 6~12세 |

따라서 우리가 아동을 정의하고자 할 때 발달적 관점에 따라 혹은 법률적 관점에 따라 다르게 정의될 수 있음을 알고 접근할 필요가 있다. 이 책에서는 신체적 · 인지적 · 정서적 발달과정에 대한 접근에서는 발달적 관점에 따른 아동의 개념을 보다 충실히 이해할 수 있도록 하고자 하며 나아가 「아동복지법」에 근거하여 18세 미만인 자를 아동으로서 규정하고 접근하고자 한다.

## 2) 아동의 특성

아동의 발달에 대해 알아 간다는 것은 놀랍고도 경이로운 일이다. 아동은 온전한 인간으로서의 성장과 발달이 이루어지는 시기로서 성숙하고 성장하며 무한한 가능성을 가진 존재이며 충분한 사랑으로 양육되어야 하는 존재이다.

### (1) 아동은 성숙하고 성장하며 무한한 가능성을 가진 존재

성숙은 아동기의 중요한 특성이며, 아동의 성장은 미성숙한 단계에서 성숙한 단계로 나아가는 과정이라 할 수 있다. 아동은 일상생활의 성장과정에서 필요한 이해력과 신체적, 정신적 기능과 능력을 적절하게 발전시켜 나간다. 이때 아동은 주변의 격려와 지도를 필요로 하며 수준에 맞는 지식, 기술, 행동방식 등에 관한 학습의 기회를 필요로 한다. 따라서 아동은 개인차가 고려된 그의 발달단계와 능력에 비추어 이해되어야 하며, 아동에 대한 기대는 다른 아동과의 비교에서가 아니라 그 아동의 발달수준이나 능력에 적절한 것이어야 한다. 아동이 다음의 발달단계로 나아가기 위해서는 아동의 각 발달단계에 필수적인 핵심과제들이 해결되어야 한다. 예를 들어 영아기의 자율감 획득이라든지, 구강기 영아의 충분한 욕구 충족을 통한 만족감과 신뢰감 획득이 그 예가 된다.

아동은 환경과의 관계에서 적응하는 특성을 갖는다. 아동은 가정으로부터 점차 또래집단, 학교, 지역사회, 직업집단과 같은 사회공동체에 소속하여 사회적 인간으로 성장하여 간다. 따라서 아동이 성장하기 위해서는 이러한 여러 집단에의 적응을 절대적으로 필요로 한다. 아동기란 환경 속의 인간으로서 독립생활이 가능한 사회적응능력을 학습하는 시기이므로 생물학적 성장만으로는 인간사회에 충분히 적응할 수 없으며, 정신적·신체적 발달과 함께 사회생활의 적응능력을 키워 주어야 하며 이를 통해 훌륭한 사회적 인간으로 성장하게 된다. 문명이 덜 발달된 사회에서는 환경에 대한 적응이 비교적 쉬웠지만, 오늘날과 같은 문명사회의 복잡한 사회환경에서 아동이 잘 적응하기 위해서는 상당한 기간 동안 부모나 사회로부터 적절한 관심과 보호와 교육이 필요하다. 따라서 부모나 교사는 아동의 발달단계에 따른 특성과 성인의 역할에 대해 이해해야 하고, 이를 통해 아동의 건강한 성장을 지지해 주어야 한다.

### (2) 아동은 충분한 사랑으로 양육되어야 할 존재

아동은 생명의 유지와 신체적·지적·사회적 발달을 위하여 부모를 비롯한 보호자의 사랑과 관심에 의존하게 된다. 특히 신생아는 더욱 그러하다. 아동은 안전하고, 사랑을 받아야 하며, 소속감을 갖고자 한다. 부모를 상실하였거나, 부모가 있어도 사랑과 보호를 받을 수 없을 경우, 아동은 정체감 상실이나 불안을 느끼게 된다. 그동안 많은 연구를 통해 우리는 아동기에 충분한 사랑으로 양육되지 않은 경우 부작용으로 성격장애나 또래관계에의 어려움, 혹은 성인기 대인관계에 어려움을 겪게 된다는 것을 알고 있다. 아동기에서 가장 필요한 것은 식욕, 갈증, 호흡, 수면, 휴식, 배설, 고통 회피 등과 같은 생명을 유지하기 위한 인간본능의 생리적 욕구(physiological needs) 충족이다. 그러나 이러한 생명유지에 필요한 욕구가 충족되더라도 그것이 아동으로서 건전하게 성장·발달하는 충분한 조건은 되지 않는다. 왜냐하면, 인격적 욕구(personality needs)라 할 수 있는 정신적·심리적 욕구가 동시에 충족되어야 하기 때문이다(Maslow, 2013). 아동은 가정에서 사랑을 받고, 또래 아동들과 어울리고, 인정받고 싶어 하며, 새로운 경험을 하고자 하는 욕구가 있다. 아동은 감정이 매우 예민하고 욕구나 열망에 대한 만족을 즉각적으로 얻기 원하며 느긋하게 참고 기다리기 어렵다. 이러한 욕구충족이 계속적으로 좌절될 경우, 불안과 불신이 조성되며, 냉담과 퇴행에까지 이를 수 있다. 타인이 자신에게 관심을 가지느냐 또는 가지지 않느냐에 매우 민감한 반응을 보이며, 가족이나 자신과 가까운 사람들의 감정에 매우 예민하다. 그리고 성장기의 아동들은 학교나 이웃의 친구들과의 관계에도 민감하다. 따라서 부모와 교사는 아동이 충분히 사랑받고 있다는 느낌을 가질 수 있도록 배려해야 한다. 아동은 안전한 환경, 충분한 사랑과 관심을 받고 있다고 느낄 때 자존감을 획득하게 되고 자존감은 아동에게 있어 기본이 되는 덕목이다.

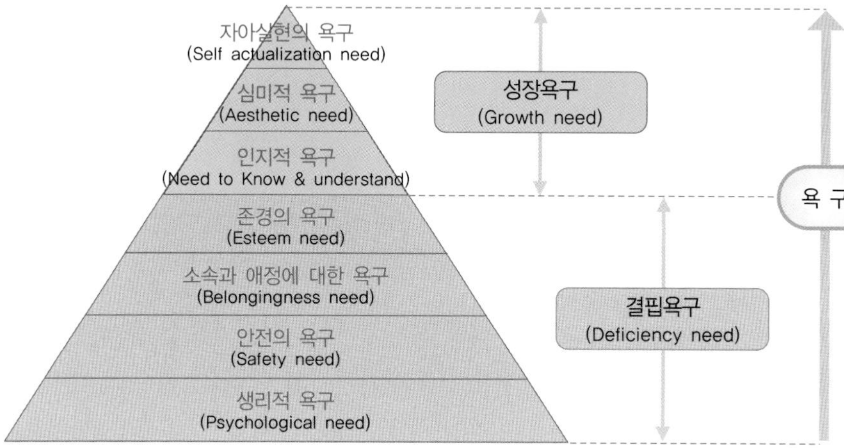


[그림 1-1] Maslow의 욕구계층도(Maslow's Hierarchy of needs)
출처: Slavin(2007).

## 2. 아동발달의 개념과 특성

발달(development)이란 수태부터 사망에 이르기까지 개인에게 일어나는 양적이고 질적인 모든 변화를 의미한다. 발달은 양적인 변화인 성장(growth), 질적인 변화인 성숙(maturation), 연습, 훈련, 의도적 경험 등을 통해 일어나는 변화인 학습(learning)을 포함하는 모든 변화를 의미한다. 발달에 대해 보다 잘 이해하기 위해서는 이와 같은 발달과 관련된 개념을 이해할 필요가 있다. 발달과 관련된 개념으로 성장과 성숙, 학습이라는 개념에 대해 살펴보면 성장(growth)은 신체의 크기나 능력이 증가하는 것으로 주로 양적인 변화를 의미한다. 이와 비교할 때 성숙(maturation)은 유전적 요인에 의해 발달적 변화들이 통제되는 생물학적 과정을 말한다. 유아기의 빠른 성장과 사춘기의 2차 성징과 같은 변화는 성숙에 기인한 것이다. 한편, 학습(learning)은 직접 또는 간접 경험의 산물로서 훈련이나 연습에 기인하는 발달적 변화를 의미한다. 외국어의 습득은 매우 특정한 훈련에 의존하는 학습된 행동이라고 할 수 있다.

이와 같이 인간의 발달은 성장, 성숙, 학습의 세 과정이 공존할 때 비로소 이루어진다. 즉, 일생을 통하여 성장, 성숙, 학습에 의해 이루어지는 변화과정이 바로 인간발달이다. 인간발달은 눈에 보이는 성장(growth)인 양적인 변화(quantitative change)와 보이지 않는 변화인 성숙(maturation) 그리고 의도적인 노력의 결과로 말미암은 변화인 학습(learning)의 개념을 담은 질적인 변화(qualitative change) 모두를 포함하는 개념인 것이다(Papalia et al., 2008).

### 1) 아동의 발달적 특성

아동의 발달에는 몇 가지 특성이 있다. 첫째, 발달은 일정한 원리에 의해 이루어지며, 방향과 순서가 있다. 예를 들어 머리에서 발끝 방향으로 진행되는 두미발달, 몸의 중심에서 바깥으로 진행되는 근원발달이 그것이다. 둘째, 발달은 지속적인 과정이지만 속도는 일정치 않다. 예를 들어 신체발달은 지속적으로 일어나지만 영아기에 급속도로 집중된다. 따라서 영아기를 제1신체성장급등기라고 한다. 셋째, 발달은 개인차가 있다. 모든 인간은 보편적 발달 순서에 따라 발달하지만 속도와 양상은 다르다. 개인차가 있다는 사실을 부모가 놓칠 때 아동은 고달파지고 불행해질 수밖에 없다. 넷째, 발달에는 최적기가 있다. 예를 들어 생의 초기인 영아기에는 애착형성이 이루어져야 하며, 적절한 애착을 형성하지 못했을 경우 원만한 대인관계형성이나 적응에 곤란을 겪을 수 있다. 이러한 아동발달의 시기별 발달특성에 대해 알아보면 다음과 같다.

### (1) 영아기의 발달특성

출생에서부터 만 2세까지의 시기를 영아기라고 한다. 영아기는 신체성장 제1 급등기이다. 인간의 일생에서 신체적 성장이 가장 빠른 속도로 이루어지는 시기이며 신체와 더불어 뇌의 성장이 급속히 이루어진다. 감각과 지각이 발달하고 생존을 위해 본능적으로 행동하던 반사적 유기체에서 점차 생각하는 유기체로 변화한다. 인지발달과 더불어 한 단어, 두 단어 문장을 사용하기 시작한다. 쾌, 불쾌 정도만 느끼는 상태에서 좀 더 다양한 감정을 표현할 수 있게 된다.

영아기에는 무엇보다 애착이 중요한 개념이 된다.[2] Bowlby(1989)에 의해 강조된 애착은 영아와 주양육자 간에 형성된 정서적 유대감이다. 낯선상황실험(strange situation experiment)을 통해 Ainsworth(1979)는 애착의 유형을 안정애착(secure attachment)과 불안정애착(insecure attachment)으로 분류하고 불안정애착을 다시 불안정회피애착(insecure avoidant attachment), 불안정저항애착(insecure resistant attachment), 불안정혼란애착(insecure disorganized attachment)으로 분류하고 있다. 이러한 애착형성에 영향을 미치는 요인으로 영아의 기질뿐만 아니라 어머니의 성격 및 사회경제적 지위 등의 어머니의 특성도 그 요인으로 들 수 있다. 이와 같이 영아기 아동의 욕구는 주(主)양육자와의 안정애착을 형성하는 것이다. 이는 민감하고 일관된 정성스런 돌봄을 통해 충족된다. 이를 통해 영아는 주양육자를 신뢰하게 되고 영아기에 형성된 신뢰감은 또래관계, 나아가 모든 인간관계와 세상에 대한 신뢰감으로 발전된다.

영아기 아동의 또 다른 중요한 욕구는 자율감(autonomy) 형성이다. 영아들은 스스로 먹고자 하며 스스로 신발을 신고 싶어 하고 스스로 옷을 입고 싶어 한다. 이는 스스로 살아 있는 존재임을 확인하는 것이다. 부모는 이를 적극 수용해 줌으로써 영아가 자율감을 획득할 수 있도록 도울 수 있다.

---

2) 거위의 사회성 애착현상을 설명한 로렌츠의 각인(Lorenz's Imprinting)이론을 참고하기 바란다.

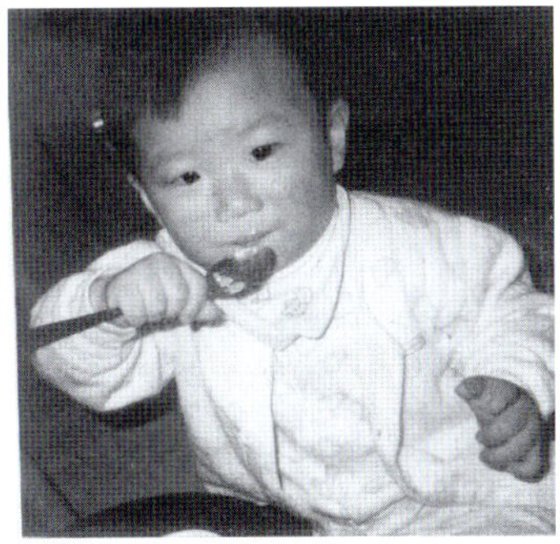

▲ 스스로 밥을 먹고 있는 12개월 영아

### (2) 유아기의 발달특성

만 2세 이후부터 6세인 학령전기 시기를 유아기라고 한다. 유아기는 언어발달의 폭발기라고 할 정도로 하루에 수백 개의 새로운 단어들을 습득한다. 유아가 처음 듣는 단어의 의미를 어떻게 습득하는가는 아직 완전히 밝혀지지 않았지만 상당히 어린시기부터 사회적·맥락적 단서를 활용하는 것으로 보인다. 유아가 새로운 단어의 의미를 습득하는 방법 중 하나는 짧은 순간에 어떤 단어를 한번만 듣고도 그 단어의 의미를 습득하는 신속표상대응이라는 과정이다. 신속표상대응(fast mapping)은 추상적 정보보다는 구체적 사물에 대해서 더욱 정확하고 빠르게 일어난다. 또한, 연령이 증가함에 따라 이 과정의 속도도 빨라지게 된다.

Piaget에 의하면, 유아기는 전조작기에 해당된다. 이 시기는 상징적 사고, 자기중심적 사고, 꿈의 실재론, 전환론적 추론 등의 특징을 가진다. 전조작기는 다시 전개념적 사고기와 직관적 사고기로 나눈다.

유아기는 아동에게 있어 점차 또래의 중요성이 커지는 시기이다. 놀이를 통해 유아들은 학습하고 사회적 유능성을 성장시킨다. 놀이는 단순 반복하는 기능놀이부터, 방관자적 놀이, 평행놀이, 구성놀이, 가상놀이를 거쳐 규칙이 있는 게임으로 발전되어 간다.

유아기 아동의 욕구는 주도성(initiative) 획득이다. 언어 및 놀이를 지지해 줌으로써 영아기에 획득한 자율감을 바탕으로 자기주도적인 활동을 통해 자아통제와 자조능력이 획득되도록 도와줄 수 있다.

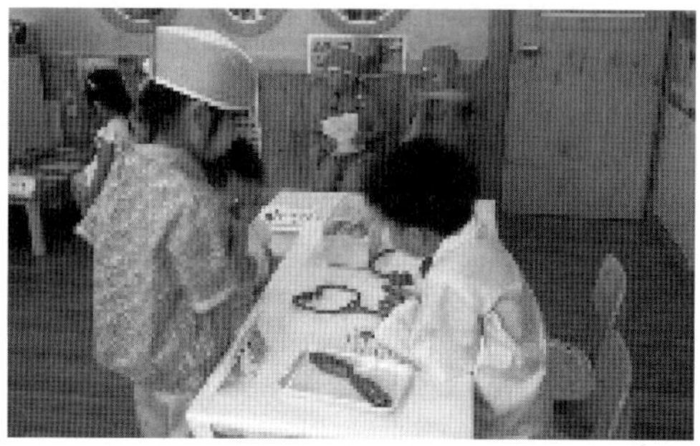

▲ 상징놀이의 하나인 병원놀이 중인 유아들

유아기 발달에서 중요한 측면 중의 하나는 성역할 발달이다. 정신분석이론[3]에서는 동일시를, 사회학습이론에서는 관찰과 학습을, 인지발달이론에서는 인지발달에 따른 자아개념의 인식으로 성역할 발달을 설명한다. 성역할 발달에 영향을 미치는 요인으로는 생물학적 요인과 더불어 부모, 또래와 교사, 대중매체 등이 있다. 따라서 교사는 극단적 사고나 편견에서 벗어난 언행을 통해 인간에 대한 바른 이해와 모델을 보여줄 수 있도록 노력해야 한다.

#### (3) 아동기의 발달특성

아동기는 초등학교에 다니는 시기를 말한다. 생활의 중심이 가정에서 학교로 옮겨 가게 되어 이 시기는 또래의 역할이 더욱 중요하게 된다. 따라서 이 시기를 'gang stage'라고 한다. 즉, 무리를 지어 다니며 부모보다는 또래의 영향을 더 받는다는 것이다.

아동기는 성장통(growing pains)을 경험하게 된다. 빠르면 아동기 후반기부

---

3) 심리성적 발달단계에서 남아는 오이디푸스 콤플렉스를, 여아는 엘렉트라 콤플렉스를 경험하고 이를 해결하기 위한 수단으로 성역할 동일시가 이루진다.

터 2차 성징이 나타나기도 한다. 아동기는 계속 성장하는 시기이므로 성인보다 단백질을 더 많이 섭취해야 한다.

아동기에는 다양한 기억전략을 사용하며 자아 개념이 발달한다. 자존감은 유아기 때보다는 다소 떨어진다. 이는 학령기에 학업적 자존감, 사회적 자존감, 신체적 자존감 등 유아기보다 객관적인 평가요소가 많아지기 때문이다.

〈표 1-3〉 Kohlberg의 도덕성 발달단계

| 수준 | 단계 | 내용 |
|---|---|---|
| 전인습적 수준<br>(preconventional level) | 1단계<br>벌과 복종 지향의 단계 | 보상을 받게 되면 옳은 행동이고 벌을 받게 되면 나쁜 행동이라고 인식한다. 부모는 훈육 시 기준을 세우고 기분에 따라 훈육하지 않도록 주의한다. |
| | 2단계<br>목적과 상호교환 지향의 단계 | 원하는 것을 얻기 위해서 행동한다. 나의 욕구충족이 우선순위에 있다. 따라서 개인의 행동에는 책임이 따름을 가르칠 필요가 있다. |
| 인습적 수준<br>(conventional level) | 3단계<br>착한 아이 지향의 단계 | 그 행동이 옳은 행동이어서가 아니라 인정받기 위해서 착한 행동을 한다. 남에게 보이기 위해서가 아닌 옳고 그름에 대한 가치를 이해하도록 일상생활에서 모델이 된다. |
| | 4단계<br>법과 질서 지향의 단계 | 추상적 사고가 가능하다. 본인이 사회의 일원임을 알고 사회기준에 따라 행동한다. 타인이 보고 있지 않아도 법을 준수할 수 있다. |
| 후인습적 수준<br>(postconventional level) | 5단계<br>사회계약 지향의 단계 | 모든 사람의 권리를 중시하며 법을 준수한다. 법과 도덕적 견해 사이에서 갈등할 수 있다. |
| | 6단계<br>보편원리 지향의 단계 | 법이나 관습보다 인간의 존엄성에 근거한 보편원리에 따라 행동한다. |

출처: Reed(1997).

아동기는 사회의 규범, 규칙, 가치 등 도덕성 발달이 이루어지는 시기이다.[4) ] Kohlberg(1976)는 아동과 청소년을 대상으로 가상의 도덕적 갈등상황을 제시하고 이에 대한 대답을 통해 도덕성 발달을 6단계로 설명하면서 아동기는 3단계와 4단계인 인습적 수준단계(conventional level)에 도달한다고 하였다. 도덕적 행동은 주로 강화, 처벌, 모방 등으로 설명되는데 부모의 양육행동, 즉 논리적 설명을 사용한 훈육법은 자녀에게 내면화된 도덕성을 발달시킨다.

아동기 아동의 욕구는 학교에의 적응과 학업성취 및 규칙과 질서를 따르는 행동을 하는 도덕적인 사회행동을 하는 것이다. 유아기까지는 가정과 가족의 영향이 컸다면 아동기에는 또래와 사회적 규범이 더 많은 영향을 미치게 된다. 따라서 부모는 객관적이고 논리적인 설명을 통한 훈육을 하도록 한다.

### 2) 아동발달의 쟁점

아동발달에 대한 유전과 환경을 둘러싼 수십 년간의 논쟁 끝에 현대의 발달심리학자들은 유전과 환경의 상호작용적 특성을 고려하여 유전과 환경이 어떻게 상호작용하는지에 대해 관심을 가진다. 발달은 유전에 의하는 것인가? 아니면 환경에 의하는 것인가?

---

4) 하인츠의 딜레마(Heinz's dilemma)는 윤리와 도덕 수업에서 자주 쓰는 딜레마이다. 다음은 콜버그의 도덕성 발달단계에서 상용되는 버전이다. "한 여성이 사경을 헤매고 있다. 의료진은 그녀를 살릴지도 모르는 약을 알고 있다. 그것은 라듐으로 이루어진 것으로, 같은 동네에 있는 약사가 최근에 발견한 것이다. 약사는 소량의 약을 원가 20만 원으로 조제하여, 그 10배인 200만 원에 판매하기로 한다. 병을 앓고 있는 여성의 남편인 하인츠는 그의 모든 지인에게 돈을 빌리러 찾아가지만, 그는 모두 합하여 판매가격의 절반인 100만 원밖에 모으지 못한다. 그는 약사에게 그의 아내가 죽어가고 있으니 좀 더 싼 가격에 팔거나 나중에 지불하게 해달라고 부탁한다. 그러나 약사는 다음과 같이 말하며 거절한다. '안 됩니다. 저는 이 약을 개발했고 이것으로 돈을 벌 것입니다.' 절박해진 하인츠는 약사의 연구실에 무단 침입하여 약을 훔치려 한다. 하인츠는 아내를 살리기 위해 연구실에 침입하여 약을 훔쳐야 하는가? 그리고 그 이유는?"

### (1) 유전

인간의 유전자는 46개, 즉 23쌍의 염색체 배합으로 형성된다. 이 23쌍의 염색체 중 22쌍은 상염색체(autosome), 1쌍은 성염색체(sex chomosome)이다. 이 염색체 속에는 DNA로 되어 있는 유전인자(gene)가 들어 있다. 유전인자의 이상에 따른 것으로 적혈구성 빈혈, PKU(phenylketonuria) 등의 질병이 있고, 성염색체 이상으로 말미암은 클라인펠터 증후군(klinefelter syndrome), 터너(turner) 증후군, 초웅(supermale), 초자(superfemale) 증후군 등이 발생할 수 있다. 이런 유전인자에 의한 질병에 지나치게 몰두하게 되면 인간이란 환경자극 없이 유전자에 의해 특성과 운명이 결정지어진다고 생각할 수 있다.

### (2) 환경

행동주의자 Watson은 12명의 건강한 아이들을 재능이나 적성과는 상관없이 어떤 사람으로도 만들 수 있다고 주장했다. 이것은 환경의 중요성을 주장한 예이다. 미국의 'Head start 프로그램' 같은 사회프로그램은 환경에 따라 아동이 변화될 수 있음을 보여 준다.

유전과 환경의 요인은 매우 복잡하게 상호작용하므로 어떤 특성이 어떻게 얼마나 영향을 주고받는지는 매우 알기 어려운 문제이다. 일반적으로 인간발달은 유전과 환경의 상호작용으로 이루어진다. 개인의 인자형은 표현형을 절대적으로 제한한다. 예를 들어 아무리 많이 먹어도 3미터까지 자랄 수 없는 것처럼 유전적 요인은 성장의 한계를 설정한다. 반면, 환경적 요인은 유전적 잠재력을 제한한다. 예를 들어 성장과 발달은 유전으로 한계가 설정되지만, 환경에 의해서도 달라질 수 있기 때문이다. 따라서 무엇이 더 중요한가를 생각하기보다 개인의 유전적 잠재력이 최대한 발휘될 수 있는 최적의 환경적 조건을 조성하려는 노력이 필요하다.

### 3) 아동발달의 원리

인간발달이란 난자와 정자가 수정되는 순간, 즉 수태에서부터 시작되는 계속적인 과정을 말한다. 수태하는 순간부터 세포분열이 시작되는데, 하나의 세포인 수정란은 수백만 개의 세포가 형성될 때까지 아주 빠른 속도로 분열을 계속한다. 새로 형성된 세포들은 세분화된 역할을 맡아 신체의 여러 기관을 형성하게 된다.

태내기의 발달 순서는 정해져 있다. 모든 태아는 같은 순서로 그리고 거의 같은 시기에 발달한다. 성장과정은 태내기나 출생 후나 매우 복잡한 것이지만, 아동발달에는 몇 가지 일반적인 원칙이 있다.

#### (1) 일정한 순서

발달은 일정한 순서(regular order)로 진행된다. 즉, 모든 유아는 앉을 수 있게 된 다음에 비로소 설 수 있으며, 설 수 있게 된 다음에 걸을 수 있고, 원을 그릴 수 있게 된 다음에 사각형을 그릴 수 있다. 언어발달에도 순서가 있어 옹알이를 한 다음에 말을 할 수 있으며, 간단한 문장을 사용할 수 있게 된 다음에 복잡한 문장을 사용하게 된다. 인지발달 또한, 상징적 사고가 가능한 다음에 보존 개념을 획득하게 되고, 그다음에 추상적 사고가 가능해진다.

#### (2) 일정한 방향으로 진행

발달은 일정한 방향(regular direction)으로 진행된다.

##### ❶ 두미(cephalocaudal)발달 원칙

발달은 머리에서 발 방향으로 진행된다. 즉, 머리 부분이 몸통이나 사지보다 일찍 발달한다. 태내기의 태아와 영아기의 아동은 머리가 먼저 발달하여 가분수적 신체비율을 보이다가 유아기에는 몸통이 자라고 아동기에는 팔다리가 자라면서 12세경에는 전체적인 신체비율이 성인에 가깝게 된다.

#### ❷ 근원(proximodistal)발달 원칙

발달은 안에서 바깥쪽으로 진행된다. 즉, 중심부가 말초신경보다 먼저 발달한다는 것이다. 예를 들어 팔, 손목, 손, 손가락의 순서대로 발달이 이루어진다.

#### ❸ 세분화(mass to specific)발달 원칙

발달은 일반적인 것에서 특수한 것으로 진행된다. 유아 초기의 행동은 몸 전체를 사용하는 거칠고, 산만하고, 분화되지 않은 것이지만 점차 분화되고 정밀한 행동으로 대체된다. 예를 들어 영아는 물건을 잡기 위해 거의 온몸을 다 사용하지만, 시간이 지나면서 엄지손가락과 집게손가락만을 사용하게 된다.

### (3) 일정하지 않은 속도

발달은 지속적으로 이루어지지만 그 속도는 일정하지 않다(irregular speed). 신체발달은 영아기가 가장 급속한 성장을 보인다. 출생 후 첫돌까지는 신장과 체중 및 뇌 발달이 많이 이루어진다. 이때를 신체성장의 1차급등기라 한다. 이와 같이 영아기, 유아기, 아동기에도 지속해서 이루어지지만 특별히 신체성장이 급속도로 이루어지는 기간이 있는가 하면, 심리적 발달이 급속도로 이루어지는 기간이 있다. 예를 들어 청년기가 되면 다시 신장과 체중이 급격히 성장하는데, 이것을 청년기 성장급등(adolescent growth spurt)이라고 한다. 생식기관은 아동기에는 그 발달이 매우 느리지만, 사춘기에는 급속도로 발달한다. 유아기에는 어휘력이 갑자기 풍부해지고, 청년기에는 논리적인 문제 해결능력이 현저하게 향상된다.

### (4) 개인차

발달에는 개인차(individual difference)가 있다. 즉, 인간은 많은 공통점을 지니지만, 놀랍게도 모든 개인은 각기 다 다르다. 사실 일란성 쌍생아들 간에도 출생 때부터 개인차가 나타난다. 모든 아동의 발달은 일정한 순서대로 이루어지지만, 발달의 속도와 양상은 아동마다 제각기 다르다. 특히 사춘기와 같은 성적 성숙의 시기에는 상당한 개인차가 있다.

개인차는 아동을 이해하는 데 있어서 어쩌면 가장 중요한 개념이라고 해도 과언이 아니다. 부모와 교사는 아동 개개인의 특성과 발달을 이해하고 그에 맞는 사려 깊은 접근을 해야 한다. 예를 들어 아동이 받아쓰기 테스트에서 100점을 받아왔을 때 어머니들은 처음에 기뻐하다가 그 반의 아동 대부분이 100점을 받았다고 하면 시큰둥해 하거나 화를 내기도 한다. 형제와 비교하고 또래와 비교하면서 아동의 특성을 고려하지 않은 채 무작정 아동에게 압력을 가한다면 아동은 견디기 힘들다.

#### (5) 각 영역의 연관성

발달에 있어 각 영역은 서로 상호관련(interrelation)이 있다. 아동의 발달에 있어 생물학적 발달, 인지적 발달, 사회정서적 발달은 서로 상호작용을 한다. 사회정서적 과정이 인지적 과정에 영향을 미치고, 인지적 과정은 사회정서적 과정에 영향을 미치며, 생물학적 과정은 또 인지적 과정에 영향을 미친다. 예를 들어 건강한 영아는 이리 저리 주변을 호기심을 가지고 탐색하게 되고, 묻고 만지고 경험한다. 이것은 신체적 건강함이 사회정서발달의 견인차가 되고 이것이 인지발달에 영향을 미치는 것이다.

### 4) 아동발달의 영역

아동발달은 대체로 세 영역, 즉 ① 생물학적 발달, ② 인지적 발달, ③ 사회정서적 발달로 이루어진다. 이러한 생물학적 발달, 인지적 발달, 사회정서적 발달은 서로 상호작용을 한다(그림 1-2 참조). 예를 들면, 아동이 다른 사람에게 신체적으로 어떻게 보이는가 하는 것은 아동 자신이 느끼는 감정에 영향을 미치고, 친구관계에도 영향을 미친다. 추론능력은 다른 사람이 원하는 것이 무엇인가를 이해하는 능력에 영향을 미치고, 대인관계에도 영향을 미친다. 확실히 발달과정은 복잡하게 서로 얽혀 있다. 생물학적 과정은 인지적 과정에 영향을 미치고, 인지적 과정은 사회정서적 과정에 영향을 미치며, 사회정서적 과정은 생물학적 과정에 영향을 미친다.

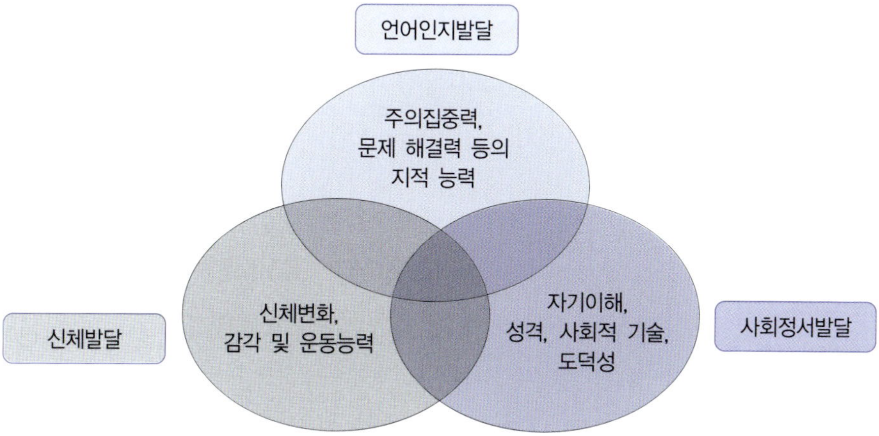


[그림 1-2] 아동발달의 영역

### (1) 생물학적 발달

생물학적 발달은 신체적 변화와 관련된 것이다. 부모로부터 물려받은 유전인자, 뇌와 감각기관의 발달, 신장과 체중의 증가, 운동기능, 사춘기에 나타나는 호르몬의 변화 등은 모두 아동발달에서 생물학적 과정의 역할을 반영한 것이다.

### (2) 인지적 발달

인지적 발달은 개인의 사고, 지능, 언어에서의 변화를 포함한다. 영아가 침대 위에 매달려 있는 온갖 종류의 모빌을 쳐다보고, 유아가 언어를 습득하며, 아동이 시를 암송하거나, 수학문제를 풀고, 영화배우나 가수가 되는 것을 상상해 보는 것 등은 아동발달에서 인지적 과정의 역할을 반영한 것이다.

#### (3) 사회정서적 발달

사회정서적 발달은 대인관계, 정서, 성격의 변화, 사회적 환경의 변화를 포함한다. 가족관계, 또래관계, 교사와의 관계 등은 아동발달에서 사회정서적 과정의 역할을 반영한 것이다.

### 5) 아동발달의 단계

아동발달을 좀 더 쉽게 이해하기 위해 단계별로 접근할 수 있다. 아동발달의 단계는 대체로 태내기, 영아기, 유아기, 아동기로 나누는데, 그 대략적인 나이와 주요 발달내용은 다음과 같다. 여기서 연령범위는 상당히 융통성이 있다. 어떤 단계는 그 시작과 끝이 분명하지만, 어떤 단계는 그렇지 못하다. 예를 들면, 영아기는 출생으로 그 단계가 시작되고, 유아기는 초등학교에 입학하면서 끝난다. 반면, 아동기의 끝과 청년기의 시작 경계는 명확하지 않다. 왜냐하면, 성숙의 가속화 현상으로 초등학교 고학년에서 사춘기를 맞이하게 되는 경우가 많아졌기 때문이다. 지금까지는 일반적으로 초등학교를 졸업할 무렵에 아동기가 끝나는 것으로 생각해 왔다.

#### (1) 태내기

태내기는 수태의 순간부터 출산까지를 지칭하는 것으로, 태아가 어머니 배 속에 있는 약 9개월간(38주, 266일)을 말한다. 이 기간에 정자와 난자가 결합한 하나의 세포는 빠른 속도로 하나의 생명체로 성장하게 된다. 그러므로 태내기는 짧은 기간이지만 인간발달의 초석이 되는 중요한 시점이다. 기본적 신체구조와 기관이 이 시기에 형성된다.

### (2) 영아기

출생 후 2년까지를 영아기라고 한다. 그중에서도 출생 후 첫 1개월을 신생아기라고 한다. 이 기간에 무력한 존재인 영아는 하나의 독립된 개체로서 성장할 준비를 하게 되며, 특히 신생아기는 태내환경과 다른 새로운 환경에 적응해야 한다는 점에서 영아에게 중요한 의미가 있다.

▲ 영아기의 아동

영아기는 발달의 여러 영역에서 급속한 성장이 이루어지는 시기다. 뛰어다닐 수 있을 만큼 빠른 속도로 신체발달이 이루어지고, 다른 사람과 의사소통이 가능할 만큼 언어능력도 발달한다. 이후의 사회성 발달을 위해 부모와 애착관계를 형성하는 것이 필요하며, 인지발달을 촉진하기 위한 여러 감각 자극이 필요한 시기이다.

### (3) 유아기

2세부터 초등학교 입학 이전까지의 시기를 유아기라고 한다. 유아기는 인지능력이 발달하고 상상과 환상이 풍부해지는 시기이다. 또한, 주변 환경에 대한 탐색이 활발해지고, 많은 어휘를 습득하여 다른 사람과의 의사소통도 활발해진다.

### (4) 아동기

6세부터 12세까지의 초등학교에 다니는 시기를 아동기라고 한다. 생활의 중심이 가정에서 학교로 옮겨감에 따라, 이 시기의 발달에서는 학교생활이 중요한 역할을 하게 된다. 학교생활을 통해 아동은 많은 사회적 관계를 형성하게 되며, 또래의 비중이 점차 커지게 된다.

▲ 아동기의 아동

〈표 1-4〉 아동발달의 단계별 주요 현상

| 단계 | 시기 | 주요 발달 현상 |
|---|---|---|
| 태내기 | 수태~출생 | • 태내환경의 영향을 크게 받음<br>• 기본적인 신체구조와 기관 형성<br>• 신체 성장이 일생 중 가장 빠른 속도로 이루어짐 |
| 영아기 | 0~2세 | • 출생 때 모든 감각기관이 작용<br>• 신생아는 의존적이기는 하지만, 나름대로 많은 능력을 가짐<br>• 신체 성장과 발달의 속도가 매우 빠름<br>• 신생아기에도 학습능력과 기억력 형성<br>• 첫돌 무렵에 부모에 대한 애착 형성<br>• 다른 아동에 대한 관심이 증가<br>• 생후 2년째가 되면 자아에 눈을 뜨기 시작함 |
| 유아기 | 2~6세 | • 자기중심적임<br>• 운동기술과 체력 신장<br>• 놀이, 창의력, 상상력이 풍부해짐<br>• 인지적 미성숙으로 말미암아 세상을 보는 눈이 비논리적임<br>• 자율성과 자기통제력 증가<br>• 친구의 중요성이 증가되지만, 가족이 여전히 생활의 중심 |
| 아동기 | 6~12세 | • 신체의 성장이 느려짐<br>• 유아기의 자기중심성이 사라짐<br>• 체력과 운동기술이 더욱더 신장<br>• 기억력과 언어능력 증가<br>• 자아 개념 발달<br>• 친구가 생활의 중심 |

# 제2절 아동복지의 개념

## 1. 아동을 위한 프로그램과 서비스로서의 아동복지 개념

아동복지란 아동을 위한 이념적 목표인 아동의 복지 증진과 그것을 향한 실천적 활동을 포함하는 개념이다. 미국에서 발간된 『사회사업사전』에 의하면, 아동복지(child welfare)란 개념은 다음의 의미를 내포하고 있다. ① 아동의 건전한 발달과 보호를 향한 이념(ideology), ② 아동에게 혜택을 주기 위한 사회복지 프로그램(program), ③ 아동을 위하여 제공되는 인간서비스(human service)의 한 부분을 의미한다. 다시 말하면, 아동복지란 아동의 복지라는 이념을 함축하고 있으며, 아울러 아동을 위한 프로그램이나 서비스의 실천적 활동까지를 포함하는 개념이다(Barker, 1987).

아동의 복지를 위한 사회적 실천활동이라는 맥락에서 Friedlander와 Apte도 그들의 저서 『사회복지 입문(Introduction to Social Welfare)』(1980)에서 아동복지를 사회적 활동으로서 다음과 같이 정의하였다. "아동복지는 빈곤, 방치, 유기, 질병, 결함 등을 지닌 아동, 혹은 환경에 적응하지 못하는 비행아동들에만 관심을 두는 것이 아니며, 모든 아동이 신체적, 지적, 정서적 발달에 있어서 안전하고 행복할 수 있도록 위험으로부터 지키고 보호하기 위하여 공공과 민간의 기관에서 실시하는 사회적, 경제적, 보건적 제반활동이다."

## 2. 잔여적 개념과 제도적 개념의 정의

아동복지에 대한 정의는 국가나 사회적 상황의 이념에 따라 차이가 있으며, 사회적 변화에 따라 아동복지의 정의가 다소 변화하기도 한다. 잔여적 개념과 제도적 개념은 이러한 상황과 이념의 차이를 반영한다.

아동복지의 상위개념으로서 사회복지의 개념은 고착된 개념으로 존재한 것이 아니라 시대적 상황이나 사회이념에 따라 변화해 왔다. 특히 산업화 이후의 사회복지는 가족이나 가정의 역할에 부수적인 잔여적 개념이 아니라 다른 사회제도와 동등한 위치의 독립된 사회제도적 의미로 받아들이는 것이 일반적인 추세가 되었다. 따라서 아동복지의 정의는 잔여적 의미보다는 제도적 의미로 받아들이는 것이 사회복지 개념의 일반적인 발전과 일치한다.

미국의 아동복지학자 Kadushin[5]은 그의 저서 『아동복지서비스(Child Welfare Services)』(1974)에서 아동복지를 잔여적 의미의 사회적 서비스의 한 형태로 다음과 같이 정의하였다. "아동복지는 부모가 아동양육의 책임을 충족시킬 수 없거나, 그 지역사회가 아동과 가족이 요구하는 보호와 자원을 제공할 수 없을 때, 아동이나 청소년에 대하여 제공되는 사회적 서비스와 관련되어 있다. 따라서 아동복지서비스는 부모들이 그 역할수행에 어려움을 겪고 있는 기능을 지지, 보조 혹은 대리하거나, 현존의 사회제도를 수정하거나 새로운 제도를 조직함으로써 아동과 그 가족의 조건을 향상하는 것을 목표로 한다." Kadushin의 이러한 정의는 복지에 대한 개인과 가족의 책임을 강조하는 미국사회의 가치관이 반영된 결과이다.

한편, Meyer는 『아동복지 핸드북(Handbook of Child Welfare)』(1985)에서 아동복지를 사회체계의 한 부분이면서 사회제도이며, 사회사업 전문직의 한 분야로 정의하였다. 즉, 아동복지는 지속적인 사회체계의 하나로서 아동의 복지를 증진시키기 위한 사회제도이며, 하나의 전문직으로서 사회사업의 한 분야로 정의하였다.

5) 사회복지 분야의 선구자, 최근의 저서로는 『Making Connections: An Introduction to Social Networks Concepts, Theories and Findings』가 있다.

## 3. 아동복지 관련 개념

아동복지를 아동의 복지 증진을 위한 사회제도로서 이해할 때, 아동복지와 관련된 다양한 개념이 아동복지의 하위개념으로 사용되고 있다.

### 1) 아동복지서비스(child service)

서구에서는 아동서비스로 보편화하였지만, 우리나라에서는 대체로 아동복지서비스로 번역되어 사용되는 개념이다. 아동복지서비스 또는 아동서비스는 아동복지 관련 문헌에서 가장 보편적으로 사용되는 용어로서 아동의 복지를 증진하기 위한 다양한 서비스를 포함한다. (학대)아동보호서비스, 보육서비스, 방과후서비스, 위탁보호서비스, 입양서비스, 시설보호서비스 등은 이러한 아동복지서비스의 다양한 형태다. 아동복지서비스는 아동복지 전문가에 의한 개입과 대면적 접촉이 이루어지는 인간서비스로서의 특성이 있다.

### 2) 아동지원(child support)

아동지원은 엄밀한 의미로는 아동양육지원으로 번역되며, 아동양육지원은 한 부모와 생활하고 있는 아동의 양육을 위하여 지원되는 현금소득의 이전을 의미한다. 이러한 아동양육지원이 이루어지는 상황은 부모의 이혼, 별거, 혼외 출생 등으로 발생하며, 법원의 판결에 따라 아동과 함께 거주하지 않는 부모 중 한 편에 의하여 사적으로 소득이전(income transfer)이 이루어지거나 정부가 공적으로 아동양육지원을 행하기도 한다(NASW, 1995). 아동양육지원은 현금의 형태로 소득이전이 이루어지는 것을 의미하기 때문에 전문가를 비롯한 대인적 접촉과 개입에 의하여 이루어지는 인간서비스로서의 아동복지서비스와는 성격이 구별되는 아동복지의 형태다.

한편, 정부에 의하여 모든 국민이나 저소득가정을 대상으로 아동에 대한 소득지원이 공적으로 이루어지는 경우에는 사회보장의 형태로 소득지원이 이루어지기 때문에 부모의 이혼과 같은 요인에 의하여 아동양육지원이 이루어지는 조건과는 다르다. 이 경우에는 아동수당(child benefit) 또는 가족수당(family allowance)이라고 칭한다.

### 3) 아동보호(child care)

아동보호의 개념은 아동의 발달과 생명을 유지하는 데 필요한 일상적인 욕구를 충족시키는 돌봄 형태의 양육과 관리를 의미한다. 일반적인 의미의 아동보호는 가정에서 부모나 보호자에 의한 모든 양육활동이 포함되지만, 여기에서 언급되는 아동보호는 집단형태의 생활단위나 시설에서 아동의 신체적 보호, 치료적 보호, 생활습관 관리와 교육, 응급조치, 시설의 관리 등을 포함하는 활동이다(Barker, 1987). 다시 말하면, 아동보호는 가정과 다양한 형태의 아동시설에서 이루어지는 전반적인 아동 돌봄의 활동이다.

한편, 이 개념과 간혹 혼란을 일으키는 아동보호(child protective)서비스는 학대받는 아동을 위한 서비스로서 해당 아동을 위한 법적, 사회적, 의료적, 시설보호 서비스 등을 의미한다. 영어로 표현하면 'child care service'와 'child protective service'는 엄연히 구별되지만, 우리말로 표현할 때 동일하게 아동보호서비스로 번역되어 혼란을 가져올 수 있다. 따라서 'child protective service'는 학대아동보호서비스로 번역함으로써 대상을 한성하여 사용하는 것이 바람직하다(오정수·정익중, 2013).

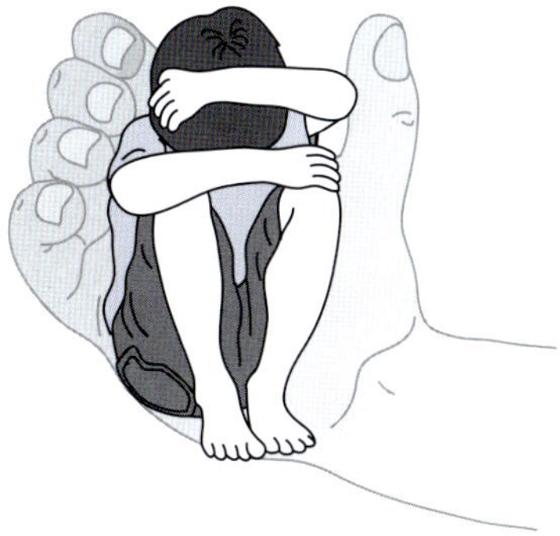

## 제3절 아동과 사회환경

아동의 삶에서 가장 중요한 것은 무엇일까? 아동이 가정에서 태어나 부모의 보살핌과 사랑 가운데 한 사회의 구성원으로 성장해 나감에 있어 가정은 얼마나 중요한가? 아마도 아동의 삶에서 가정의 중요성을 부인하는 사람은 아무도 없을 것이다.

그렇다면 아동을 어떻게 이해해야 할까? 아동에 대한 이해는 인간 존재의 존엄성과 가정의 중요성에 대한 이해에서부터 출발한다. 남녀의 결혼과 가정을 통한 자녀 출산은 신의 은총과 축복이며, 인류사회의 가장 근본이 되는 질서다. 인간은 인류 최초의 사회제도라고 할 수 있는 가정을 이루어 자녀를 출산하고 양육함으로써, 이 땅에서 세대를 이어 지속해서 축복된 삶을 살아갈 수 있는 복을 누리게 되었다. 나아가 아동은 천부적 인권의 존엄성과 가정에서 누리는 미래세대의 계승자로서의 지위를 가진다. 이는 아동을 건전하게 양육함으로써 아동에게 이 땅에서 인간으로서 삶의 가치를 궁극적으로 실현하려는 목적의식을 갖게 한다.

이러한 이해는 아동복지를 실천하는 실천가에게 매우 중요한 준거가 될 수 있으며, 아동을 이해하고, 아동문제를 해석하고 아동복지서비스를 제공하는 실천과정에서 창의적으로 적용되어야 한다. 아동에 대한 바른 이해와 관점은 아동에 대한 잘못된 생각과 사회의 관습과 제도를 바로잡고 건전한 아동양육과 성장을 위한 기초가 되기 때문이다.

## 1. 부모와 가족환경

아동이 최초로 접하게 되는 사회는 가정이며 최초의 교사는 부모이다. 아동이 한 사람의 사회구성원으로서 성장하는 과정에서 부모와 가족환경의 중요성은 아무리 강조해도 지나치지 않는다.

▲ Diana Baumrind (1927~)

Baumrind(1973)는 애정과 통제라는 두 개의 차원을 가지고 부모의 양육유형을 4가지 유형으로 구분하였다. 여기서 애정이라는 차원은 [그림 1-3]과 같이 'parental responsiveness'의 의미로서 부모가 아동의 요구에 얼마나 반응적으로 대하는지의 의미를 가진다. 통제는 'parental demandingness'의 의미이며 부모로서 자녀의 연령에 맞는 행동을 얼마나 요구하는지에 대한 것을 의미한다. 우리나라에서는 통제라는 용어로 번역되어 부정적으로 인식되지만 Baumrind가 주장한 통제의 원어적 의미를 생각한다면 우리나라 부모에게 주는 훈육의 가치를 알 수 있다.

Baumrind는 양육의 유형을 권위적(authoritative), 권위주의적(authoritarian), 허용적(permissive), 방임적(indulgent, uninvolved)[6] 양육의 4가지로 구분하였다.

---

6) Baumrind 양육유형의 4번째인 indulgent parenting는 uninvolved 혹은 neglkectful 등으로 책마다 다르게 제시되기도 한다.

권위적 양육유형을 보이는 부모의 자녀들은 책임감이 있고 자존감이 높은 것으로 알려진 반면, 권위주의적 양육유형을 보이는 부모의 자녀에 관한 최근 양육유형과 관련된 연구들(Afifi et al., 2012; Smitha & Mooreb, 2013)을 보면 화, 우울감, 문제행동에 연관이 있는 것으로 알려져 있다. 이 중 가장 많은 문제를 보이는 유형은 방임적 양육유형이다.

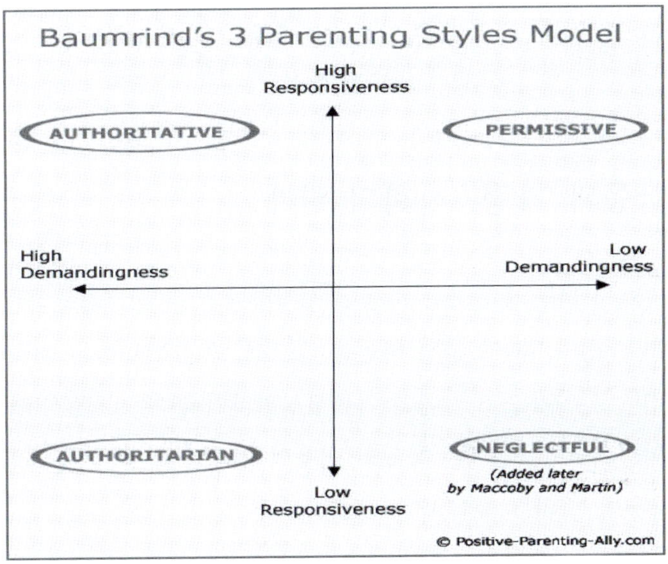


**[그림 1-3]** Baumrind의 양육유형

출처: 미국 google.

최근 급격한 사회변동으로 가족의 형태는 핵가족, 확대가족, 직계가족 등의 유형과는 다른 양상으로 생성되고 있다. 과거의 가족유형은 환경적 여건으로 어쩔 수 없이 취해야만 했던 것이라면 최근에는 동거가족, 독신가족, 무자녀가족, 공동체가족 등과 같은 새로운 유형으로서, 개인들의 능동적 선택이 반영되는 추세이다. 또한, 가족의 소규모화, 다양화, 기능의 변화 등의 양상과 더불어, 낮은 출산율, 여성의 자아성취욕구 향상, 소자녀 핵가족의 확산은 가족의 전통을 부계 중심에서 양계 중심으로, 부자 중심에서 부부 중심으로 바꾸어 놓고 있다. 이러한 시대적 변화 속에 가족은 어느 때보다 더 심각한 도전에 직면해 있다. 누구나 꿈꾸는 행복하고 건강한 가족을 만들기 위해 부모들에게는 가족의 유대를 강화하고 현재의 상황을 개선시켜 줄 지원처가 필요하다. 가족은 사회를 구성하는 기본 단위이므로 가족의 문제가 심각하다는 것은 국민의 복지 증진뿐 아니라 사회적 기본 요소인 가족을 지키기 위한 여건 조성에도 저해요소가 된다는 입장에서 바람직한 양육에 대한 부모교육 등을 체계적으로 지원할 필요가 있다.

## 2. 아동과 가정, 사회의 관계

아동과 가정, 사회와의 관계는 아동이 성장함에 따라 상호작용하는 대상과 범위가 달라진다. 영아기(0~2세)의 아동은 부모를 중심으로 하는 가족구성원과의 관계를 갖지만, 유아기(2~6세)에는 가족구성원과의 관계 외에도 또래와의 관계를 가지며 아동기(6~12세)에는 학교와 이웃의 또래와 친구, 이웃과의 관계를 가지며 상호작용의 범위를 확대시켜 나간다.

아동양육에 있어 부모를 포함한 가족의 기능과 역할은 아무리 강조해도 지나치지 않을 만큼 중요하다. 그러나 자녀의 보호와 양육, 사회화, 교육 등 아동을 위한 가족의 기능은 사회의 발전에 따라 점차 약화되었고 일부 기능이 어린이집이나 교육기관 등 나른 사회제도들에 의하여 수행되고 있다.

아동양육의 책임에 있어서도 가족의 책임으로부터 사회의 책임으로 책임의 주체가 확대되거나 변화하고 있다. 과거에는 아동양육의 책임이 전적으로 부모와 가정의 책임으로 인식되었으나 현대 복지국가에서는 아동양육의 책임을 국가와 사회의 책임으로 인식하게 되었다. 우리나라 「아동복지법」 제4조에서도 아동의 양육을 위한 국가의 책임, 부모를 비롯한 보호자의 책임, 국민의 책임을 동시에 규정하였다.[7] 보호가 필요한 아동을 위한 아동복지시설의 운영과 서비스가 국가와 사회의 비용으로 이루어지고 있을 뿐만 아니라 일반가정에서 아동의 보호와 양육, 교육을 위해서도 각종 사회적 지원과 사회복지서비스의 제공이 이루어지고 있다.

## 3. 아동복지의 사회적 책임

전통적으로 아동에 대한 친족부양의 책임을 강조하여 온 사회에서 아동양육은 가족이 일차적인 책임을 진다. 바꾸어 말하면, 아동양육을 위하여 국가나 사회의 개입이 요청되는 특별한 상황을 제외하고는 국가가 아동양육의 문제에 개입하지 않는 것이 일반적이었다.

가족관계나 아동양육의 영역은 변화가 더디게 일어나는 보수적인 경향을 띤다. 우리나라에서도 가족법의 개정, 호주제도의 폐지와 같은 사례에서 볼 수 있었던 것처럼, 가족과 국가 간의 관계에서 일어나는 중요한 정책의 변화는 사회적 논란과 여론의 분열을 가져오기도 한다. 그러나 새로운 사회환경의 변화로 말미암아 국가가 가족의 문제에 개입하는 것이 필요하다는 사회적 인식과 관점의 변화가 나타난다(Downs et al., 2004).

---

7) 「아동복지법」 제4조(국가와 지방자치단체의 책무)

① 국가와 지방자치단체는 아동의 안전·건강 및 복지 증진을 위하여 아동과 그 보호자 및 가정을 지원하기 위한 정책을 수립·시행하여야 한다.

② 국가와 지방자치단체는 보호대상아동 및 지원대상아동의 권익을 증진하기 위한 정책을 수립·시행하여야 한다.

③ 국가와 지방자치단체는 장애아동의 권익을 보호하기 위하여 필요한 시책을 강구하여야 한다.

④ 국가와 지방자치단체는 아동이 자신 또는 부모의 성별, 연령, 종교, 사회적 신분, 재산, 장애 유무, 출생지역 또는 인종 등에 따른 어떠한 종류의 차별도 받지 아니하도록 필요한 시책을 강구하여야 한다.

⑤ 국가와 지방자치단체는 「아동의 권리에 관한 협약」에서 규정한 아동의 권리 및 복지 증진 등을 위하여 필요한 시책을 수립·시행하고, 이에 필요한 교육과 홍보를 하여야 한다.

### 1) 가족의 역기능 심화

가족의 역기능이 심화하여 사회를 유지하는 기본적인 사회적 단위인 가족이 붕괴하고 있다는 사회적 인식이 확대되면 이러한 인식의 변화가 나타난다. 아동양육에서 부모의 책임과 역할이 제대로 수행되지 못하는 경우 불가피하게 국가의 책임과 역할이 강화되어야 하며, 이러한 인식이 국가의 책임과 역할을 강화하는 사회정책에 반영된다. 더욱 능동적인 가족정책의 도입을 주장하는 입장은 자녀에 대한 부모의 사랑과 책임, 부모-자녀관계의 중요성을 약화하지 않으면서도 아동과 가족복지를 실현하는 데 국가의 능동적인 책임과 역할을 강조하게 된다.

### 2) 가족의 삶에 영향을 미치는 국가정책

모든 국가의 정책이 가족의 삶에 직접 또는 간접적으로 영향을 미치게 된다는 점을 인식하게 됨으로써 국가 개입을 위한 관점의 변화가 나타나게 된다. 국가와 가족 간의 관계에 대한 포괄적인 인식은 모든 법률과 제도를 실행하는 국가정책의 실행에 앞서 가족의 삶에 미치는 정책에 따른 영향 평가의 중요성에 관심을 끌게 한다. 국가는 가족의 삶에 미치는 정책의 영향을 사전에 평가함으로써 사회의 기본 단위인 가족의 안정성을 향상할 수 있다.

### 3) 사회이념과 정책환경의 변화

아동복지에 대한 국가와 가족의 균형을 찾는 작업은 모든 분야의 사회정책에서 이루어지며, 사회이념과 정책환경의 변화가 영향을 미친다. 20세기 후반에는 사회정책의 분야에서 대체로 국가의 책임이 확대됐으나 이러한 경향은 사회적 환경과 이념의 변화라는 새로운 방향으로 전환되기도 한다. 신자유주의 이념의 배경 가운데 진행된 1990년대 후반 미국의 복지개혁에서 저소득 가정의 부양아동에 대한 지원 프로그램이 부모의 노동과 가족의 책임을 강조하는 방향으로 전환된 것(AFDC[8]가 TANF[9]로 전환)은 빈곤의 원인에 대하여 개인의 책임을 강조하는 가치와 이념의 영향이 반영된 것이다.

8) Aid to Families with Dependent Children(요부양아동가족부조)

9) 미국에서 1996년에 시행되기 시작한 TANF(Temporary Assistance for Needy Families)는 1935년부터 1996년까지 시행된 AFDC(Aid to Families with Dependent Children)를 개정한 것이다. TANF는 18세 미만의 자녀를 둔 한부모가정을 대상으로 복지수당을 지급하는 제도로 두 자녀를 둔 한부모가정의 경우 월 소득 평균이 784달러 이하일 경우, 또는 자산이 1,000달러 이하일 경우 복지수당을 받게 된다. 4년간 제한적으로 수당을 받게 되는데 1세 이상의 자녀를 둔 수급부모는 일해야만 지급대상이 된다.

## 토론 및 토의

1. 아동을 규정하는 나이가 왜 다를까? 아동에 대한 정의는 각자의 관점에 따라 달라야 하는 게 당연한가? 법률 간 혹은 학제 간에 아동의 정의 혹은 개념이 얼마나 다르고, 얼마나 비슷한지 토의해 보시오.

2. 아동발달의 세 영역, 즉 ① 생물학적 발달, ② 인지·언어적 발달, ③ 사회정서적 발달의 각각의 영역에서 제기되는 질문은 어떤 것들이 있을까? (예: 아동의 발달을 촉진하는 환경이란 어떤 조건을 충족해야 하는가?)

3. 아동복지란 국가가 아동에게 부모의 역할까지도 해야 하는 것인가? 아니면 부모가 제대로 자신의 역할을 하도록 부모를 도와야 하는 것인가? 국가의 역할을 어디까지 해야 하는가?

4. 아동복지 전문가로서 아동발달에 대한 지식을 갖추는 것은 필수덕목이다. 어떤 점이 도움이 되고 필요한지 이야기해 보시오.

토론 및 토의

5. 아동복지 전문가로서의 꿈과 비전을 이야기해 보시오.

〈5년 뒤의 나의 모습〉

〈10년 뒤의 나의 모습〉

## 토론 및 토의

6. 아동의 발달은 유전에 의한 것인가? 환경에 의한 것인가? 토론을 통해 유전과 환경이 발달에 미치는 영향에 대하여 개인의 의견을 주장해 보시오.

인간의 발달은 유전과 환경의 상호작용의 결과이다. 우리가 아무리 많이 먹어도 3미터 이상을 자랄 수 없는 것처럼 유전적 요인은 성장의 한계를 설정한다. 환경 역시 유전적 잠재력을 실현시킬 조건이 된다. 따라서 유전적 잠재력이 발휘될 수 있는 상황을 만드는 것이 필요하다. 이러한 교과서적 답에서 벗어나 유전과 환경이 아동의 발달에 미치는 영향에 대한 본인의 주장을 뒷받침할 객관적 증거를 찾아 제시하면서 토론해 보시오.

7. 로렌츠의 각인(Lorenz's Imprinting)과 하인츠의 딜레마(Heinz's dilemma)에 대해 옆 사람과 예를 들어 토론하시오.

02
CHAPTER

# 아동복지의 이론적 관점

아동복지론은 아동의 행복을 추구하는 실천학문이다. 아동의 행복은 기본적으로 성인의 아동에 대한 올바른 이해를 요구한다. 아동학을 전공한 사람들에게는 너무도 평범한 아동의 행동이 부모들에게는 이해할 수 없는 행동으로 비춰질 때도 있다. 그런 질문을 부모들로부터 받을 때면 아동에 대한 기본적인 지식이 얼마나 중요한 것인가를 느끼게 된다.

아동발달에 대한 기초적인 지식이 없이는 아동의 행동을 이해할 수 없고 아동을 행복하게 해 줄 수 없다. 아동의 발달은 변혁적 단계를 거친다. 점진적인 측면을 가지면서도 각각의 발달단계가 전혀 다른 질적 차이를 가진다. 본 장에서는 아동을 이해하기 위해 아동발달의 특성 및 아동발달을 설명하고 있는 발달이론에 대해 살펴본다.

아동발달을 설명하는 이론은 많지만 여기서는 Freud의 정신분석 이론, Erikson의 심리사회적 이론, Piaget의 인지발달 이론 그리고 행동주의 이론에서 출발한 Bandura 등의 학습 이론을 중심으로 살펴본다.

## 제1절 Freud의 정신분석학적 관점

### 1. 정신분석 이론의 개요

▲ Sigmund Freud (1856~1939)

정신분석 이론(theory of psychoanalysis)은 아동의 발달이 무의식적이며, 아동의 행동은 단지 표면상 나타나는 특성일 뿐이라고 주장한다. 부모와의 초기경험을 중시함으로써 부모역할과 자녀양육행동에 대한 연구와 공격성, 성역할 발달, 도덕성 발달의 연구를 촉진하였다.

Freud 등의 정신분석학자들은 인간의 성격은 id, ego, superego로 구성되어 있고 쾌락의 원리에 의해 움직이는 id와 현실의 원리에 의해 움직이는 ego, 도덕성의 원리에 의해 움직이는 superego가 균형을 이루어 나간다고 보았다. 그러나 이 균형이 깨어질 때, 즉, 욕구나 욕망이 현실의 원리에 맞지 않거나 욕구가 좌절될 때 유아는 불안을 느끼게 된다. 정신분석 이론에 의하면, 아동의 기본적 충동이 해소되지 않은 상태가 지속될 때에 아동은 인성발달에 영구적인 결함을 초래할 수 있다고 보고, 이러한 인성의 왜곡상태는 퇴행(regression), 고착(fixation), 투사(projection), 전이(transference)[10] 등의 증상으로 나타난다. 이때 유아들이 놀이를 통해 자신의 내적 감정을 표현하도록 한다면 이러한 긴장과 불균형을 해소할 수 있다고 하였다. 즉, 영유아들이 물감 칠하기, 극화놀이, 점토, 쌓기 놀이, 대근육 운동 등을 통하여 감정·긴장·적대감을 해소시킬 수 있다.

## 2. 발달단계

Freud(1933)는 발달을 리비도(libido)라는 본능적 에너지로 설명한다. 성적본능인 이 libido는 구강기, 항문기, 남근기, 잠복기, 생식기를 거쳐 발달하는데 충분한 만족을 하면 다음 단계로 무난히 나아가며, 만일 계속적으로 좌절되면 다음 단계로 넘어가지 못하고 그 시기에 고착(fixation)되어 바람직한 성격형성에 어려움을 겪게 된다(Santrock, 2004).

10) 퇴행의 예는 배변훈련이 끝난 유아가 동생이 생긴 후에 영아시절의 행동을 의도적으로 하는 등 발달이 퇴보되는 것을 의미한다. 고착이란 발달선상에서 유아가 다음 단계로 발달하지 못하고 그 단계에 고정되어 이상성격을 형성하는 것을 말한다. 투사는 남의 탓으로 결과의 책임을 돌리는 것을 의미한다. 전이는 과거에 겪었던 사건이나 충족되지 않은 욕구가 현재의 문제로 표출되는 것을 말하며 이에 대한 고찰과 치료가 전이치료이다.

### 1) 구강기(Oral Stage): 생후 1년까지

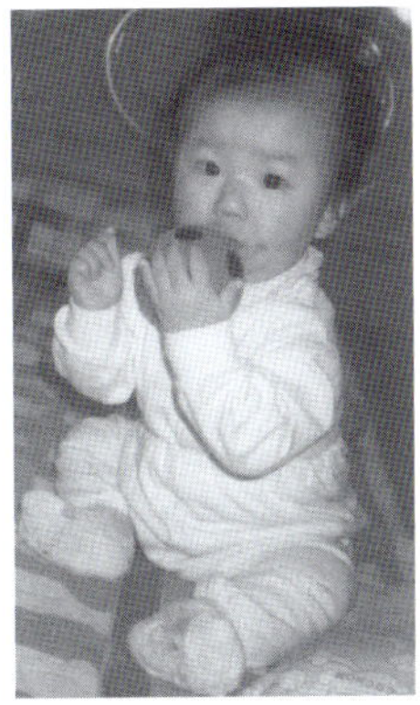

▲ 구강기의 영아

이 단계는 빨고, 먹고, 마시는 것과 같은 구강활동을 통해 쾌락을 추구한다. 이 단계에 고착되면 과식, 과음, 과도한 흡연, 입맞춤, 수다, 신랄한 비평, 빈정거림 등의 구강기 성격이 나타난다. 고착현상은 심각한 좌절로 말미암아 욕구불만이 생길 때에 일어나지만, 과다한 만족은 고착의 원인이 된다. 즉, 구강기에는 두 가지 행동방식이 나타나는데 구강 수용적 행동(oral receptive behavior)과 구강 공격적 행동(oral aggressive behavior)이다. 영아의 구강 만족이 지나치면 세상에 대해 지나치게 낙관론을 갖거나 의존적 성격이 되며, 구강 공격적으로 고착된 경우 지나친 비관론, 적의성, 공격성을 보이게 된다.

### 2) 항문기(Anal Stage): 1~3세

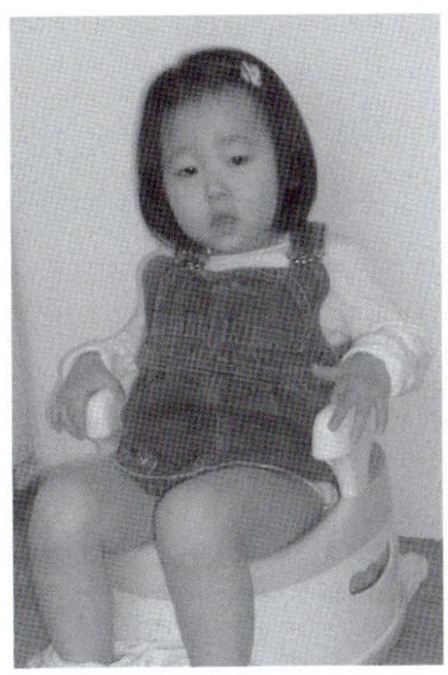

▲ 배변훈련 중인 영아기의 아동

배설을 통해 영아기의 아동은 긴장과 불편함이 감소하는 쾌감을 얻는다. 지나치게 엄격한 배변훈련을 받게 되면 고착현상이 일어나 청결이나 질서에 대한 강박적 욕구를 보이거나 인색한 수전노가 된다. 이러한 성격을 항문보유성격(anal retentive personality)이라고 한다. 반면, 배변훈련이 전혀 이루어지지 않으면 근육이완 쾌감에 고착되어 폭발적 다혈질을 보이는 항문기 고착성격을 보이거나 지저분하고 낭비벽이 심한 사람이 된다. 이러한 행동을 항문공격성격(anal aggressive personality)이라고 한다. 항문기는 아동이 처음으로 사회의 기대에 순응하고 사회적 요구에 직면하는 단계이다. 아동은 욕구가 항상 충족될 수 없음과 사회의 규범을 무시한 결과를 인식하게 된다.

### 3) 남근기(Phallic Stage): 3~6세

이 단계에서 남아는 오이디푸스 콤플렉스(oedipus complex)[11]를, 여아는 엘렉트라 콤플렉스(electra complex)[12]를 경험한다. Freud는 성적으로 어머니를 소유하려는 욕망이 남근기에 있는 모든 남아의 특징이라고 생각한다. 남아는 어머니를 최초의 애정의 대상으로 추구하고 아버지를 경쟁자로 인식하여 적대감을 갖지만 거세불안(castration anxiety)을 감소하기 위해 아버지를 동일시(identification)한다. 남아는 아버지를 동일시하고 여아는 어머니를 동일시하여 남아는 더욱 남자답게 여아는 더욱 여자답게 성장하게 된다. 이러한 과정을 통해 성 정체감(sex identity)[13]이 형성된다(사진 참조). 여아는 남아들이 가진 남근이 자신에게는 없다는 것을 발견하고 남근 선망(penis envy)을 하게 되며, 아버지에 대한 사랑과 애착을 강화하고 어머니에 대한 거부감을 느낀다.

---

11) Oedipus complex는 아들이 무의식적으로 동성의 아버지를 멀리하고 이성의 어머니를 좋아하는 잠재의식을 의미하는 용어이다. Freud가 『꿈의 해석(Die Traumdeutung)』(1899)에서 이 개념을 도입했다. 이 용어는 그리스 신화에 나오는 테베의 영웅 오이디푸스의 이름에서 따온 것으로 일반인들에게도 잘 알려진 신화이다. Oedipus는 아버지를 죽이고 어머니를 왕비로 맞이한다는 신탁을 받은 탓에 신생아기 때 아버지인 왕으로부터 죽임을 명받지만 어머니가 아이를 살리기 위해 바다에 버린다. 후일 성장한 Oedipus가 본인의 아버지인 줄 모르고 아버지와 결투하여 왕이 되고 왕비를 본인의 왕비로 삼는다.

12) Electra complex는 어머니와 자신을 동일시하고 초자아(superego)를 발전시킴으로써 해소되어 다음 단계인 잠복기로 넘어가는데 이것이 이루어지지 않을 때에는 노이로제의 주요원인이 된다. Electra는 그리스 신화의 인물로, 동생 오레스테스와 함께 어머니와 어머니의 정부를 살해했다.

13) 남아는 아버지를 사랑의 경쟁상대로 보고 여아는 어머니를 경쟁상대로 여기던 초기 전략을 바꿔 남아는 아버지를 닮고 싶어 하고 여아는 어머니를 닮고 싶어 하는 시기로서 성 정체감이 형성된다.

▲ 어머니의 행동을 따라하는 여아

### 4) 잠복기(Latency Stage): 6~12세

오이디푸스 콤플렉스(oedipus complex)를 성공적으로 해결한 아동은 이제 부모와의 동일시(identification)가 강력해지고 그로 인한 초자아(superego)가 발달되는 잠복기에 들어선다. 이 시기에 시작되는 학교교육은 기본적인 사회적 기술의 습득을 촉진시키며 게임과 놀이를 통해 새로운 역할이 시도되고 운동능력의 발달, 우정관계, 학교활동, 취미, 스포츠 등을 통해 성적 충동의 승화가 촉진된다.

### 5) 생식기(Genital Stage): 12세 이후

생식기에는 남근기에서와 같이 이성 부모를 향한 성적 욕망이 다시 나타나는데 Freud는 이를 사춘기에 거세불안(castration anxiety)[14)]이 환기되는 것으로 보았다. 생식할 능력을 갖춘 존재로서 인간은 타인과의 관계를 통해 만족을 추구하게 되며 직접적으로 성적 만족을 충족시킬 수 없을 경우 자위를 통해 긴장을 해소하게 된다. 따라서 청소년기의 이러한 자위행위는 극히 자연스러우면서도

14) 남아는 oedipus complex 이후에 castration anxiety를 경험하는 반면 여아는 castration anxiety를 먼저 겪고 electra complex를 겪는다.

건강함의 반증이 된다. 또한 타인과의 관계에 큰 비중을 두게 되는 시기이므로 이를 충족하지 못했을 경우 잠복기에 확립되었던 id, ego, superego 간의 균형이 혼란을 겪으면서 청소년 비행, 자살, 정신이상을 일으키기도 하며, 이때 자아는 억압과 같은 방어기제(defense mechanism)[15)]를 통해 원초아의 욕구를 부정함으로써 이런 갈등에 대처한다.

▲ 호기심과 열정으로 가득한 청소년들

## 3. 평가

첫째, Freud의 이론은 인간행동의 무의식적 동기, 아동의 발달단계 등의 아동발달의 핵심개념을 제시했다는 네 의미가 있다. 또한, 부모-자녀관계, 부모역할, 공격성, 성역할 발달 등에 연구를 촉진시키며 많은 시사점을 던져 준다.

15) 인간은 갈등과 불안을 해소하기 위해 방어기제를 사용하는데, 합리화(rationalization), 억압(repression), 전이(displacement), 동일시(identification), 반동형성(reaction formation), 투사(projection), 부정(denial), 승화(sublimation) 등이 대표적인 방어기제이다.

둘째, Freud의 이론은 인간의 성격발달의 과정을 설명해 준다. 건강한 성격발달을 위해 id, ego, superego의 균형이 중요하다. 매일의 일상에서 발생하는 욕구가 적절히 충족되면 개인의 성격은 무난히 발달한다. 그러나 욕구가 지속적으로 좌절되면 각 단계에서 고착현상이 나타난다. 인간은 본인의 욕구를 스스로 충족하지만 어린 영아일수록 부모에게 의존하게 된다. 따라서 어린 영아일수록 부모나 교사의 세심한 배려가 필요하다.

## 제2절 Erikson의 심리사회적 관점

### 1. 이론의 개요

▲ Erik Erikson
(1902~1994)

Erikson(1950)의 심리사회적 이론(Theory of Psychosocial)은 인간의 발달이 개인의 내적 본능 및 욕구와 외적·문화적·사회적 욕구 간의 상호작용으로 인해 심리사회적 발달이 전 생애를 통해 계속되며, 내재된 기초안(ground plan)에 의해 발달이 이루어진다고 보았다. Erikson은 자아정체감을 발달의 주요 개념으로 보고 확고한 자아정체감을 확립하기 위해서는 일생을 통해 8가지의 위기상황을 성공적으로 해결해야 한다고 보았다(Santrock, 2004).

### 2. 발달단계

Erikson은 심리사회적 발달의 단계를 다음과 같이 8단계로 제시하면서 각 단계마다 획득되어야 하는 주요덕목 혹은 강점이 있음을 주장했다. 만약 이러한 덕목이 획득되지 못할 때는 대립적으로 나타나는 부적응적 삶의 방식을 획득하게 된다.

### 1) 신뢰감 대 불신감(Trust vs. Mistrust): 출생~1세

이 시기의 주된 발달의 위기는 세상을 신뢰할 수 있느냐 없느냐에 관한 것으로 어머니의 관여가 이 신뢰의 초점이 된다. 신뢰감은 자신에 대한 믿음과 타인에 대한 믿음을 포함한다. 어머니나 주양육자와의 관계에서 형성된 신뢰감은 이후 또래관계, 대인관계에 영향을 미친다. 신뢰감을 형성하기 위해서 부모는 일관적이고도 민감한 양육태도를 보여 주어야 한다. 신뢰감과 불신감이 균형 있게 형성되면 영아는 희망(hope)이라는 덕목을 발전시키게 된다. 희망은 부모가 지금 당장은 반응을 보이지 않더라고 곧 요구에 응해 줄 것이라는 믿음이다.

### 2) 자율성 대 수치심(Autonomy vs. Shame and Doubt): 1~3세

이 단계에서 주된 발달의 갈등은 자율적이고 창의적인 사람이 되느냐, 아니면 의존적이고 자기회의적인 사람이 되느냐이다. 이 시기의 영아는 빠르게 성장한다. 걷고, 기어오르고, 사물을 관찰하고, 소유하려 한다. 이러한 모든 기능과 능력들은 스스로 하고자 하며 이를 통해 자부심을 갖게 된다. 이 단계의 중요한 과업은 자기 통제인데 그중에서도 배변훈련과 관련된 배설기능의 통제가 중요하다. 자기통제를 통해 영유아들은 자신감과 자율감을 획득하게 된다.

### 3) 주도성 대 죄책감(Initiative vs. Guilt): 3~6세

이 단계에서 경험하는 심리사회적 갈등은 주도성 대 죄책감의 발달이다. 이제는 활동, 호기심, 탐색의 방법으로 세상을 향해 돌진하는 것과 두려움이나 죄책감으로 인해 주저하는 것 사이에 갈등이 발생한다. 주도성 대 죄책감의 균형 잡힌 발달은 목적(purpose)이라는 덕목을 가져온다. 목적은 사람들이 인생에서 갈망하는 그 어떤 것이다. 과거의 실패나 자신의 한계를 이해하고, 이를 극복하는 용기와 진취성으로 그 목적을 달성하게 된다. 이 시기의 영유아가 실패하는 것은 당연하다. 부모는 이를 허용할 수 있어야 한다. 이를 통해 영유아는 어떤 행동이 용납되는 행위이고 어떤 행동이 용납되지 않는 행동인지에 대한 도덕적 감각을 획득하게 된다.

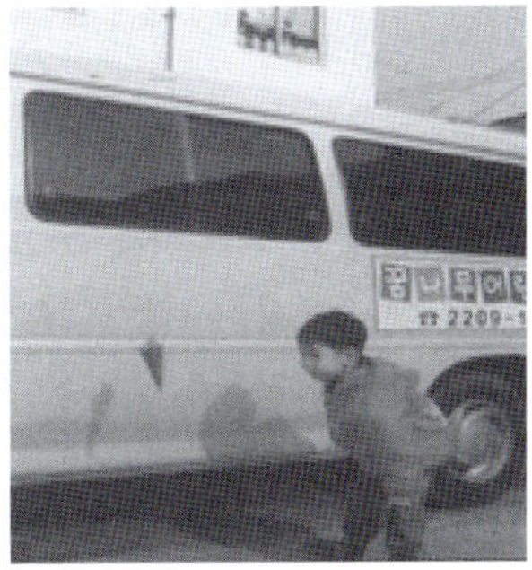

▲비행기를 만들어 날리는 유아기의 아동

### 4) 근면성 대 열등감(Industry vs. Inferiority): 6~12세

Freud는 이 시기를 잠재기의 비활동적인 시기로 보았으나, Erikson은 이 단계를 역동적이고 활동적인 시기이며, 아동의 근면성에 결정적이라고 믿는다. 근면성은 아동이 속한 사회에서 성공적으로 기능하고 경쟁하는 데 필요한 기술을 습득하는 능력이다. 이 시기는 학교교육이 시작되는 시기로서 읽기, 쓰기, 셈하기 등 중요한 인지적 기술과 사회적 기술을 습득해야 한다. 이 시기의 건설적이고 교육적인 칭찬과 강화는 아동의 근면성을 촉진시킨다. 만약 자신의 노력이 조롱받고 야단맞고 거절당하여 이런 기술들을 개발하지 못하면 아동은 열등감을 느끼게 된다. 근면성과 열등감의 균형 있는 발달은 유능감(competence)이라는 덕목을 가져온다.

▲ 독서 중인 아동

### 5) 정체감 대 정체감 혼미(Identity vs. Identity Confusion): 12~18세

청소년기의 중요한 발달과업은 자아정체감의 확립이다. '나는 누구인가?' '미래의 나는 어떻게 될 것인가?' 등을 자문함으로서 자아정체감을 형성하게 된다(사진 참조).[16] 청소년기는 청소년 전기와 청소년 후기로 나누어진다. 청소년 후기를 청년기(youth)라고 한다. 청년들은 자아정체감 확립을 하여 청소년시기, 특히 청소년 후기인 청년기까지 이러한 본인에 대한 깊은 성찰을 거치지 않는다면 정체감의 혼미를 겪게 된다. 분명한 정체감을 가지고 청소년시기를 잘 겪은 경우 성인기를 맞이할 준비를 하게 된다. 정체감 대 정체감 혼미의 위기를 제대로 극복하면 충실(fidelity)이라는 덕목을 갖게 된다. 충실은 다양한 가치체계 간의 불가피한 충돌에도 불구하고 충성을 유지할 수 있는 능력이다. 그러나 정체감을 획득하는 데 실패하게 되면 역할 혼돈을 보이며 자신이 누구이고 어디에 속해 있고 어디로 나아가야 할지 혼돈스럽다. 따라서 직업, 결혼 등에서 낙오될 수 있으며 부정적 정체감을 추구하고 범법자가 되거나 중독에 빠질 수 있다.

▲ '청년기 생애설계' 시간에 조별발표를 준비하는 대학생들

16) 상명대학교 교양과목 중에 '청년기 생애설계'라는 과목이 있다. 내가 누구이며, 인생의 주기에 어디에 와 있으며, 결혼과 가족에 대한 설계와 인생설계에 대한 내용을 다룬다. 인생을 어떻게 살아가야 할지에 대한 고민을 할 수 있는 과목이다. 스펙 쌓기와 취업준비에 허덕이느라 자신을 성찰하는 데 시간을 할애하지 못하는 현대의 학생들에게는 꼭 필요하면서도 유익한 과목이다.

### 6) 친밀감 대 고립감(Intimacy vs. Isolation): 성인기

이 시기는 타인과의 관계에서 친밀감을 이룩하는 일이 중요한 발달과업이다. Erikson은 친밀감을 자신의 정체감과 다른 사람의 정체감을 융합시키는 능력이라 표현한다. 만약 친밀한 관계를 형성하지 못하면 고립되고 자기몰두에 빠지게 된다. 친밀한 관계는 상호 신뢰와 애정을 바탕으로 '우리'라는 상호 의존성을 발달시킨다.

Erikson은 정체감 형성이 인간발달의 전 생애에서 중요한 개념이지만 특히 청소년기에 중요한 덕목이라 지적한다. 내가 누구이고 어떻게 살아갈 것인가에 대한 진지한 고민으로 청소년기에 자아정체감이 빠르게 확립된 남자와 여자가 성인기에 사랑을 하고 결혼을 하게 되면 그 가정은 행복하고 원만하게 기능하게 된다. 그러나 정체감을 확립하지 못하는 사람은 대인관계에서 위축되는 경향이 있는데 이것은 성인기에 고립감을 낳는다. 이 시기의 덕목은 사랑(love)이다. 사랑은 상호 헌신을 의미한다. 미숙한 성인은 상호 헌신하는 사랑을 하기 어렵다.

▲ 친밀감 형성이 잘된 성인

### 7) 생산성 대 침체성(Generativity vs. Stagnation): 중년기

생산성이란 성숙한 성인이 다음 세대를 구축하고 이끄는 데 관심을 기울이는 것을 말한다. 이 욕구가 충족되지 않으면 침체성에 빠진다. 침체성은 다음 세대를 위해 자신이 한 일이 아무것도 없다는 것을 깨닫는 것이다.

생산성에는 생물학적 생산성과 사회적 생산성이 있다. 생물학적 생산성은 자녀를 낳아 양육함으로써 획득된다. 사회적 생산성은 후배를 양성하고 사회에 공헌함으로써 획득된다. 이 시기의 덕목은 배려(care)로서, 보살핌, 사랑, 필요에 대한 폭넓은 관심이다. 이러한 덕목을 발달시키지 못한 중년은 침체감, 권태, 대인관계 악화상태에 빠지게 되고 신체적으로나 심리적으로 문제를 가질 수 있다.

▲ 봉사활동하는 중년여성들

### 8) 통합감 대 절망감(Integrity vs. Despair): 노년기

이 단계의 발달과업은 자아통합감과 절망감의 위기를 극복하는 것이다. 노인들은 자신의 죽음에 직면해서 자신이 살아온 삶을 되돌아보게 되는데 이때 자신의 삶을 의미 있고 만족스러운 것으로 인식하고, 지금까지 살아온 인생을 별 후회 없이 받아들이느냐 아니면 삶을 무의미하다고 생각하고 자신의 삶을 후회스러운 것으로 인식하느냐의 문제로서, 노년기에는 어느 정도의 절망감은 불가피한 것이다. 이 시기에 획득되어야 할 덕목은 지혜(wisdom)이며, 지혜는 자신의 죽음에 직면하여 얻게 되는 인생의 의미에 대한 통찰이다. 이러한 덕목을 획득하지 못하면 개인은 삶에 대해 후회하고 분노하며 좌절과 증오를 경험한다. 자신의 삶과 타인을 경멸하고 증오하며 후회하며 고통을 겪게 된다.

## 3. 평가

첫째, Erikson의 심리사회학적 관점은 인간의 초기 경험을 중요시하고 각 단계를 위기라는 개념으로 설명하며 매우 중요한 시점으로 인지했다는 것이다. 예를 들어 영아기의 경험은 세상을 신뢰할 수 있느냐 없느냐의 위기로 보고 주양육자의 민감하고도 일관된 관여를 강조했다.

둘째, 각 단계는 달성해야 할 중요한 과업이 있다고 보았다. Erikson은 인생의 발달단계를 8단계로 나누고 각각의 단계는 특별한 덕목을 발달시킬 새로운 기회로 본다. 각 단계에서 적응적 부적응적 삶의 방식을 제시하면서 한 개인의 삶의 발달과정을 제시한다.

셋째, 획득해야 하는 덕목은 각각 희망(hope, 신생아기), 의지(will, 영아기), 목적(purpose, 유아기), 유능성(competence, 아동기)이다. 충실성(fidelity, 청소년기), 사랑(love, 성인기), 배려(care, 중년기), 지혜(wisdom, 노년기)로 보았다.

# 제3절 Piaget의 인지발달적 관점

## 1. 이론의 개요

인지발달이론(Theory of Cognition)은 인간의 의식적 사고와 정신구조를 강조한다. 인지발달 이론가들은 Piaget, Vygotsky 등으로 이들은 인지발달에 있어서 놀이의 가치를 강조하고 있으며 사물을 가지고 노는 개별 활동과 또래와의 상호작용을 중요시한다. 아동의 능동적인 역할을 중시하며, 아동이 능동적으로 환경에 적응하고, 스스로 사고하며, 정보를 처리하는 데 있어서도 적극적이고 주도적으로 활동하는 존재로 본다.

Piaget의 인지발달이론에서 인간의 발달은 고정된 것이지만 발달의 속도와 시간은 개인에 따라 상당히 다르며 다양하다. 지적 성장은 개별 아동과 환경과의 상호작용에 의한 발달적 과정으로 본다. 적응의 과정은 동화(assimilation), 조절(accommodation)의 상호작용이며, 이 2가지의 적응과정이 균형을 이룬 상태를 평형(equilibrium)이라고 하였다. Piaget는 보편적이고 불변하는 발달 순서를 통해 유아가 발달하며, 각 단계는 사고와 행동을 조직하는 방식에 있어 질적으로 다르며 Vygotsky는 여기에 유아학습을 위한 사회적 맥락의 중요성을 첨가한다(Santrock, 2004).

▲ Jean Piaget
(1896~1980)

Piaget는 도식, 동화, 조절, 평형, 적응의 개념으로 발달을 설명한다.

### 1) 도식(schema)

도식(schema)은 사물이나 사건에 대한 전체적인 윤곽을 말한다. 유아는 적응의 과정을 통해 새로운 도식을 개발하고 기존의 것을 변화시킨다. 예를 들어 엄마와 아기가 '엄마 닭과 아기 병아리'란 동화책을 보면서 아기는 '엄마 닭'이라는 새로운 개념을 알게 되었다. 이때 엄마는 아기에게 엄마 닭을 '꼬꼬'라고 말해주었다. 아기는 다음에 엄마 닭을 보게 되면 '꼬꼬'라고 말한다. 이때 아기는 엄마 닭에 대한 도식이 형성된 것이다.

### 2) 동화(assimilation)

동화(assimilation)는 새로운 환경자극에 반응함으로써 기존의 도식을 사용해 새로운 자극을 이해하는 것을 말한다. 예를 들어 영아가 엄마 닭을 알고 있고 이를 '꼬꼬'라고 표현하는데, 어느 날 오리를 보고 '꼬꼬'라고 한다면 영아는 자신이 알고 있는 '꼬꼬'라는 기존의 도식을 사용하여 '오리'라는 새로운 자극을 이해하고자 하는 것이다.

### 3) 조절(accommodation)

조절(accommodation)은 기존의 도식을 가지고는 새로운 사물을 이해할 수 없을 때에 기존의 도식을 변경하는 것을 말한다. 예를 들어 영아기의 아동이 엄마 닭을 보고 '꼬꼬'라고 했을 때 엄마가 "응, 그래그래. 아주 잘했어."라고 칭찬했는데, 어느 날 오리를 보고 '꼬꼬'라고 하자 엄마가 "아니, 그건 꼬꼬가 아니야. 오리야."라고 하면 영아는 혼돈이 생긴다. 그래서 새로운 자극은 새로운 도식이 필요함을 알게 된다. 나름대로 '꼬꼬'와 '오리'의 차이점을 발견하고 오리에게 '오리'라고 한다.

### 4) 평형(equilibration)

평형(equilibration)은 동화와 조절의 균형을 의미한다. 예를 들어 영아는 기존의 도식 '꼬꼬'와 새로운 자극 '오리' 때문에 혼돈이 생긴다. 영아가 나름대로 새로운 자극에 새로운 도식을 적용하게 되어 '꼬꼬'와 '오리'의 차이점에 완전히 익숙하게 되면 이제 영아는 평형상태가 된다.

### 5) 적응(adaptation)

적응(adaptation)은 환경과의 직접적인 상호작용을 통해 도식이 변화하는 과정이다. 영아는 동화, 조절, 평형 등을 사용하여 새로운 개념을 획득하게 되고 이로써 새로운 상황과 환경에 적응하고 발달해 간다.

## 2. 발달단계

Piaget(1954)에 의하면, 인지발달에는 4단계가 있으며, 질적으로 서로 다른 이 단계들은 정해진 순서대로 진행하고 단계가 높아질수록 복잡성이 증가한다.

### 1) 감각운동기(sensorimotor stage): 출생~2세

아동의 행동은 자극에 대한 반응으로 나타나는 것이지만 이때의 자극은 감각이고 반응은 운동이다. Piaget는 이 단계를 감각운동기라 명하고 반사운동기, 일차순환반응기, 이차순환반응기, 이차순환반응의 협응기, 삼차순환반응기, 정신적 표상기 등 6개의 하위단계로 설명한다. 감각운동기에 획득하게 되는 중요한 능력 중의 하나는 대상영속성(object permanence)의 개념이다. 대상영속성은 물체가 눈에 보이지 않더라도 그 물체가 계속 존재한다는 것을 아는 것이다(Santrock, 2004).

### (1) 반사운동기(reflex activity): 출생~1개월

영아는 세상에 대한 지식을 습득하는 일차적 자원으로서 빨기반사(sucking reflex), 잡기반사(grasp reflex), 걷기반사(walking reflex), 수영반사(swimming reflex) 등과 같은 반사적 행동에 의존한다. 이 중 가장 우세한 반사는 빨기반사인데, 영아는 입에 닿는 것이면 무엇이든 빨려고 한다. 반사운동기의 영아는 자신과 외부세계 간의 구분이 없으며, 다양한 반사 도식을 사용함으로써 환경의 요구에 더 잘 적응하게 된다.

▲ 수영반사

### (2) 일차순환반응기(primary circular reactions): 1~4개월

영아의 관심이 외부의 대상보다는 자신의 신체에 있기 때문에 일차순환반응기라 부른다. 이 기간에 영아는 다양한 반사들에 숙달하며 이 반사들은 서로 협응하게 된다. 즉, 빨기-잡기 도식과 보기-잡기 도식은 이 단계에서 획득되는 중요한 도식 간의 협응이다.

### (3) 이차순환반응기(secondary circular reactions): 4~8개월

이 단계의 영아는 자신의 외부에 있는 사건과 대상에 열중한다. 일차순환반응과의 주된 차이점은 행동의 초점에 있다. 일차순환반응기의 영아는 자신의 신체와 신체 주변에 있는 대상과 사건에 관심을 갖지만 이차순환반응기에는 자신의 신체 외부에 있는 대상과 사건에 관심이 쏠린다. 이 단계의 영아는 외부세계에 있는 어떤 사건들이 영아 자신의 행동의 통제하에 있다는 것을 이해하고 목표지향적인 초기 형태가 시작되는 행동의 의도성(intentionality)이 나타난다.

#### (4) **이차순환반응의 협응기**(coordination of secondary circular reactions): 8~12**개월**

이 단계에서 영아의 관심은 자신의 신체가 아니라 주위의 환경에 있으며 자신의 목표를 달성하기 위해 두 가지 행동을 협응하기 때문에, 이 단계를 이차순환반응의 협응기라 일컫는다.

#### (5) **삼차순환반응기**(tertiary circular reactions): 12~18**개월**

삼차순환반응기의 영아는 실험적 사고에 열중하게 된다. 이 단계에서는 매우 적극적이고 목적 지향적이며 시행착오적으로 탐색하는 특성을 보인다. 즉, 팔이 닿지 않을 경우, 원하는 장난감을 갖기 위해 막대를 사용하여 밀어보는 시도를 할 수 있다.

#### (6) **정신적 표상기**(mental representation): 18~24**개월**

이 단계의 영아는 지적 능력이 크게 성장하게 된다. 전(前) 단계에서처럼 시행착오 과정을 통해서 문제를 해결하는 것이 아니라, 행동하기 전에 상황에 관한 사고를 하기 때문에 문제를 더 빨리 해결할 수 있다. 또한, 지연모방(deferred imitation)이 가능하게 된다. 지연모방은 어떤 행동을 목격한 후 그 행동을 그 자리에서 곧장 모방하지 않고 일정한 시간이 지난 후에 그 행동을 재현하는 것을 말한다.

### 2) 전조작기(preoperational stage): 2~7세

전조작기에는 논리적인 조작이 가능하지 않다. 조작(operation)이란 과거에 일어났던 사건들을 내면화시켜 서로 관련지을 수 있는 것을 뜻한다.

#### (1) 전개념적 사고기(preconceptional substage): 2~4세

이 단계의 아동은 환경 내의 대상을 상징화하고 이를 내면화시키는 과정에서 성숙한 개념을 발달시키지 못한다. 이 시기의 특징은 상징적 사고와 자기중심적 사고, 물활론적 사고, 인공론적 사고, 전환적 추론을 하는 것이다. 상징적 사고(symbolic thought)의 결과 중의 하나는 가상놀이로서 소꿉놀이, 병원놀이, 학교놀이 등이 이에 속한다. 자기중심적 사고(egocentric thought)는 이기적이거나 다른 사람의 입장을 배려하지 않는 것이 아니라, 다른 사람의 관점을 고려하지 못하는 것으로서 유아의 자기중심적 사고를 보여주는 세 개의 산 실험(three mountains experiment)에서도 볼 수 있다.

**[그림 2-1]** 세 개의 산 실험(three mountain experiment)

유아기의 자기중심성(egocentrism)은 또래와 놀이상황에서 사용되는 자기중심적 언어(egocentric speech)에서도 잘 드러난다. 유아들은 또래와 놀이상황에서 어른들의 입장에서 보면 대답을 해 줘야 할 것 같은 상황에서 상대의 이야기에 특별히 대답을 하지 않고 각자의 이야기를 하면서도 재미있게 이야기를 주고받으며 무난히 놀이상황과 또래관계를 유지해 나간다. 따로 분리된 듯 전혀 맥락이 맞지 않는 이야기를 나누며 함께놀이가 이어지는 것에 어른들은 의아해 한다. 물활론적 사고(animism)는 생명이 없는 대상에게 생명과 감정을 부여하는 것을 말하며, 인공론적 사고(artificialism)는 세상의 모든 사물이나 자연현상이 사람의 필요에 의해 자신의 목적에 맞도록 쓰려고 만들어진 것이라고 믿는 것을 말한다.

#### (2) 직관적 사고기(intuitive thought substage): 4~7세

이 시기의 유아는 어떤 사물을 볼 때 그 사물의 두드러진 속성을 바탕으로 사고하지 못하고 직관에 의존하므로 전체와 부분의 관계를 정확하게 파악할 수 없으며 과제에 대한 이해나 처리 방식이 그때그때의 직관에 의해 좌우되기 쉽다. 직관적 사고의 특징으로는 보존개념(conservation), 유목포함(classification), 서열화(seriation) 등의 개념이 완전히 획득되지 않는다.

### 3) 구체적 조작기(concrete operational stage): 7~12세

구체적 조작기에는 전조작기에 갖지 못한 보존개념(conservation), 조망수용(perspective taking), 유목화(classification), 서열화(seriation)의 개념이 형성된다. 보존 개념이란 물체의 외형상 변화에도 불구하고 이로부터 빼거나 더하지 않으면 그 물체의 특정한 양은 그대로 보존된다고 판단할 수 있는 능력이다. 조망수용이란 세 개의 산 모형(three mountain experiment) 실험에서 볼 수 있듯이 타인의 위치에서 보는 공간적 시각을 추론할 수 있는 능력이다. 유목화란 물체를 공통의 속성에 따라 분류하고 한 대상이 하나의 유목에 속하는 것으로 분류하는 것이며 서열화(seriation)란 사물을 영역별로 차례대로 배열할 수 있는 능력을 의미한다.

### 4) 형식적 조작기(formal operational stage): 12세 이후

청소년기에는 추상적 사고와 가설적 사고, 과학적 사고, 이상주의적 사고가 가능하며 아동기에 비해 훨씬 효율적으로 지적 과업을 성취한다.

▲ 문제에 집중하고 있는 도전골든벨 진출 고등학생들

이러한 Piaget의 이론은 아동의 행동 저변에 중심 역할을 하는 사고과정을 연구하고, 아동을 능동적인 학습자로 보았다는 데 그 의미가 있다.

## 3. 평가

첫째, Piaget의 이론은 아동의 행동 저변에 중심 역할을 하는 사고과정을 연구하고, 아동을 능동적인 학습자로 보았다는 데 그 의미가 있다. 인지발달이론은 지능이란 것이 단지 IQ만을 의미하는 것이 아니라 아동이 능동적으로 환경과 상호작용하며 학습하며 성장한다고 본다.

둘째, Piaget의 이론은 일반적 인지발달 분야뿐 아니라 기억, 학습, 언어, 사회인지 분야에 대한 연구를 촉진시키고 다양한 프로그램 개발에 응용되었다.

셋째, 인지발달 이론의 단점은 발달 단계의 변화기제가 명확하지 않다는 것인데 유아기의 능력을 과소평가했다[17]는 지적을 받고 있다.

## 제4절 Bandura 등의 인지사회학습적 관점

### 1. 이론의 개요

인지사회학습 이론은 학습 이론 혹은 행동주의 이론으로 분류된다. 행동주의 이론은 학습을 크게 자극에 대한 반응의 관계로 보며, 인간발달에 단계를 설정하지 않는다. 우리 인생은 연속적인 학습과정이며, 새로운 자극이 새로운 행동 패턴(반응)을 유발하고 낡고 비생산적인 반응은 소멸된다는 것이다. 행동주의 이론은 Pavlov의 고전적 조건형성 이론, Watson의 행동주의 이론, Skinner의 조작적 형성 이론, Bandura의 사회학습 이론으로 대표된다. 그중 Pavlov, Skinner의 이론을 이론의 개요 부분에서 간단히 살펴봄으로써 Bandura의 인지사회학습 이론이 행동주의 이론의 큰 틀 안에서 어떻게 발전되고 연결되는지 생각해 본다.

#### 1) Pavlov의 고전적 조건형성 이론

Pavlov의 고전적 조건형성이론(classical conditioning theory)의 주요 개념은 고전적 조건반사(classical conditioned reflexes)와 고전적 조건형성(classical conditioning)이다. 이는 자신의 피실험동물인 개의 소화과정을 실험하는 도중에 중성자

17) 유아기를 전개념적 사고와 직관적 사고기로 보고 이 시기의 특성을 서열화의 개념이나 보존개념, 유목포함 등의 개념이 없다고 설명하고 있다.

극인 종소리에 개가 반응하는 것을 보고 우연히 발견되었다. Pavlov는 『조건반사(Conditioned reflexes)』라는 책에서 이 현상을 자세히 설명하고 있다. 조건반사의 강도에 영향을 주는 몇 가지 요인을 강화(reinforcement), 소멸(extinction), 자발적 회복(spontaneous recovery), 자극 일반화(stimulus generalization), 자극 변별화(stimulus differentiation) 등의 개념으로 설명한다. Pavlov의 이론이 교육현장에서 혐오치료법, 충만노출, 체계적 둔감법 등으로 적용되고 있다.

▲ Ivan Pavlov (1849~1936)

(1) **혐오치료법**(aversion therapy)

어떤 행동을 중단시키기 위해 그 행동을 할 때마다 혐오스러운 자극을 주는 것으로서, 담배의 해악을 알리기 위해 담배를 피웠을 때 생길 수 있는 질병을 혐오스러운 사진을 이용하여 제시하는 것이다.

(2) **충만노출**(flooding)

주로 공포증 환자를 대상으로 하는 방법으로서 공포를 느끼는 조건자극이 있는 곳에서 오랜 시간 머물도록 하여, 공포를 느낄 이유가 없음을 학습하게 하는 것이다.

(3) **체계적 둔감법**(systematic desensitization)

공포를 야기하는 상황을 약한 것에서부터 강한 것까지 점진적으로 겪으면서 극복하게 하는 방법으로, 어린이집에 적응하지 못하는 유아를 부모가 함께 등원하여 어린이집에 머무는 시간을 점차로 늘려가는 것이 이에 해당된다.

### 2) Skinner의 조작적 조건형성 이론

▲ Skinner
(1905~1990)

Skinner의 조작적 조건형성이론(operant conditioning theory)에서는 인간의 행동을 반사(reflexes)와 조작적 행동(operant behavior)으로 나누고 인간 행동의 대부분을 조작적 행동으로 보았다. 조작적 행동은 어떤 행동이 야기하는 결과에 의해서 통제된다. 아동의 어떤 행동이 강화를 받게 되면, 그 행동이 다시 나타날 확률이 높아지고, 어떤 행동으로 벌을 받게 되면, 그 행동이 다시 일어날 확률이 낮아진다. 이와 같은 조작적 조건형성에서는 강화와 벌의 역할이 중요하다. Skinner의 조작적 조건형성의 원리를 이용한 행동수정(behavior modification)기법은 아동의 문제행동을 바람직한 행동으로 대체하는 데 효과가 있는 것으로 보인다.

#### (1) **강화인**(reinforcer)

긍정적 강화인(positive reinforcer)은 그것의 제시(presentation)가 행동을 다시 나타나게 할 확률을 증가시키는 자극을 말한다. 예를 들어 자기 방 청소를 한 아동에게 용돈이나 칭찬은 긍정적 강화인이 된다. 부정적 강화인(negative reinforcer)은 그것의 철회가 행동을 다시 나타나게 할 확률을 증가시키는 것이다. 예를 들어 놀이에 불편한 물건을 치워 주었을 때 아동은 더 놀이에 참여하고 집중하게 된다. 부정적 강화인은 벌과는 다르다. 벌은 어떤 행동이 발생할 확률을 감소시키지만 부정적 강화인은 증가시킨다.

#### (2) **소멸**(extinction)**과 벌**(punishment)

소멸은 어떤 반응이 더 이상 강화되지 않을 때 발생한다. 벌은 혐오스럽거나 불쾌한 자극을 제시함으로써 반응이 감소하는 것을 말한다.

#### (3) 강화 스케줄(schedule of reinforcement)

##### ❶ 계속적 강화(continuous reinforcement)

계속적 강화는 반응의 횟수나 반응 간의 시간차에 관계없이 유기체가 반응할 때마다 매번 강화가 주어진다(예: 영아의 옹알이).

##### ❷ 간헐적 강화(intermittent reinforcement)

간헐적 강화는 2가지 차원으로 구분된다. 첫째는 반응의 횟수에 의해 강화될 경우로 비율 스케줄(ratio schedule)이라 하고, 반응과 반응 간의 시간경과에 의해 강화될 경우를 간격 스케줄(interval schedule)이라 한다.

## 2. Bandura의 인지적 사회학습 이론

Bandura의 인지적 사회학습 이론(cognitive social learning theory)은 관찰학습(observational learning), 즉 다른 사람의 행동에 대한 관찰을 통한 학습에 초점을 맞추는데, 이것을 모방(imitation) 또는 모델링(modeling)이라 한다.

### 1) 관찰학습(observational learning)

Bandura에 의하면 관찰학습에는 주의(attentional process), 기억과정(retention process), 운동재생과정(motor reproduction process), 동기유발과정(motivational process)의 4단계가 필요하다고 한다.

### 2) 상호결정론(reciprocal determinism)

Bandura는 아동의 발달과정을 개인과 환경 간의 상호성으로 보는 양방향성으로 가정한다. 개인(person)은 아동의 인지능력, 신체적 특성, 성격, 신념, 태도 등을 포함하는데 이것은 아동의 행동이나 환경에 영향을 미친다. 아동의 행동(behavior)은 자신에 대한 느낌, 태도, 신념에 영향을 미친다. 마찬가지로 환경(environment)은 물리적 환경, 가족, 친구, 사회적 환경, 교과서 등으로서 이들 환경도 개인이나 환경에 영향을 미친다. 즉, 아동발달은 아동과 환경 간의 계속적 상호작용에 의해 이루어진다는 것이다.

### 3) 자기효능감(self efficacy)

▲ Albert Bandura (1925~ )

Bandura에 있어 가장 중요한 개념 중의 하나인 자기효능감은 자신이 어떤 일을 잘해낼 수 있다는 개인적 신념으로서 어떤 행동을 모방할지를 결정하는 데 도움이 되는 것이다.

최근, 자기효능감과 관련하여 교사효능감, 학업효능감 등 다양한 방향으로의 자기효능감에 대한 연구가 이루어지고 있는데, 정미현(2010)은 양육효능감연구를 통하여 양육효능감이 양육 상황에서 바람직한 양육행동을 수행할 수 있다는 자신의 능력에 대한 신념이며, 양육 상황에서 발생하는 과제를 성공적으로 수행해내는 기술을 포함하는 개념으로 정의하였다.

이와 같이 자기효능감은 자신이 어떠한 상황에서 잘해낼 수 있을 것이라는 자신에 대한 신념이며 다양한 분야로의 확장이 가능하다.

자기효능감과 관련된 요소는 성공경험(mastery experience), 대리경험(vicarious experience), 격려의 말(verbal persuasion), 생리적·정서적 상태(physiological & emotional state)이다.

### (1) 성공경험(mastery experience)

어떤 과제를 계속해서 성공적으로 수행하게 되면 아동의 자기효능감이 증대되지만 계속해서 실패하게 되면 자기효능감이 떨어진다. 따라서 자기효능감이 낮은 아동을 위해서는 난이도를 조금 낮출 필요가 있다. 지속적인 성공경험을 통해 자신감을 획득한 이후에 단계를 올리도록 한다.

### (2) 대리경험(vicarious experience)

개인은 다른 사람이 어떤 과제를 성공적으로 수행하는 것을 보게 되면 자신도 그렇게 할 수 있다고 생각하는 경향이 있다. 이것은 자신과 유사한 상황에 처한 경우일수록 더욱 그렇다. 따라서 자신감이 없는 아동의 경우, 성취도나 상황이 비슷하다고 판단되는 유아의 문제 해결사례를 보여 준다.

### (3) 격려의 말(verbal persuasion)

개인은 어떤 일을 할 때 누군가가 잘할 수 있다고 격려해 주면 더 잘하는 경향이 있다. 그러나 격려의 말 이전에 격려나 칭찬의 말을 해 주는 사람과의 관계가 더욱 영향을 미친다. 자신이 더 신뢰하고 좋아하는 사람의 격려나 지지의 말이 아동에게 더욱 큰 효과가 있다.

### (4) 생리적·정서적 상태(physiological & emotional state)

개인은 피로하거나 긴장되면 과제를 더 어렵게 지각한다. 따라서 아동의 생리적·정서적 상태를 관찰할 필요가 있고 기분이나 컨디션에 따라 과제의 난이도를 조절한다.

### 3. 평가

첫째, Bandura는 인간의 행동이 행동, 인지, 환경의 상호결정론(reciprocal determinism)에 기인한다고 보았다. 상호결정론은 환경이 인간행동에 영향을 주지만 개인의 특성 역시 인간의 행동에 영향을 준다고 본다. 이러한 견해는 인간이 단순히 환경에 반응하는 존재가 아니라 적극적으로 환경을 창조하고 변화시키기 위해 행동한다는 것을 의미한다. 행동에 대한 피드백은 개인의 생각과 행동양식에 영향을 준다.

둘째, Bandura의 사회인지적 학습이론의 가장 큰 기여는 관찰학습(observational learning)에 대한 견해이다. 이것은 인간행동이 고전적 조건형성 혹은 조작적 조건형성을 통하기보다는 모델이 하는 행동을 따라함으로써 관찰을 통해 학습된다는 것을 의미한다.

셋째, Bandura는 자기효능감(self efficacy)의 개념을 발달시키고 정교화시켰다. 자기효능감이란 개인이 특별한 상황에서 잘 해낼 것이라는 본인에 대한 신념이다. 이상행동을 하는 사람은 자기효능감이 낮은 것으로 보고되고 있다. 이는 자아존중감(self esteem)과는 다른 개념이다. 또한, 자기효능감의 4가지 원천을 제시하였고, 이러한 개념은 많은 연구 분야에 적용되고 있다.

## 제5절 Bronfenbrenner의 생태체계학적 관점

### 1. 이론의 개요

아동을 이해하기 위해서 그리고 문제가 생긴 아동을 잘 돕기 위해서는 아동을 둘러싼 환경을 살펴보아야 한다. 아동을 둘러싼 환경은 아동에게 있어 지원체계로

작동되며 개인은 자신의 지원체계를 통해 심리적으로 지지를 받는다. 지원체계로서의 개인 환경은 가족의 일상생활에 영향을 미치게 된다(정미현, 2010). 아동의 환경을 이해하기 위해서는 생태체계적 관점에 대해 이해할 필요가 있다. 이에 생태학적 관점에 대해 알고, 아동에게 영향을 미치는 많은 환경적인 많은 부분에 대한 이해 및 부모와 가족, 학교와 지역사회에 대한 포괄적 접근이 필요하다.

## 2. 체계의 내용

생태학적 관점은 특정한 문화와 역사적 맥락 속에 아동과 환경을 조명할 것을 강조한다. Bronfenbrenner(1995)는 아동의 환경을 겹겹의 구조로 설명하고 있는데, 그것은 미시체계(micro system), 중간체계(meso system), 외체계(exo system), 거시체계(macro system), 시간체계(chrono system)이다. 이것은 아동을 이해함에 있어 그를 둘러싼 환경 전체의 유기적 상호작용에 대해 관심을 가지고 있다는 것을 의미한다. 아동을 바라보는 이러한 생태학적 관점은 아동의 문제를 단편적으로 이해하지 않고 현재의 문제를 해결하기 위해서는 다각적인 접근과 노력이 있어야 함을 인식하고 있다는 데 큰 의미가 있다.

▲ Bronfenbrenner (1917~2005)

### 1) 미시체계(micro system)

미시체계란 아동에게 근접한 환경을 말한다. 즉, 부모, 가정, 어린이집이나 유치원, 학교, 친구, 이웃 등 아동에게 직접적 영향을 미치는 근접환경이 미시체계이다.

### 2) 중간체계(meso system)

중간체계란 미시체계와 미시체계와의 상호작용을 의미한다. 중간체계가 원활할수록 아동의 발달은 긍정적일 것으로 기대된다. 즉, 아동의 미시체계인 부모와 또 다른 미시체계인 아동의 친구 간의 사이가 원만할 때 아동의 발달을 위한 지지와 도움을 더 잘 줄 수가 있다.

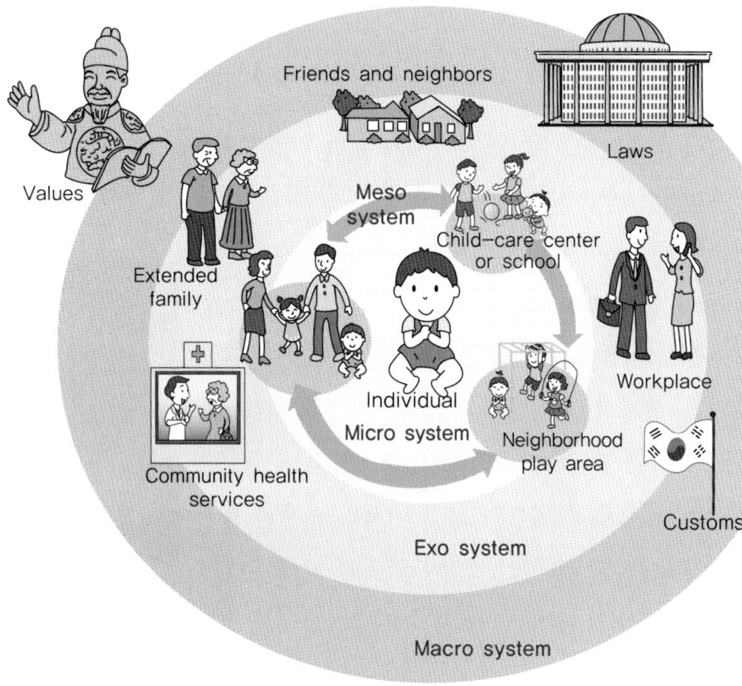


**[그림 2-2]** 생태체계도

출처: http://images.search.yahoo.

### 3) 외체계(exo system)

외체계란 아동이 직접 참여하지 않지만 아동에게 영향을 미치는 사회적 환경을 의미한다. 예를 들어 부모님의 직장, 지역사회의 서비스 등은 아동이 직접 참여하지 않지만 아동의 복지와 발달에 영향을 미친다.

#### 4) 거시체계(macro system)

거시체계란 미시체계, 중간체계, 외체계에 포함된 모든 요소에다 개인이 살고 있는 문화적 환경까지 포함하는 개념이다.

#### 5) 시간체계(chrono system)

시간체계란 시간의 흐름에 따라 변화하는 사회역사적인 환경을 의미한다. 예를 들어 과거에 유아에게 영향을 미치는 가장 큰 요인은 가족이었지만 점차 대중매체나 친구 등 가정 외의 요인들의 영향력이 커지고 있다. 이것은 시간의 흐름에 따라 사회역사적인 환경이 변함을 의미한다.

## 3. 평가

첫째, 기존의 연구에서는 아동의 환경을 부모, 가족 등으로 상당히 협소하게 보았던 반면 Bronfenbrenner는 아동을 둘러싼 환경을 겹겹의 구조로 체계화하였고 각 체계와 아동발달 간의 관계를 살펴보았다. 이러한 환경이 아동에게 미치는 영향에 대해 설명함으로서 아동문제에 있어서의 정책이나 프로그램 개발에 실질적 도움을 얻을 수 있다.

둘째, 아동의 능동적 발달과정에 대해서는 이해도가 낮다고 평가된다.

## 토론 및 토의

1. 아동의 발달적 특성에 따른 교육적 접근에 대해 이야기해 보시오.

   1) 영아기의 발달적 특성과 교육적 접근

   2) 유아기의 발달적 특성과 교육적 접근

   3) 아동기의 발달적 특성과 교육적 접근

2. 아동발달의 이론 중 하나를 선택하여 다음과 같이 이론의 유용성을 평가하는 준거에 준하여 이야기해 보시오(포괄성, 일관성, 정확성, 관련성, 다산성, 단순성).

   - 포괄성: 얼마나 다양한 현상을 설명하는가?
   - 일관성: 기본 가정을 변화시키지 않으면서 새로운 사실을 얼마나 잘 설명하는가?
   - 정확성: 미래의 결과를 얼마나 잘 예측하나?
   - 관련성: 이론이 사실들을 얼마나 잘 반영하는가?
   - 다산성: 새로운 아이디어와 탐구를 얼마나 생성하는가?
   - 단순성: 얼마나 이해하기 쉬운가?

토론 및 토의

3. 아동발달을 설명하고 있는 우리나라 이론을 조사해서 발표하시오.

4. 아동의 성격발달이 어떻게 형성되는지, 이에 대한 교사와 부모의 역할에 대해 이야기해 보시오.

## 토론 및 토의

5. 방어기제(자아방어기제)의 개념에 대해 조사해 보고 예를 들어 설명하시오.

6. 다음의 분류에 따라 아동발달 이론을 정리해 보시오.

1) 주요개념

2) 핵심이론

3) 평가

03
CHAPTER

# 아동의 권리

아동은 존엄성과 잠재력을 지닌 존재로서 생존하고 발달하고 보호받으며 성장할 권리가 있다. 아동권리는 단순한 보호차원이 아니라 아동을 하나의 존귀한 인격체로 인식하는 것에서부터 출발한다.

중세는 아동을 성인의 축소판으로 여겼다. 아동의 발달에 대한 견해 역시 발달로 보는 것이 아니라 이미 형성되어 있는 축소된 인간이 양적으로 성장하는 것으로 인식했다. 그러나 현대사회에서는 아동을 질적이면서 양적으로 발달하는 존재이며, 행복할 권리가 있는 권리의 주체로 인식하게 되었다.

본 장에서는 아동권리가 아동복지에 있어 어떤 의미인지, 아동권리 사상이 어떻게 발달해 왔으며 한국에서의 아동인권의 현주소는 어떠한지에 대해 알아보기 위해 아동의 권리와 아동복지, 아동권리 사상의 발전, 한국의 아동인권을 살펴본다.

## 제1절 아동권리 사상의 발전

아동복지는 아동의 권리보장을 위한 복지활동과 제도를 의미한다. 아동의 기본적 인권을 존중하고 아동을 과학적으로 이해하여, 아동에게 필요한 환경을 제공하고 이를 통해 아동을 건전하게 육성하려는 목적을 지닌다. 따라서 아동의 권리는 아동복지에 있어서 최우선적 조건이 된다. 여기서는 제네바선언, UN 아동권리선언, 아동권리에 관한 국제협약 등 아동권리 사상의 발전을 알아봄으로서 아동권리와 아동복지를 이해해 보기로 한다.

# 1. 아동권리 사상의 태동

아동복지는 아동이 행복한 상태를 지향한다. 진정한 아동복지는 아동의 권리가 보장될 때 가능하다. 아동은 그동안 권리의 주체로 인식되지는 못했다. 모든 아동은 고유한 존엄성과 가치가 보장돼야 함에도 오랜 역사 동안 사회 대부분에서 아동들의 가치와 존엄성의 보장은 미비했다. 아동은 부모의 소유였으며, 소극적으로 보호받았다. 병약하거나 장애가 있는 아동은 유기되거나 살해되기도 했고 그것이 정당화됐다.

▲ Eglantyne Jebb
(1826~1928)

▲ Janusz Korczak
(1878~1942)

20세기에 들어와 아동은 독립된 인간으로서 기본적 권리의 주체가 되어야 한다는 아동권리 사상이 대두되었다. 특히 20세기 초 영국의 Eglantyne Jebb[18]과 폴란드의 Janusz Korczak[19] 같은 선구자적인 활동가들의 노력으로 아동권리를 존중하는 국제규범이 탄생했다.

아동의 존재와 존엄성에 귀 기울인 Eglantyne Jebb은 '아동권리선언'을 통해

---

18) 영국의 사회개혁가, Save the Children의 설립자, 그의 어머니인 Eglantyne Louisa Jebb은 Home Arts and Industries Association의 설립자

19) 교육자, Warsaw 출생

「UN 아동권리협약」의 탄생에 직접적인 기여를 했고, Janusz Korczak은 아동이 '인간'으로 발전하는 존재가 아니라 그 자체가 이미 인간이며 동시대의 분명한 '시민'이라고 주장하여 「UN 아동권리협약」의 핵심 가치에 간접적 기여를 했다.

▲ Janusz Korczak의 저서[20)]

▲ Korczak's orphanage[21)]

출처: wikipedia, the free encyclopedia.

## 2. 제네바 아동권리선언

Eglantyne Jebb은 아동의 권리에 관심을 가졌다. 제네바로 간 Eglantyne Jebb은 어린이 선언문의 초안을 가지고 국제연맹과 회의를 가지게 되고, 그 결과 어린이의 권리와 그 권리를 모든 정책의 중심으로 해야 할 국제사회의 의무를 주장하는 내용을 담은 5개조의 매우 짧지만 소중한 문서인 아동권리선언문이 탄생했다.

아동권리선언은 제1차 세계대전 이후 전쟁이 아동에게 미친 참상에 대한 참회와 반성에서 1924년 9월 UN 총회에서 채택하게 된 것이다. 그 후 이 선언은 제네바선언으로 알려졌으며, 아동의 발달보장, 요보호아동의 보호, 아동구제의

20) 이 책에는 아이들을 어떻게 사랑해야 하는지에 대한 저자의 경험적 고뇌가 담겼다.
21) 현재도 운영되고 있다.

우선성, 착취로부터의 보호, 아동육성의 목표달성에 노력해야 할 것을 강조했다 (표 3-1 참조).

〈표 3-1〉 제네바 아동권리선언 5개항(1924)

| |
|---|
| 1. 어린이는 신체적으로 정신적으로 정상적인 발달을 위해 요구되는 모든 수단을 강구해야 한다. |
| 2. 굶주린 어린이에게 먹을 것을, 병든 어린이에게 치료의 혜택을, 지능발달이 뒤늦은 어린이에게 도움을, 불량한 어린이에게는 감화를, 고아와 부랑아에게는 주거를 마련하여 보호해 주어야 한다. |
| 3. 위기에 직면했을 때, 최우선으로 어린이를 구해야 한다. |
| 4. 어린이에게 장래 설계를 세울 수 있는 지위로 이끌며, 모든 종류의 착취에서 보호를 받을 수 있어야 한다. |
| 5. 어린이에게 자기의 능력은 인류동포에게 봉사하기 위한 것이라는 자각을 주며 교육을 해야 한다. |

그로부터 15년 후 제2차 세계대전(1939~1945)이 발발하게 되었고 많은 아동이 굶주림과 버림을 받게 되는 사회적 배경 속에, 1948년 차별받지 않을 권리와 안정된 가정환경에서 보호받을 권리를 부가하였다. 즉, 2개 조항을 추가하여 〈표 3-2〉와 같은 7개조로 개정·구성한 제네바 아동권리선언을 하게 되었다.

〈표 3-2〉 제네바 아동권리선언 7개항(1948)

| |
|---|
| 1. 어린이는 인종, 민족, 국적 및 종교적 신조의 문제를 초월하여 보호되어야 한다. |
| 2. 어린이는 하나의 실체로서의 가정을 존중하며 보호를 받아야 한다. |
| 3. 어린이는 물질적, 도덕적, 정신적으로 정상적인 발달을 위해 필요한 조건이 충족되어야 한다. |
| 4. 굶주린 어린이는 먹여야 하며, 병든 어린이는 간호를 받아야 하고, 신체적으로 정신적으로 장애가 있는 어린이는 도움을 받아야 하며, 부적응 어린이는 재교육을 받아야 하며, 고아나 부랑아는 수용보호되어야 한다. |
| 5. 어린이는 위험을 당했을 때 먼저 구조되어야 한다. |
| 6. 어린이는 사회복지나 사회보장의 혜택을 받아야 하며 적절한 시기에 생계를 세울 수 있는 훈련을 받아야 하며 모든 형태의 착취로부터 보호받아야 한다. |
| 7. 어린이는 그의 능력을 동포를 위해 봉사해야 한다는 자각 속에서 양육되어야 한다. |

## 3. UN 아동권리선언

1924년과 1948년에 선포된 제네바선언을 기초로 하여 1959년 11월 20일에는 권리의 무차별평등, 양호의무, 학대로부터 보호받을 권리 등을 골자로 한 전문과 10개조로 된 아동권리선언을 채택하고 출생권, 생존권, 발달권, 행복추구권, 교육권, 레크리에이션(recreation)권을 선언하게 됐다(표 3-3 참조).

〈표 3-3〉 UN 아동권리선언(1959)

| 조 | 내용 |
|---|---|
| 제1조 | 인종, 피부색, 성, 언어, 종교, 정치적 견해, 국가적 또는 사회적 출신, 재산, 문벌, 기타의 지위로 인하여 처벌받지 않을 권리 |
| 제2조 | 보호를 받으며 건전하고 정상적인 방법 및 자유와 존엄의 상태하에서 신체적, 지능적, 도덕적, 정신적 및 사회적으로 성장할 수 있는 기회를 가질 권리 |
| 제3조 | 출생 시부터 성과 이름 그리고 국적을 가질 권리 |
| 제4조 | 사회보장의 혜택을 받을 권리 및 적절한 영양, 주거, 오락 및 의료를 제공받을 권리 |
| 제5조 | 장애아동은 필요한 특별한 치료, 교육 및 보호를 제공받을 권리 |
| 제6조 | 양친의 사랑과 도덕적 및 물리적 보장이 있는 환경하에서 양육될 권리<br>(자녀들이 많은 가정에 속하는 아동들을 돕기 위해서는 국가나 기타 기관이 비용을 부담해야 한다.) |
| 제7조 | 교육을 받을 권리와 유희 및 오락을 위한 충분한 기회를 제공받을 권리 |
| 제8조 | 모든 상황에 있어서 최우선으로 보호와 구제를 받을 권리 |
| 제9조 | 방임이나 학대 및 착취 매매 등으로부터 보호받을 권리 |
| 제10조 | 인종적, 종교적 기타의 형태에 의한 차별을 조장할 우려가 있는 관습으로부터 보호받을 권리 |

## 4. UN 아동권리협약

UN 아동권리선언이 선포된 후 30주년이 되는 1989년 11월 20일에는 아동이 자기 이름을 가질 권리, 착취로부터 보호받을 권리, 교육이나 생존 및 발전을 위한 권리 등을 골자로 한 54개조의 「UN 아동권리협약(convention on the rights of child)」이 채택되었다(표 3-4 참조). 이처럼 아동의 권리에 대한 관심은 20세기 들어와 유엔총회에서 채택된 국제적인 인권조약인 「UN 아동권리협약」을 기점으로 증가하였고, 이후 다양한 노력들이 시도되었다. 이것으로 많은 조약과 선언에 분산됐던 아동의 권리를 하나로 묶게 되었다.

「UN 아동권리협약」은 많은 점에서 국제인권규약(international covenants on civil and political rights)[22]을 모델로 하고 있지만, 특히 아동의 특성에 초점을 맞추고 있다는 점에서 차이가 난다. 아동의 생존, 발육, 보호를 국가가 가능한 한 최대한으로 확보할 의무를 진다. 이를 위해 보건·식량·음료수·주거 등에 대한 권리를 정한다. 이로 인해 아동은 적절한 교육과 자신의 잠재능력을 마음껏 발휘할 수 있는 기회를 제공받을 수 있는 것이다.

아동권리에 대한 국제협약인 「UN 아동권리협약」은 아동을 권리의 대상이 아닌 권리의 주체로 인식했다는 점에서 큰 의미가 있으며 세계 192개국의 비준을

---

22) 1966년 12월 16일 제121차 국제연합(UN) 총회에서 인권의 국제적 보장을 위하여 채택된 조약, 국제사회에서 인권보장의 기초를 이루는 조약
[국제인권규약의 의의]
a. 경제적·사회적 및 문화적 권리에 관한 국제규약(International Covenant on Economic, Social and Cultural Rights)(A규약 또는 사회권규약으로 약칭, 한국은 1990년 7월 10일 발효)
b. 시민적 및 정치적 권리에 관한 국제규약(International Covenant on Civil and Political Rights)(B규약 또는 자유권규약으로 약칭, 한국은 1990년 7월 10일 발효)
c. 시민적 및 정치적 권리에 관한 국제규약의 선택의정서(Optional Protocol to the International Covenant on Civil and Political Rights)(제1선택의정서로 약칭, 한국은 1990년 7월 10일 발효)
d. 사형의 폐지를 목표로 하는 시민적 및 정치적 권리에 관한 국제규약의 제2선택의정서(Second Optional Protocol to the International Covenant on Civil and Political Rights, Aiming at the Abolition of the Death Penality)(사형폐지의정서 또는 제2선택의정서로 약칭)

받은 국제법으로서 이 협약을 비준한 나라의 정부는 협약에 명시된 아동의 모든 권리를 보장할 의무를 지고 있다. 1차 보고는 협약 비준 2년 후, 그 후 매 5년마다 UN 아동권리위원회에 협약 이행상황을 보고해야 한다.

「UN 아동권리협약」은 아동을 인간으로의 존엄성을 지닌, 그러면서도 아동의 발달적 특별함을 고려해야 할 권리의 주체자로 우리의 인식을 발전시키는 데 기여했다.

이 협약에서 아동의 범위는 만 18세 미만까지이다. 「UN 아동권리협약」에서 제시하는 아동의 권리조항은 다음 표와 같다.

〈표 3-4〉「UN 아동권리협약」(1989) 요약

| 조 | 내 용 |
|---|---|
| 제1조 | 아동의 정의(18세 미만인 자) |
| 제2조 | 차별금지(인종·피부색·성별·언어·종교·정치적 또는 기타의 의견이나 신분) |
| 제3조 | 아동최우선의 이익 |
| 제6조 | 생명에 대한 권리(생존하고 발전할 권리) |
| 제7조 | 성명과 국적을 가질 권리 |
| 제8조 | 신분 보존의 권리 |
| 제13조 | 표현의 자유권 |
| 제14조 | 사상 양심의 권리 |
| 제15조 | 집회 결사의 권리 |
| 제16조 | 사생활보호의 권리 |
| 제19조 | 학대·방치 및 착취로부터의 보호권 |
| 제22조 | 난민아동의 보호 및 원조받을 권리 |
| 제23조 | 장애아동의 권리 |
| 제24조 | 건강과 보건서비스에의 권리 |
| 제26조 | 사회보장을 받을 권리 |
| 제27조 | 생활수준에 관한 권리 |
| 제28조 | 교육에의 권리 |

| 조 | 내 용 |
|---|---|
| 제31조 | 휴식·여가·놀이 및 문화생활의 권리 |
| 제32조 | 경제적 착취 및 유해노동으로부터의 보호권리 |
| 제33조 | 마약·향정신성 물질로부터의 보호권리 |
| 제37조 | 모든 형태의 착취로부터의 보호권리 |
| 제38조 | 고문·사형 및 자유 박탈 금지권<br>무력분쟁으로부터의 보호권 |
| 제39조 | 심리적·신체적 회복 및 사회복귀권 |
| 제42조 | 소년사법, 법률에 따라 유죄가 입증될 때까지는 무죄를 추정받을 권리 |

위와 같이 「UN 아동권리협약」에서 규정하고 있는 아동의 권리를 종합해 보면 「UN 아동권리협약」은 무차별의 원칙, 아동 최선의 이익원칙, 아동생존 보호 및 발달의 원칙, 아동의사 존중의 원칙이라는 4개의 일반원칙을 중심으로(우경연, 2013), 아동은 생존하고 발달할 권리가 있으며 아동복지를 침해하는 모든 학대로부터 보호받을 권리가 있고 아동의 발달에 맞는 모든 생활을 누릴 권리가 있다.

〈표 3-5〉 아동권리 사상의 발전

| 구분 | 요약 내용 |
|---|---|
| 1. 아동권리 사상의 태동 | 1) Eglantyne Jebb: '아동권리선언'을 통해 「UN 아동권리협약」 탄생에 직접 기여함<br>2) Janus Korczat: '인간'으로 발전하는 존재가 아니라, 그 자체가 이미 인간이며 동시에 '시민'이라고 주장하며 「UN 아동권리협약」에 간접 기여함 |
| 2. 제네바선언 | 1) 5개항 제1항은 아동의 생존권 보장, 제2항은 아동보호의 접근 방법, 제3항은 아동보호의 최우선 원칙, 제4항은 자립과 착취에서의 보호, 제5항은 아동육성의 궁극적 목표를 제시(1924년)<br>2) 차별받지 않을 권리와 안정된 가정환경에서 보호받을 권리를 부가한 7개조 제네바 선언(1948년) |
| 3. UN 아동권리 선언 | 1) 1924년과 1948년 선포된 제네바선언을 기초로 함<br>2) 1959년 11월 20일 전문과 10개조로 된 아동권리 선언을 채택<br>출생권/생존권/발달권/행복추구권/교육권/레크리에이션권 선언 |

| 구분 | 요약 내용 |
|---|---|
| 4. UN 아동권리협약 | 1) 아동권리협약(convention on the rights of the child, UNCRC): 1989년 11월 20일 아동이 자기 이름을 가질 권리, 착취로부터 보호받을 권리, 교육이나 생존 및 발전을 위한 권리 54조 채택<br>2) 1차 보고 협약비준 2년 후, 그 후 매 5년마다 UN 아동권리위원회에 협약 이행상황 보고하며, 아동 범위는 만 18세 미만 |

## 제2절 한국의 아동인권 사상

아동복지에 있어 중요한 이념인 아동의 권리에 대해 알아보기 위해 여기서는 한국에서의 아동권리 사상에 대해 고찰해 본다.

### 1. 아동의 권리공약 3장 선언

한국의 아동인권에 대한 노력은 소파 방정환에서 찾을 수 있다. 소파 방정환은 아동을 존중하고 인격체로 대할 것을 주장했다. Eglantyne Jebb이 「UN 아동권리협약」의 근간이 된 아동권리선언을 선언한 1923년에 우리나라의 소파 방정환은 소년운동의 기초 조건이라는 제목의 글을 통해 아동권리공약 3장을 선언했다.

▲ 소파 방정환 (1899~1932)

당시 우리나라는 주권을 일본에 빼앗긴 상태였지만 아동을 사랑하고 바르게 키우기 위해 어린이날을 제정하였고, 어린이날 기념식장에서 '소년운동협회'가 아동의 권리공약 3장을 선포했다. 그 내용은 아동을 인격적으로 대우하고, 노동을 폐하며 아동이 배우고 놀 수 있는 환경을 마련하라는 내용이었다(표 3-6 참조).

〈표 3-6〉 아동의 권리공약 3장(1923)

1. 어린이를 재래의 윤리적 압박으로부터 해방하여 그들에 대한 완전한 인격적 예우를 허(許)한다.
2. 어린이를 재래의 경제적 압박으로부터 해방하여 만 14세 이하의 그들에 대한 무상 또는 유상의 노동을 폐(廢)하라.
3. 어린이에게 그들이 고요히 배우고 즐거이 놀 만한 각양의 가정 또는 사회적 시설을 행(行)하라.

## 2. 어린이헌장 제정과 개정

아동의 권리공약 3장이 선포된 이후 1975년 9개의 조항으로 어린이헌장이 제정됐다(표 3-7 참조).

〈표 3-7〉 어린이헌장(1975)

1. 어린이는 인간으로서 존중하여야 하며 사회의 한 사람으로서 올바르게 키워야 한다.
2. 어린이는 튼튼하게 낳아 가정과 사회에서 참된 애정으로 교육하여야 한다.
3. 어린이에게는 마음껏 놀고 공부할 수 있는 시설과 환경을 마련해 주어야 한다.
4. 어린이는 공부나 일이 몸과 마음에 짐이 되지 않아야 한다.
5. 어린이는 위험한 때에 맨 먼저 구출하여야 한다.
6. 어린이는 어떠한 경우에라도 악용의 대상이 되어서는 아니 된다.
7. 굶주린 어린이는 먹어야 한다. 병든 어린이는 치료해 주어야 하고 신체와 정신에 결함이 있는 어린이는 도와주어야 한다. 불량아는 교화하여야 하고 고아와 부랑아는 구호하여야 한다.
8. 어린이는 자연과 예술을 사랑하고 과학을 탐구하여 도의를 존중하도록 이끌어야 한다.
9. 어린이는 좋은 국민으로서 인류의 자유와 평화와 문화 발전에 공헌할 수 있도록 키워야 한다.

어린이헌장은 다시 1988년 11개 조항으로 개정되었다. 내용은 인간의 존엄성 존중, 건전한 가정에서의 보호, 영양·교육·문화·놀이와 오락에 관한 권리, 학대와 노동으로부터의 보호, 장애아동 등에 대한 내용이 포함되어 있다(표 3-8 참조).

〈표 3-8〉 어린이헌장(1988)

대한민국 어린이헌장은 어린이날의 참뜻을 바탕으로 하여, 모든 어린이가 차별 없이 인간으로서 존엄성을 지니고 나라의 앞날을 이어 나갈 새사람으로 존중되며, 바르고 아름답고 씩씩하게 자라도록 함을 길잡이로 삼는다.

1. 어린이는 건전하게 태어나 따뜻한 가정에서 사랑 속에 자라야 한다.
2. 어린이는 고른 영양을 취하고 질병의 예방과 치료를 받으며, 맑고 깨끗한 환경에서 살아야 한다.
3. 어린이는 좋은 교육시설에서 개인의 능력과 소질에 따라 교육을 받아야 한다.
4. 어린이는 빛나는 우리 문화를 이어받아 새롭게 창조하고 널리 펴 나가는 힘을 길러야 한다.
5. 어린이는 즐겁고 유익한 놀이와 오락을 위한 시설과 공간을 제공받아야 한다.
6. 어린이는 예절과 질서를 지키며, 한겨레로서 서로 돕고 스스로를 이기며 책임을 다하는 민주 시민으로서 자라야 한다.
7. 어린이는 자연과 예술을 사랑하고 과학을 탐구하는 마음과 태도를 길러야 한다.
8. 어린이는 해로운 사회환경과 위험으로부터 먼저 보호되어야 한다.
9. 어린이는 학대를 받거나 버림을 당해서는 안 되고, 나쁜 일과 힘겨운 노동에 이용되지 말아야 한다.
10. 몸이나 마음에 장애를 가진 어린이는 필요한 교육과 치료를 받아야 하고 빗나간 어린이는 선도되어야 한다.
11. 어린이는 우리의 내일이며 소망이다. 나라의 앞날을 짊어질 한국인으로 인류의 평화에 이바지할 수 있는 세계인으로 자라야 한다.

## 3. 청소년헌장의 제정과 개정

청소년헌장은 1990년 5월 12일 청소년의 건전육성에 대한 국민적 공감대 형성을 위해 제정되었다(표 3-9 참조). 청소년의 이상과 포부를 제시한 서문과 청소년의 권리·의무, 학교의 사명과 교육의 내용 및 목적, 청소년 건전육성을 위한 가정·사회·국가의 역할과 책임을 강조한 5개 항목으로 되어 있다. 이 헌장은 청소년 문제에 대한 사회의 관심을 모아 청소년을 바르게 선도·보호함으로써 바람직한 청소년 상을 구현하기 위한 것으로, 당시의 체육부가 각계각층의 의견을 수렴하고 안을 만들어 국무회의의 의결로 확정한 것이다.

〈표 3-9〉 청소년헌장(1990)

| 청소년의 권리 |
|---|
| • 청소년은 생존에 필요한 기본적인 영양, 주거, 의료, 교육 등을 보장받아 정신적·신체적으로 균형 있게 성장할 권리를 가진다.<br>• 청소년은 출신, 성별, 종교, 학력, 연령, 지역 등의 차이와 신체적, 정신적 장애 등을 이유로 차별받지 않을 권리를 가진다.<br>• 청소년은 물리적 폭력뿐만 아니라 공포와 억압을 포함하는 정신적인 폭력으로부터 보호받을 권리를 가진다.<br>• 청소년은 사적인 삶의 영역을 침해받지 않을 권리를 가진다.<br>• 청소년은 자신의 생각과 느낌을 자유롭게 펼칠 권리를 가진다.<br>• 청소년은 자유로운 의사에 따라 건전한 모임을 만들고 올바른 신념에 따라 활동할 권리를 가진다.<br>• 청소년은 배움을 통해 진리를 추구하고 자아를 실현해 갈 권리를 가진다.<br>• 청소년은 일할 권리와 직업을 선택할 권리를 가진다.<br>• 청소년은 여가를 누릴 권리를 가진다.<br>• 청소년은 건전하고 다양한 문화·예술 활동에 자유롭게 참여할 권리를 가진다.<br>• 청소년은 다양한 매체를 통하여 자신의 삶에 필요한 정보에 접근할 권리를 가진다.<br>• 청소년은 자신의 삶과 관련된 정책결정 과정에 민주적 절차에 따라 참여할 권리를 가진다. |
| **청소년의 책임** |
| • 청소년은 자신의 삶을 소중히 여기며 자신이 선택한 삶에 책임을 진다.<br>• 청소년은 앞 세대가 물려준 지혜를 시대에 맞게 되살려 다음 세대에 물려줄 책임이 있다.<br>• 청소년은 가정, 학교, 사회, 국가, 인류공동체의 성원으로서 자기와 다른 삶의 방식도 존중할 줄 알아야 한다.<br>• 청소년은 삶의 터전인 자연을 소중히 여기고 모든 생명들과 더불어 살아간다.<br>• 청소년은 통일시대의 주역으로서 평화롭게 공존하는 방법을 익힌다.<br>• 청소년은 남녀평등의 가치를 배우고 이를 모든 생활에서 실천한다.<br>• 청소년은 가정에서 책임을 다하며 조화롭고 평등한 가족문화를 만들어 간다.<br>• 청소년은 서로에게 정신적·신체적 폭력을 행사하지 않는다.<br>• 청소년은 장애인을 비롯한 소외받기 쉬운 사람들과 더불어 살아간다. |

### 청소년의 자원봉사자 선서

- 우리는 자발적으로 참여하며, 기쁜 마음으로 봉사활동을 하겠습니다.
- 우리는 봉사활동을 통해서 서로 도우며 더불어 살아가는 정신을 배우도록 하겠습니다.
- 우리는 생명의 귀중함과 모든 사람은 평등하다는 것을 알며, 상대방의 입장을 이해하는 자세로 활동에 임하겠습니다.
- 우리는 자기발전을 위해 배우는 마음으로 성실하게 봉사활동을 하겠습니다.
- 우리는 봉사활동을 통해 알게 된 개인의 비밀은 절대로 지키도록 하겠습니다.
- 우리는 봉사활동을 통해 서로 신뢰하며 정이 넘치는 사회를 위해 노력하겠습니다.
- 우리는 봉사활동을 하는 데 있어서 약속을 꼭 지키도록 하겠습니다.
- 우리는 다른 사람에게 폐가 되는 어떠한 행동도 하지 아니하며, 작은 것이라도 남에게 기쁨을 주는 행동을 하겠습니다.
- 우리는 항상 감사하는 마음과 양보하는 마음을 생활의 신조로 삼아 일상생활에 봉사정신이 이어지도록 노력하겠습니다.

1990년에 제정된 청소년헌장은 〈표 3-10〉과 같이 1998년 10월에 개정되었다.

〈표 3-10〉 청소년헌장(1998)

청소년은 자기 삶의 주인이다. 청소년은 인격체로서 존중받을 권리와 시민으로서 미래를 열어 갈 권리를 가진다. 청소년은 스스로 생각하고 선택하며 활동하는 삶의 주체로서 자율과 참여의 기회를 누린다. 청소년은 생명의 가치를 존중하며 정의로운 공동체의 성원으로 책임 있는 삶을 살아간다. 가정, 학교, 사회 그리고 국가는 위의 정신에 따라 청소년의 인간다운 삶을 보장하고 청소년 스스로 행복을 가꾸며 살아갈 수 있도록 여건과 환경을 조성한다.

### 청소년의 권리

1. 청소년은 생존에 필요한 기본적인 영양, 주거, 의료, 교육 등을 보장받아 정신적, 신체적으로 균형 있게 성장할 권리를 가진다.
1. 청소년은 출신·성별·종교·학력·연령·지역 등의 차이와 신체적·정신적 장애 등을 이유로 차별받지 않을 권리를 가진다.
1. 청소년은 물리적 폭력뿐만 아니라 공포와 억압을 포함하는 정신적인 폭력으로부터 보호받을 권리를 가진다.

1. 청소년은 사적인 삶의 영역을 침해받지 않을 권리를 가진다.
1. 청소년은 자신의 생각과 느낌을 자유롭게 펼칠 권리를 가진다.
1. 청소년은 자유로운 의사에 따라 건전한 모임을 만들고 올바른 신념에 따라 활동할 권리를 가진다.
1. 청소년은 배움을 통해 진리를 추구하고 자아를 실현해 갈 권리를 가진다.
1. 청소년은 일할 권리와 직업을 선택할 권리를 가진다.
1. 청소년은 여가를 누릴 권리를 가진다.
1. 청소년은 건전하고 다양한 문화·예술 활동에 자유롭게 참여할 권리를 가진다.
1. 청소년은 다양한 매체를 통하여 자신의 삶에 필요한 정보에 접근할 권리를 가진다.
1. 청소년은 자신의 삶과 관련된 정책결정 과정에 민주적 절차에 따라 참여할 권리를 가진다.

청소년의 책임

1. 청소년은 자신의 삶을 소중히 여기며 자신이 선택한 삶에 책임을 진다.
1. 청소년은 앞 세대가 물려준 지혜를 시대에 맞게 되살려 다음 세대에 물려줄 책임이 있다.
1. 청소년은 가정·학교·사회·국가·인류공동체의 성원으로서 자기와 다른 삶의 방식도 존중할 줄 알아야 한다.
1. 청소년은 삶의 터전인 자연을 소중히 여기고 모든 생명들과 더불어 살아간다.
1. 청소년은 통일시대의 주역으로서 평화롭게 공존하는 방법을 익힌다.
1. 청소년은 남녀평등의 가치를 배우고 이를 모든 생활에서 실천한다.
1. 청소년은 가정에서 책임을 다하며 조화롭고 평등한 가족문화를 만들어 간다.
1. 청소년은 서로에게 정신적·신체적 폭력을 행사하지 않는다.
1. 청소년은 장애인을 비롯한 소외받기 쉬운 사람들과 더불어 살아간다.

1998년 10월 25일

## 4. 「UN 아동권리협약」에의 가입

국제사회가 아동을 독립된 인격체이며 권리의 주체자로 인정하고자 1989년 11월 20일 유엔총회에서 만장일치로 「UN 아동권리협약」을 채택하자 우리나라도 부처 간 협의를 거쳐 「UN 아동권리협약」의 당사국이 되었다. 협약에 가입한 국가는 의무적으로 가입 후 2년 내에 연구보고서를 제출해야 하고 그 후 5년마다 연구보고서를 제출해야 함에 따라 1994년과 2000년에 1차, 2차 국가보고서를 제출하였다.

2차 보고서 심의에서 「가정폭력처벌특별법」(1997년), 「청소년보호법」 제정(2000년), 국가인권위원회의 설립(2001년) 등의 노력을 높이 평가했으나 상설 아동권리조정기구의 미설립, 아동권리협약의 홍보 미흡, 1차 보고서의 심의에서 지적된 권고사항의 미흡한 이행 등을 지적하고(아동·청소년백서, 2008), 무차별 원칙(제2조), 최상이익원칙(제3조), 생명발달권(제6조), 아동의 견해 존중(제12조) 등이 관련 법령에 적절히 적용되고 행정적·정치적 사업에 적용할 것을 UN 아동권리위원회로부터 권고받았다.

이외에도 11월 20일을 세계아동의 날(universal children's day)로 기념하고 있으며, 2003년부터 세계아동의 날이 있는 주간을 '아동권리주간'으로 선정했다. 2005년 「민법」 개정을 통해 친양자제도를 신설하여 부분적으로 입양허가제가 이루어지고 있다.

〈표 3-11〉 한국의 아동권리 사상의 발전

| 구분 | 요약 내용 |
|---|---|
| 1. 아동의 권리공약 3장 선언 | 소파 방정환 〈아동의 권리 공약 3장〉(1923년)<br>1) 인격적 대우<br>2) 노동으로부터의 자유<br>3) 시설을 설비 |
| 2. 어린이헌장 제정과 개정 | 1) 1975년 9개의 조항으로 어린이헌장 제정<br>2) 1988년 11개 조항 개정(존엄성 존중, 건전한 가정 보호, 영양·교육·문화·놀이와 오락에 관한 권리, 학대와 노동 보호, 장애아동 관련 내용 포함) |
| 3. 청소년헌장의 제정과 개정 | 1990년 5월 12일 청소년 건전육성 제정, 1998년 10월에 개정 |
| 4. UN 아동권리협약에의 가입 | 1) 1994년/2000년 1차, 2차 국가보고서 제출<br>2) 11월 20일 세계아동의 날(Universal Children's Day), 2003년 세계아동의 주간을 '아동권리주간'으로 선정 |

## 5. 한국의 아동인권 사상의 과제

지금까지 한국의 아동인권 사상의 발전에 대해 알아봤는데 현 시점에서의 몇 가지 생각할 문제를 제시하면 다음과 같다.

첫째, 「UN 아동권리협약」은 무차별의 원칙, 아동 최선의 이익원칙, 아동생존 보호 및 발달의 원칙, 아동의사 존중의 원칙이라는 주요 원칙이 잘 지켜지기에는 법적 구속력이 없다. 아동학대 관련 단체 역시 법적 구속력이 전혀 없다는 것은 너무도 안타까운 일이다. 따라서 이는 아동권리를 실현하는 데 커다란 장애가 되는 문제이며, 앞으로 현실적인 서비스가 실질적으로 실현 가능하도록 관련법이 더욱 강화되어야 할 것이다. 예를 들어 「아동학대범죄의 처벌 등에 관한 특례법(약칭: 아동학대처벌법)」은 사회 각층에서 법 제정을 외쳤으나, 국회에서 오랫동안 처리되지 않았다. 그러다가 드디어 2014년 1월에 제정되고 같은 해 9월에 시행되어 오늘날에 이르고 있음은 그나마 다행한 일이다.

"아동학대방지법 임시국회에서 처리를"

갈수록 심각해지는 아동학대 사건에 누리꾼들이 관련 법안을 시급히 처리해 달라는 청원운동을 벌이기에 이르렀다. 누리꾼의 목소리를 모은 건 국제아동구호기구 '세이브더칠드런' 한국지부. 이 단체는 지난달 27일 인터넷포털 '다음'의 아고라에 청원글을 올렸고 지난 18일까지 3,501명이 서명했다. 배우 A 씨, 작가 B 씨 등 유명인들도 트위터에서 서명 요청글을 리트윗(퍼뜨리기)해 열기를 북돋웠다. 세이브더칠드런은 지난 20일 서명 명부를 국회 보건복지위원회 소속 의원 전원에게 전달했다.
이 법안의 핵심은 가해자가 부모일 경우 친권을 제한하거나 박탈할 수 있는 조치를 강화해 '학대의 악순환'을 끊을 수 있는 근거를 마련했다는 점이다.

18대 국회에서는 이 법안 말고도 30여 건의 「아동복지법」 개정안이 발의됐지만 한 건도 처리되지 못했다. 그러다 22일에야 관련 법안들이 병합 심사돼 「아동복지법」 개정안이 대안으로 보건복지위를 통과했다. 이러다 보니 민간기구들에선 "국회의원들이 표가 있는 노인복지법은 빨리 처리하고 표 없는 「아동복지법」은 등한시한다."는 비아냥이 나온 지 오래다.

세이브더칠드런의 권리옹호부장은 "현행법은 아동학대 방지나 처벌 조항이 미흡해 입법조치가 시급했지만 매번 우선순위에서 밀렸다."라며 "이번 임시국회에선 국민 여론을 들어 회기 내에 꼭 본회의 처리가 되기를 바란다."라고 말했다.

출처: 한국일보(2011. 6. 23). 김지은 기자. luna@hk.co.kr.

둘째, 현재 국내에서는 아동권리에 대한 인식 부족과 아동권리협약 이행에 대한 관심 부족의 문제가 지적되고 있다. 이러한 문제에 대해 우리는 현재 우리 사회 스스로의 노력 부족으로 생각하지 않고 몇 세기를 걸쳐 오래전부터 축적된 민족성의 문제로 생각하는 경향이 있다. 아동인권에 대한 의식이 낮다는 얘기를 하면 '그럼 어떤 걸 해결해야 하는데?' 혹은 '뭘 해야 하는데?'라고 하기보다는 '우리나라가 그렇지 뭐.' 혹은 '우리나라 사람이 그렇지 뭐.'라는 식으로 반응하는 것을 보게 되는데, 우리의 이런 피해의식을 넘어서기 위해서는 우리나라의 인간 사상에 대해 더 연구할 필요가 있다.

▲ John Dewey
(1859~1952)

예를 들어 지금까지 대학의 교육현장에서 아동발달의 이론과 그 이론을 정립한 학자들에 대해서도 외국의 이론과 학자들만을 가르치고 배워 왔다는 것이다. 최근 한국의 아동발달 이론에 대한 관심이 증가하고 있기는 하지만 너무도 미비한 실정이다. 그러나 한국의 인간발달 이론을 살펴보면 인간의 발달을 전 생애적 에서 바라보는 등의 관점은 시대적으로 서양을 앞선다. 또한, 일부에서는 아동인권의 역사를 서구의 역사로 생각하곤 한다. 하지만 소파 방정환의 사상과 업적을 보면 동시대의 우리나라에서도 아동인권의 태동이 시작된 것을 알 수 있다. 방정환은 아동해방을 주장했다. 그러나 우리는 아동 중심 사상과 관련하여 John Dewey[23)]에 대해서만 배운다. 따라서 학생들은 우리나라의 아동 중심 사상은 해방 이후 John Dewey 사상의 도입으로만 알고 있다. 방정환은 이미 1910년대 말부터 아동 중심 사상을 펼쳤고 아동해방의 가치를 주장했다.

위와 같은 이유에서 우리는 인권과 이론과 사상의 후진국이었다는 피해의식을 벗을 필요가 있고, 좀 더 우리의 이론과 사상에 대해 연구할 필요가 있다. 나아가 앞으로는 어떤 노력을 기울여 가야 하는지에 대한 논의를 통해 발전적 모습으로 성장하는 것이 필요하다.

---

23) 미국의 철학자이자 교육학자. 서민의 경험을 프래그머티즘에 의해 소화하여 보편적 교육학설을 창출하여 세계 사상계에 이바지하였다. 저서로는 『논리학-탐구의 이론』, 『경험으로서의 예술』 등이 있다.

## 토론 및 토의

1. 아동의 권리가 부모나 교사의 권리 혹은 가치와 상충될 때 교육현장에서 어떻게 대처할 것인가에 대해 토의해 보시오. 어떨 때 가치가 상충되는지, 그 예를 아래와 같이 들어 보고 그에 대한 각자의 의견을 제시해 보시오(예를 들어 최근 고려대학교에서 시작된 '안녕하십니까' 대자보가 SNS에 개설되자마자 10만 건의 '좋아요'가 달리더니 고등학교 학생들에게까지 확산되었다. 학교에서는 이 학생의 징계를 논의하기 위한 위원회를 열겠다고 한다. 아래 뉴스 참조).

**"학생들의 표현의 자유는 대한민국 헌법 등에 명시된 권리"**

청소년 단체 '안녕 대자보 공동대응위원회' 등이 "학생들의 대자보 설치를 보장하라!"며 교육부를 상대로 국가인권위원회에 진정을 냈다. 대자보를 붙였다 철거당한 중고등학생 4명과 청소년 단체 아수나로 등으로 구성된 청소년 단체 '안녕 대자보 공동대응위원회'는 이날 서울 강남구의 한 고등학교 앞에서 기자회견을 열고 이같이 밝혔다. 이들은 "지난 19일 고2 박 모 군(16)이 학교 체육관 외벽에 익명으로 대자보를 게시했으나 다음날 대자보가 철거됐다."며 이후 담임선생님으로부터 "징계를 논의하기 위한 '대선도위원회'를 연다는 통보를 받았다."고 주장했다. 이들은 "학교 측이 박 군을 생활지도부실로 데려가 인신공격했다."고 항의하며 "학생들의 표현의 자유는 「UN 아동권리협약」과 대한민국 헌법, 서울시 학생 인권조례 등에 명기된 권리"라고 강조했다.

출처: CBS노컷뉴스(2013. 12. 27). 신동진·김민재 기자.

## 토론 및 토의

2. 아동과 직·간접적으로 연결된 교육자인 부모, 교사, 사회복지사, 상담가로서 아동의 존엄성을 존중하는 방법에 토의해 보시오.

3. 방정환의 아동 중심 사상에 대해 조사해 보고 이를 토대로 토의해 보시오.

4. 주변에서 일어나고 있거나 혹은 TV나 매체를 통해 알게 된 왕따의 사례를 이야기해 보고, 왕따를 당하고 있는 아동을 위한 대응책에 대해서도 토의해 보시오.

5. 친구를 따돌리는 아동에게 '눈에는 눈, 이에는 이' 식으로 차별경험을 하게 하는 것이 옳은지, 그렇지 않은지를 토론해 보시오.

04
CHAPTER

# 아동복지의 역사

아동복지는 전쟁고아나 미아 등을 보호하기 위한 선별적인 구호(child relief) 측면의 아동복지에서 출발하여 아동을 안전하게 양육하는 소극적인 보호(child care) 측면의 아동복지 시대를 거쳐 모든 아동이 행복할 권리를 보장받는 보편적인 복지(child welfare)시대로 변화되어 왔다.

현대사회를 국제사회라고 한다. 각국은 지구촌의 한 구성원으로서 상호 영향을 주고받을 수밖에 없는 사회이기 때문이다. 이런 의미에서 오늘날의 지구촌은 개별 국가 차원에서 정책을 독단적으로 수립하기보다는 다른 선진국들이 실시하고 있는 성공적인 아동복지정책이나 프로그램을 알아보고 수용하며 협력하면서 함께 좋은 아동복지 프로그램을 개발해야 할 필요성을 공유하게 되었다.

따라서 본 장에서는 외국의 아동복지 발달과정과 한국의 아동복지 발달과정을 통해 아동복지의 역사를 알아보고 나아가 현대사회에서의 아동복지 이슈와 대안을 모색해 본다.

## 제1절 외국의 아동복지 발달과정

선진국의 아동복지를 알아본다는 것은 몇 가지 공통 관심사를 일정한 범주 내에서 비교·고찰함으로써 미흡한 서비스를 개선·보완하며, 시대적 변화에 대응할 수 있는 서비스 프로그램을 개발하기 위한 방안을 제시하는 데 도움이 된다. 미국과 일찍이 복지사회를 구현해 온 스웨덴 그리고 우리와 이웃하고 있는 일본 등의 아동복지 배경과 발전과정 및 현황을 고찰하여 한국 아동복지의 보완점을 제시하고자 한다.

## 1. 미국

미국은 청교도적 윤리를 기반으로 건국되었기 때문에 노동을 미덕으로 여기고 게으름과 나태를 죄악시했기 때문에 빈곤에 대한 사고는 기본적으로 개인의 책임으로 받아들였다. 따라서 정부의 개입을 최소화하면서 각 주정부의 자주권을 강화한다는 원칙을 고수해 왔다.

산업화 이전 시기 미국의 아동복지는 요보호아동에 대한 사회부조로서 교회를 중심으로 한 비조직적이고 자선적인 형태로 행해졌다.

19세기 중반에 이르러 산업화에 의한 이민의 증가, 도시화에 따른 도시빈민의 출현과 증가 등 다양한 사회문제가 대두되었다.

1929년의 경제공황은 실업자를 폭발적으로 발생하게 했는데, 중산층이 무너지고 일하고 싶어 하는 건강한 가장들이 거리로 내몰리면서 정부는 급증하는 실업자들을 구호하기 위해 1935년 사회보장법을 통해 요부양아동가족부조(Aid to Families with Dependent Children: AFDC), 노령부조(Old age Assistance) 등의 공공부조를 시행하게 된다. 이것은 가난이 개인의 나태함이나 무능함의 문제라고 여겼던 기존의 인식에서 벗어났음을 뜻한다. 즉, 가난은 육체적·정신적으로 건강한 개인이 사회의 구조적인 다양한 문제와 맞물려 어쩔 수 없이 발생할 수 있으며, 정부가 이러한 문제를 적극적으로 해결하고자 노력해야 한다는 것을 인식했음을 의미한다. AFDC의 수혜자에게는 각종 취업서비스, Food Stamp, Medicaid(의료보호) 등이 자동적으로 주어지며, WIN 프로그램의 참여자에게는 탁아서비스도 제공된다. 60년간 지속되어 오던 AFDC는 1996년 빈곤가족한시부조(Temporary Assistance for the Needy Families: TANF)로 명칭을 바꾸었고, 현재 미국 아동복지의 근간이 되고 있다. TANF의 핵심은 빈곤가족을 위한 현금보조급여의 보장 중단, 연방정부와 주정부 사이의 새로운 재정적 관계 정립, 정액보조금제와 주정부의 자율성, 현금수급기간을 통산 60개월로 제한, 노동 프로그램에 참여시키지 못하는 주정부에 대한 벌과금 등이다(최덕경·박주현, 2012).

1960년대 이후 급격한 경제성장을 배경으로 민주당 정권에 의한 사회보장의 확대기를 맞게 되었으며 도시빈민층 자녀들을 위한 Head start 프로그램과 저소득층을 위한 Food Stamp 프로그램이 1964년부터 실시되기에 이르렀다. Head start 프로그램은 1965년 Johnson 대통령 당시 '위대한 사회건설과 빈곤퇴치'라는 슬로건 아래 교육, 부모참여, 건강, 사회봉사, 영양, 교사와 부모를 위한 진로지도의 영역으로 실시되었는데, 부모들의 참여도는 낮았지만 이 프로그램이 아동복지에 미친 영향은 크다. 1974년에는 가출아동에 관한 소년법, 청소년 처우 및 비행예방법, 아동학대예방 및 처우법이 제정되고, 1980년 입양 관련법이 입법됨으로서 아동복지제도가 체계화되었다.

미국의 아동복지는 Kadushin의 3S 모델에 의해 체계화되었는데 첫째, 부모-아동관계의 긴장해소를 위한 지지적 서비스(supportive service - 상담), 둘째, 부모의 역할을 보완해 주는 보충적 서비스(supplementary service - 보육), 셋째, 부모의 역할을 대리해 주는 대리적 서비스(substitutive service - 입양위탁)가 아동복지서비스의 기본체계를 형성하고 있다.

▲ Calvary baptist school[24] 환경판

▲ Calvary baptist school 유아들과 담임교사

24) Lansdale, Pennsylvania 소재, 유아교육기관이 한국처럼 독립적으로 운영되고 있지 않고, 학교 내에 grade 1~12까지의 반에 학생들이 20여 명 정도 있고, kinder 아이들 반이 3반 있다.

Kadushin은 아동복지서비스를 아동과 부모를 위한 상황을 증진, 수행하는 데 있어 어려움을 가진 부모들의 기능을 강화, 보충, 대리하는 것으로 설명하였다. 광의의 아동복지로는 모든 아동들을 대상으로 지역사회의 욕구에 일치하는 아동의 신체적, 정신적, 사회적 잠재력의 개발을 증진시키는 모든 조치로 이해하였다.

▲ Kadushin(1895~1980)과 그의 저서

미국의 아동복지서비스기관은 아동복지기관(child welfare agency), 가정봉사기관(family service agency) 등이 있다. 아동상담소, 정신건강센터, 청소년복지관 등은 중간 규모의 기관들이며 심리검사, 가족치료, 개별상담, 집단지도, 학교 및 소년법원과의 자문서비스를 제공한다.

미국의 가정은 최근 급격히 변화하고 있다. 여성가장세대가 크게 늘고 있으며 그 가운데 40%는 미혼모이다. 여성취업률도 증가하고 있지만 빈곤도 심각한 수준이다. 빈곤가정이 갖는 병리현상은 불량한 주거상태와 부적절한 보건서비스라고 할 수 있다. 도심 속의 적절한 놀이공간이 없는 비좁은 골목이나 노상에서 놀아야 하는 아동들은 적대감과 폭력적인 특성을 갖기 쉽다.

10대 청소년의 가출과 알코올 및 약물중독의 수가 증가하고 있으며 이와 관련된 10대의 사망이 늘어나고 있다. 10대 미혼모의 증가, 아동학대와 방임, 에이즈 감염 등의 아동도 증가하고 있다. 따라서 오늘날 미국의 아동복지는 그 이

전의 전통적인 프로그램을 가지고는 도저히 아동, 청소년, 가정의 문제를 적절히 해결할 수 없게 되었다. 또한, 아동복지의 범위도 가정을 기반으로 한 다양한 서비스로 확대되지 않을 수 없게 되었다. 이에 따라 치료 중심에서 예방을 더욱 중시하게 되었다.

〈표 4-1〉 미국의 아동복지 발달과정

| | |
|---|---|
| 1800년대 | 보호차원 아동복지 |
| 1853년 | 뉴욕아동구호협회 창설: 가정위탁 실시 |
| 1895년 | 아동노동법 |
| 1909년 | 제1회 백악관회의: 아동문제 논의 |
| 1919년 | 모성연금제도 |
| 1935년 | 사회보장법: 아동복지체계 확립 |
| 1960년 | AFDC → 1996년 TANF |
| 1965년 | Head start 프로그램 |
| 현 재 | 아동권리, 가족관계, 치료보다 예방 |

## 2. 영국

영국 아동복지의 시작은 1598년 기틀이 마련되어 법제화된 엘리자베스 구빈법(Elizabethan poor law)이다. 이 법은 이후 영국 복지제도의 근간을 이루었다.

〈표 4-2〉 엘리자베스 구빈법

〈Elizabethan poor law〉

feed the hungry(배고픈 자에게 음식을)
give drink to the thirsty(목마른 자에게 마실 것을)
welcome the stranger(나그네 접대)
clothe the naked(헐벗은 자에게 입을 것을)
visit the sick(아픈 사람 돕기)
visit the prisoner(교도소에 있는 사람 돕기)
bury the dead(죽은 자 묻어 주기)

▲ Elizabeth 여왕 1세 (1533~1603)

산업혁명 이후 아동은 비인도적 상황 속에서 노동력이 착취되었고 방임과 학대아동이 증가하게 되어 사회적 문제로 대두되자 이를 개선하기 위해 1780년 유아학교가 설립되었고 이는 영국 공교육의 기틀이 되었다. 이후 1833년 공장법, 1889년 아동학대방지법, 1906년 아동급식법, 1948년 아동법이 제정되었다. 아동법은 양친이 없는 아동, 유기아동, 부모와 떨어져 사는 아동, 아동양육능력이 없는 부모의 자녀들에 대하여 국가가 부모의 역할을 담당해야 한다는 것을 법으로 규정하였다. 또한, 영국의 현재 아동복지의 근간이 되는 아동법은 부모가 아동양육의 책임을 지며 아동 이익이 최우선되어야 한다는 '아동권리에 관한 국제협약'에 따라 학대받는 아동을 보호하기 위한 법적 개입을 가능케 했다. 1999년에 'Sure start 프로그램'을 실시했다.

현재 영국의 대표적인 아동복지서비스는 아동수당과 아동보건서비스 그리고 빈곤가정지원을 위한 가족신용대출(family credits), 공공보육, 입양서비스 및 아동학대에 대한 대책 등이다. 아동수당은 가정의 경제적 수준이나 기여 여부에 관계없이 모든 아동에게 주어지는 소득보장제도이다.

〈표 4-3〉 영국의 아동복지 발달과정

| | |
|---|---|
| 1598년 | 엘리자베스 구빈법: 아동복지의 근간 |
| 1780년 | 유아학교 설립 |
| 1948년 | 아동법: 아동복지의 제도 마련 |
| 1889년 | 가족수당법, 아동학대 방지법 |
| 1948년 | 아동법: 현재 아동복지의 근거<br>정상적인 가정에서 보호하는 것을 최대 목표로 함 |
| 1999년 | Sure start 프로그램 |
| 현 재 | 아동권리, 아동수당, 공공보육 |

## 3. 스웨덴

스웨덴은 1763년에 제정된 구빈법에 의해 고아를 포함한 요보호자를 구빈원에 수용·보호하기 시작하였으며 근대적 의미의 사회복지는 1902년의 아동복지법 제정으로부터 비롯되었다. 아동복지법은 1934년 제정된 청소년보호법과 함께 아동 및 청소년복지의 기초가 되었다. 이어 1956년에 종래의 구빈법을 공공부조법으로 개정하여 요보호자를 위한 생활보호를 실시하게 되었으며, 1963년 국민보험법의 제정에 따라 16세 이상의 모든 국민이 보험의 혜택을 받게 되었다. 오늘날 스웨덴의 사회복지는 1981년에 입법화된 사회사업법(social service act)을 근간으로 시행되고 있다.

스웨덴의 아동복지는 안전하고 적절한 시설과 환경에서 활동할 수 있도록 아동을 지도하는 일과 이를 통해 자녀를 가진 여성의 사회진출을 돕는 데 그 목적을 두고 있다. 이를 위해 스웨덴은 오래전부터 부부가 모두 취업할 수 있도록 정책적 지원을 해 왔고 여성노동정책은 소정의 목적을 거두어 많은 나라에서 관심을 가지고 보고 있다.

▲ 헬레나 하겔롯
(스웨덴, 노동정책과장)[25)]

스웨덴에는 가정을 위한 다양한 정책이 있는데 산모와 아동이 무료진료를 받을 수 있는 부모보험(parental insurance), 16세 이하의 모든 아동에게 지급되고 있는 아동수당(child allowance) 등 각종 수당이 있다.

영유아보육서비스는 1995년부터 제공하게 되었으며 어린이집에서는 6세 이하의 아동을 대상으로 보육서비스가 제공되고 있다. 부모의 보육비는 아동의 탁아소 보육시간, 부모의 소득, 가정의 자녀 수에 따라 다양하

25) 여성가족부 주최 '여성일자리창출국제정책회의'에서 그는 여성의 노동정책을 통해 저출산 문제를 해결했다고 발표했다(한겨레, 2006. 9. 14).

나 대체로 전체 비용의 15%만을 부담한다. 그 외에 가정탁아(family day care), 파트타임그룹(part-time groups)서비스, 프로그램 제공시간이 다양한 개방유아학교(open-preschool), 학령기 아동을 위한 방과 후 보호서비스(care services for school children) 등의 보육서비스가 제공되고 있다.

〈표 4-4〉 스웨덴의 아동복지 발달과정

| | |
|---|---|
| 1853년 | 구빈법 |
| 1881년 | 노동금지법 |
| 1930대 | 국가지원 확대 |
| 1938년 | 모자보건대책 |
| 1944년 | 정부의 보육시설 지원 |
| 1955년 | 출산수당 지급 |
| 1975년 | 취학 전 교육법 제정: 지자체 |
| 1981년 | 사회사업법: 현대 아동복지의 근간 |

## 4. 일본

일본의 아동복지는 6세기 초기에 구빈사업 및 자선사업으로 시작되었고, 계획적인 국가차원의 아동복지는 입헌군주국으로 출발한 19세기 말의 명치시대로부터 시작되었다. 제2차 세계대전으로 고아와 미아가 급증하자 정부는 이들을 위한 급식과 주거보호에 많은 노력을 경주하게 되었다.

1874년에는 휼구규칙(恤救規則)에 의해 13세 미만의 아동이 공공부조의 대상으로서 혜택을 받게 되었다. 1887년 빈곤아동을 위한 고아원이 설립되었고, 1900년 선교사들에 의해 현대의 보육소인 후다바 유아원이 설립됐다. 1918년에는 공립보육소가 설립되었다.

▲ 공립 다카시마 어린이집 관계자들과 저자

▲ 사립 룸비니 어린이집[26)]

제2차 세계대전으로 발생한 미아와 고아들을 위한 보육소와 빈곤여성의 자녀를 위한 보육사업도 이루어졌다. 1945년에는 전쟁고아 보호대책 요강이 발표되었고, 1947년 일본 정부는 종전까지의 아동복지사업의 대상자였던 요보호아동뿐만 아니라 일본의 모든 어린이들의 건전한 성장발달을 위한 아동복지법을 제정하였다. 1948년 소년법, 1949년 신체장애자복지법, 1951년 어린이헌장 제정 선포, 1960년 정신박약자복지법, 1961년 아동육아수당법, 1964년 모자 및 과부복지법, 1965년 모자보건법 등이 제정되고, 1971년 모자 및 과부복지법이 개정되었으며 1997년에 대폭적인 아동복지법의 개정이 이루어졌다. 1951년에 선포

26) 어린이집은 초등학교 건물 형식으로 지어져 있고 마당이 매우 넓다. 영유아들이 식사 후 본인의 책상을 스스로 정리하고 아주 어린 영아들도 걸레를 스스로 빨아서 음식물이 흘려진 책상을 깨끗이 닦는 모습이 인상적이었다.

된 어린이헌장은 아동복지법의 제 원칙을 확인하며 아동복지의 뚜렷한 상을 부각시킬 목적으로 전문, 3대 원칙 그리고 12개 조항으로 제정되었다.

일본의 아동복지시설은 보육소, 유아원, 양호시설, 허약아시설, 정신박약자시설, 모자료(모자원) 등이 있으며 정부로부터 예산이 충당된다. 재정지원은 사립은 예산의 50%를 중앙정부로부터 그리고 25%를 지방정부로부터 충당하며 나머지 25%를 시설 자체에서 부담한다.

보육소는 우리나라의 영유아 어린이집에 해당하며 명치시대(1868~1912년)인 1875년 초등교육을 실시하는 과정에서 아동들이 데려온 어린 동생을 돌보아 주는 데서 비롯되었다. 1900년대 들어와서는 1919년에 국공립어린이집이 설립되고 1938년에 복지부 아동국에서 아동보육사업을 담당하게 되었다. 1980년에는 연장보육, 야간보육 등이 실시되었고, 1994년에는 Angel Plan이 수립되었다. 1997년에는 아동복리법이 개정되어 아동권리 부분이 더욱 강화되었다.

최근 일본의 아동 인구는 급격히 감소하고 있다. 이와 같은 출생률의 감소 요인은 여성취업과 관련이 있는데, 우리나라와 마찬가지로 아동양육의 대부분을 어린이집과 유치원이 담당하고 있다(94%, 그림 4-1 참조). 따라서 영유아를 위한 보육사업이 출생률 감소문제를 풀 수 있는 열쇠 중의 하나로 지목된다. 이에 2013년도부터 새로운 자녀양육지원제도의 정부원안이 결정됐다. 이로써 유치원·보육소를 일체화하며 신설되는 어린이원을 축으로 하여 부모의 근로형태에 따라 이용시민을 정할 수도 있다(일본아사히신문, 2011).

〈표 4-5〉 일본의 아동복지 발달과정

| | |
|---|---|
| 1874년 | 휼구규칙 |
| 1947년 | 아동복지법 제정 |
| 1994년 | Angel plan |
| 2003년 | 차세대육성지원법 |

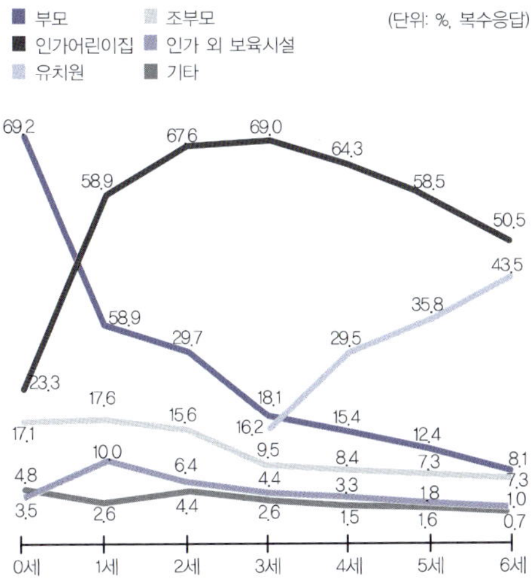


[그림 4-1] 누가 주로 자녀를 돌보나?

출처: 일본아사히신문(2011. 6. 17).

## 제2절 한국의 아동복지 발달과정

전통적으로 우리나라뿐 아니라 모든 나라에서 아동복지의 책임은 전적으로 아동의 부모에게 그 책임이 있었다. 1900년대 초, 아동을 위한 서비스에 대한 인식과 실천의 변화가 일어 점차적으로 국가 개입의 필요성이 부각되고 현재에는 아동복지를 위한 가족차원의 지원과 지지로 변화하고 있다(Crosson-Tower, 2007).

우리나라는 1960년 이후 경제성장 측면에서 괄목할 만한 발전을 이루어 내는 반면, 빈부의 격차로 인한 사회계층 간의 대립이 갈수록 심화되고 국민들의 사회복지에 대한 욕구는 다양화되고 있다.

## 1. 전통사회

전통사회에서 아동복지에 대한 개념과 실천이 있었을까? 신라 제3대 유리왕 5년(서기 28년)에 관가에서 병든 사람, 자활능력이 없는 사람과 고아들에게 식량을 지급하였다. 백제에서는 온조왕 33년(서기 15년)에, 고구려는 태조왕 56년(서기 108년)에 재해를 당한 사람들 속에 아동을 포함하여 관곡을 배급하였다.

고려시대에는 불교가 융성함에 따라 불교의 기본 정신인 자비사상에 입각하여 고아 및 기아와 빈곤아동들이 사찰에서 위탁형태로 보호를 받았다.

조선시대에는 고아와 기아 및 빈곤아동에 대한 법령을 제정하였는데, 제22대 정조 7년(1783년)에 반포된 자휼전칙(字恤典則)은 우리나라 전근대시대의 대표적 아동복지법령이라 할 수 있다. 자휼전칙은 흉년이 들어 기근이 심할 때 유기를 당한 아이나 극빈아동 및 부랑아동을 관가에 유양 또는 민간에 수양토록 허가하는 법이었다.

## 2. 근대사회

근대적 아동복지사업은 조선 말 고종 25년(1888년) 3월에 프랑스교회가 서울 명동에 천주교회 고아원을 개설한 것으로 시작된다.

고종 32년(1895년) 3월 인천에 천주당 부속 고아원을 설립하였다. 아동보호를 위한 민간차원의 운동인 천도교의 소년운동은 봉건시대의 아동관을 불식하고, 시대에 맞는 새로운 아동관을 계몽하는 일에 힘썼으며, '어린이'라는 순 우리말을 만들어 보급하고, '어린이날'을 제정하는 등 아동문화를 확산시켰다. 천도교소년회, 불교소년회, 조선소년군이 중심이 되어 발족한 '조선소년운동협회'는 1923년 5월 1일 제1회 어린이날에 '소년운동선언'을 발표하였다.

1921년 미국의 감리교 선교사들이 설립한 태화사회관은 초기에는 교육사업에 치중했지만, 태화진료소를 중심으로 점차 아동보건과 사회사업을 전개해 나갔다.

# 3. 현대사회

## 1) 사회구호적 차원의 아동복지사업

사회구호적 차원의 아동복지사업으로 1945년부터 1960년까지의 한국전쟁을 거치면서 수많은 전쟁고아와 기아와 부랑아들이 발생하자 국가 및 국내외 민간단체는 많은 아동보호시설을 설립하여 응급구호를 실시하였다. 이 시기는 아동보호에 대한 국가책임보다는 민간자원의 동원과 시설의 재정적 자립을 강조하였다. 기독교아동복지회 등 종교단체의 구호적 아동후원사업이 전개되었다.

## 2) 잔여적 아동복지정책기(1960년대 초~1970년대)

1960년대 초 「생활보호법」과 「아동복리법」이 제정되어 요보호아동에 대한 국가책임의 원칙이 처음으로 법제화되었다. 「아동복지법」의 보호대상은 '보호자로부터 유실, 유기 또는 이탈되었을 경우, 보호자가 아동을 양육하기에 부적당하거나 양육할 수 없는 경우'로 한정하여 이 법에 따른 아동복지제도는 사후조치적이고 잔여적이며 요보호아동을 대상으로 함을 명시하고 있다.

1960년대와 1970년대에는 국내와 국제입양사업이 확대되었고, 산업화와 경제성장으로 말미암은 여성 취업인구의 증가로 보육서비스의 필요성이 제기되었다.[27]

---

27) 참고로, 최근 5년간 입양기관들이 해외입양을 통해 벌어들인 수익이 500억 원에 육박하는 것으로 나타났다. 연간 출생아 수가 30만 명이 위태로운 상황임에도 여전히 수백 명의 한국 아동이 매년 해외로 입양되고 있다.

〈연도별 입양 현황〉 (단위: 명)

| 연도 | 2012 | 2013 | 2014 | 2015 | 2016 |
|---|---|---|---|---|---|
| 국내입양 | 1,125 | 686 | 637 | 683 | 546 |
| 해외입양 | 755 | 236 | 535 | 374 | 334 |
| 합계 | 1,880 | 922 | 1,172 | 1,057 | 880 |

출처: 보건복지부.

### 3) 통합적 아동복지정책의 모색기(1980년대~)

1970년대 후반부터 산업화, 도시화, 핵가족화, 가치관의 변화로 소년소녀가장, 가출아동, 비행아동, 방임아동, 학대아동 등 다양한 아동문제가 발생하게 되었다. 또한, 여성의 사회참여가 늘어나고 보편주의 원칙에 입각하여 아동복지의 대상이 요보호아동뿐 아니라 모든 아동을 대상으로 보편화되어야 한다는 새로운 아동복지관이 대두되었다.

1981년 「아동복지법」이 제정되었는데, 요보호아동을 포함하여 모든 아동을 대상으로 아동이 가진 문제를 해결함과 동시에 건전하게 자랄 수 있도록 지원하는 것을 목적으로 하였다.

1980년대 이후의 아동복지는 과거 외부원조 중심에서 국가 중심의 운영체제로 전환되었고, 시설수용보호, 입양사업, 영유아보육사업, 아동결연사업, 가정위탁 등의 서비스를 제공하는 형태로 변화되었으며, 가정과 지역사회 중심의 보육서비스, 국내입양, 가정위탁, 재가복지서비스의 의의와 중요성이 강조되고 있다.

〈표 4-6〉 한국의 아동복지 발달과정

| | |
|---|---|
| 고대~조선시대 | 전통사회 |
| 조선 말~일제강점기 | 근대사회 |
| 해방 후~1960년 | 구호적 아동복지 시기 |
| 1961~1980년 | 잔여적 아동복지 시기 |
| 1981년~현재 | 통합적 아동복지 시기 |

# 제3절 아동복지의 시대적 변화와 현대사회의 주요 이슈

## 1. 아동복지의 시대적 변화

### 1) 고대사회

고대사회는 부족과 종족의 안전이 무엇보다 중요시되는 사회로서 미신이나 풍속에 의해 아동이 희생되는 일이 빈번하게 발생하였다. 또한, 생산수단으로 간주되거나 사유재산으로 여겨지기도 하였다. 산모가 사망하거나 쌍둥이가 태어난 경우 혹은 장애아일 경우 유기되거나 살해되는 등 생명을 크게 위협받는 무기력한 존재였다.

그러나 Platon이나 Aristoteles와 같은 철학자들은 아동을 어른과 다르게 보고 접근해야 한다고 주장했다. 이들은 발달의 개념조차 전무하던 그 시대에 인생의 초기경험을 강조하고 학습자의 연령별 단계를 제시하는 등 발달 이론을 제시하였다.

▲ Platon(좌, B. C. 384~322), Aristoteles(우, B. C. 348~428)

### 2) 중세사회

중세시대에는 아동이 군사력과 경제력 확보의 수단으로 간주되었다. 아동을 독립된 인격체로 보지 않았고 성인의 축소판으로 여겼다. 이러한 사상은 중세시대의 예술작품으로 확인할 수 있다(사진 참조). 남아에게 성인 남성에게 요구되는 덕목과 훈련을 강요했고 여아들도 성인 여성이 갖추어야 할 덕목을 훈련받았다.

이러한 아동관은 고대시대보다 후퇴된 사상이라고 할 수 있다.

▲ 영유아도 성인과 동일한 의상 착용

중세 말기에는 아동보호사업과 서비스가 시작되었는데 이러한 아동보호는 동정적인 감정에 근거를 둔 종교적 자선행위였고, 개인의 욕구나 권리를 존중한다는 인격적인 차원에서 이루어진 사업이 아니었다.

### 3) 근대사회

산업혁명과 함께 아동들의 노동력이 값싼 임금으로 요구되기도 했지만, 18세기에 들어와 자연주의 교육사상가인 Rousseau에 의해 변화가 일기 시작했다. 그는 아동에게 인간으로서 살아갈 기회가 주어져야 하며 개인적인 자유와 권리가 보장되어야 한다고 주장했다.

▲ Rousseau
(1712~1778)

종전에는 아동들이 성인 범죄자나 병자 등과 함께 구빈원에 수용되었는데 17세기, 18세기에 들어오면서 성인 범죄자나 병자들과 분리되어 일반 가정에 위탁되는 제도가 마련되었다.

### 4) 현대사회

20세기는 아동을 독립적인 인격체로 인식하게 되어 이 시기를 '아동기 과학'의 시대라고 하며, 이 말은 20세기에 들어와 비로소 아동의 본성에 관한 과학적인 이해가 시도되었으며 아동에 관한 관심과 사업이 급격하게 늘어나고 있는 현상을 가리킨다.

Piaget, Freud, Erikson 등과 같은 학자들의 체계적인 연구들은 인간의 발달에 있어 아동기의 중요성을 크게 부각시켰으며 아동을 과학적으로 이해하는 데 이론적인 발판을 제공하였다.

▲ Ellen Key (1849~1926)

스웨덴의 아동학자 Ellen Key[28]는 '20세기는 아동의 세기'라고 말하고 모든 인간이 생존, 발달할 수 있는 권리가 있듯이 아동들도 스스로를 최대한으로 추구해 나갈 권리가 있다고 보았다.

## 2. 현대사회의 이슈

아동복지(child welfare)는 넓은 의미로는 아동의 행복을 말하는 것이고 좁은 의미로는 아동의 행복을 목표로 하는 정책과 제반활동을 의미한다. 즉, 아동복지는 아동의 권리보장을 위한 복지활동 및 법적인 제도를 의미한다. 우리나라의 경우는 1961년 제정된 「아동복지법」이 규정한 제도에 기반을 둔 제반 활동을 의미한다. 이러한 아동복지는 아동의 권리보장이 전제조건이 된다.

28) 사회이론가(social theorist), 사회개혁가, 여권주의자, 가족생활 분야에 많은 글을 남겼다. 그는 저서 『The century of the child』(1909)에서 아동의 발달과 아동복지에 대해 기술하였다.

우리나라는 현재, 어느 정도 보편적 아동복지를 지향하고 있지만 여전히 빈곤과 문제가 있는 아동에게 초점을 두고 있다. 이러한 문제는 어떻게 다룰 것인가? 이제 2000년대를 맞이하여 진정한 의미의 아동복지(child welfare)의 실현을 위한 한국의 아동복지제도와 2000년대가 요구하는 서비스를 개발하고 정착시켜야 할 시대적 과제를 갖게 되었다. 여기서는 현재 우리 사회의 아동복지 실현의 문제점과 대안을 생각해 본다.

첫째, 아동복지정책을 미래 지향적이고 건설적이며 장기적으로 설계하는 노력이 필요하다. 현재 우리 사회는 이혼가정, 미혼모가정 등 가족의 문제들이 산재하고 있다. 이리저리 미루다가 문제가 발생하면 그제야 행동하는 땜질하기식 정책에서 벗어나야 하며, 현대사회의 아동과 가족의 다양한 문제들과 욕구가 반영된 적극적이고 예방적 차원의 정책을 수립하는 방향으로 나아가야 한다.

둘째, 아동복지의 전달체계로서의 아동복지서비스기관인 아동상담소, 아동학대예방센터, 가정위탁지원센터, 입양지원센터, 지역아동센터, 건강가정지원센터, 다문화가족지원센터, 실종아동전문기관 등의 기관들에 대한 홍보 및 이용에 대한 교육, 아동복지학과 및 관련 학과와의 연계 활동 및 실습과 같은 다양한 측면에서의 재구조화가 필요하다.

셋째, 지역사회 내의 아동의 욕구와 문제를 지역사회 내에서 해결할 수 있도록 아동상담소, 지역아동센터 등의 지역 내 기관들을 활용하여 해결하는 방향으로 나아가야 한다. 그러기 위해서는 이들 기관이 어느 정도의 기준을 갖추어야 하는데 시설뿐 아니라 직원교육이나 자격 등의 문제 역시 넘어야 할 큰 산이다.

## 토론 및 토의

1. 각국의 아동복지 변천과정의 공통점은 무엇인지 조사해서 토론해 보시오.

2. 다음의 기사 1과 2를 읽기 전과 읽고 난 후의 복지에 대한 본인의 생각에 변화가 있는지 이야기해 보시오.

### [기사 1] 유럽위기 속 5% 성장 '스웨덴 복지의 힘' … 한국도 주목해야

글로벌 경제위기 때 국가별 GDP 대비 사회지출 비율

자료: 이란 테르보른 케임브리지대 교수(2007년 기준, 단위: %)

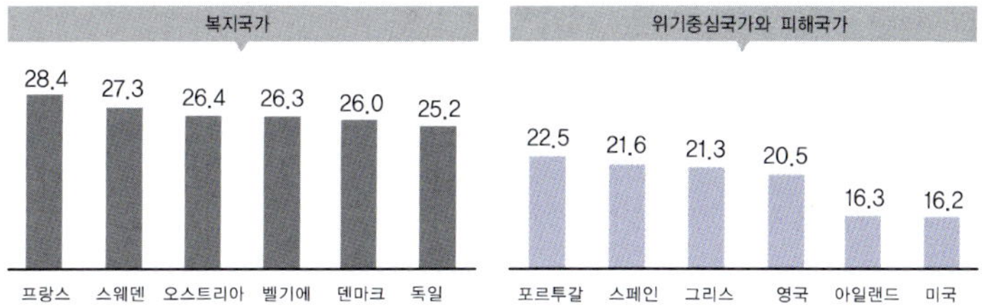


'2012년 스톡홀름 포럼'에서는 스웨덴 복지 모델의 위기와 대안을 놓고 치열한 토론이 벌어졌다. 보편적 복지를 통해 성장과 복지라는 두 마리 토끼를 잡고 있는 스웨덴 복지 모델이 신자유주의의 늪에서 이젠 힘을 다했다는 비판이 나오는가 하면, 여전히 스웨덴 복지 모델은 유효하다는 반론도 제기됐다.

출처: 정혁준(한겨레사회정책연구소 수석연구원, 2012. 7. 12, 보도자료).

## 토론 및 토의

**[기사 2] '보편적 복지' 선진국들이 불평등·빈곤 더 감소했다**

자유주의 성격이 강한 미국 등을 빼면 대부분의 선진국은 의료·보육·교육 등 국민의 삶에 꼭 필요한 영역에서 보편적 복지를 정책의 기본 방향으로 잡고 있다. 사회보험이 대표적인 사례다.

사회보험과 조세 등은 사실상 무상에 가깝다. 아동수당은 90개국이 도입했다. 보편적 복지로 상징되는 이런 촘촘한 사회안전망은 사회적 불평등을 완화하고 빈곤층의 수를 줄여 주는 효과를 낸다. 윤홍식 인하대 교수(사회과학부)는 "오래전부터 보편적 복지를 추진했던 북유럽의 경우 사회불평등과 빈곤 정도가 선별적 복지를 했던 나라에 견주어 낮다."라며 "한국도 선별적 복지를 고수해 사회양극화를 더 악화시킬지, 보편적 복지로 전환해 이를 완화시킬지 방향을 결정해야 한다."라고 말했다.

출처: 한겨레(2011. 1. 26). 김소연 기자.

3. 한국의 실정을 고려한 한국적인 아동복지에 대해 이야기해 보시오.

토론 및 토의

4. 다음의 사건을 공유한 후 보편적 복지와 선택적 복지에 대한 의견을 제시해 보시오.

생활고를 이기지 못한 세 모녀가 자살했다. 박 씨의 남편이 지병으로 세상을 떠나면서 가계가 급격히 기울었고 두 딸은 카드빚 때문에 신용불량 상태로 전락한 것으로 밝혀졌다. 큰딸은 고혈압과 당뇨로 건강이 좋지 않았지만 병원비 부담 때문에 치료도 제대로 받지 못했다고 한다. 가족의 생계는 박 씨가 식당일을 하며 책임졌지만 박 씨가 넘어져 다치는 바람에 일을 그만둬야 했고 이것이 극단적인 선택을 하게 하는 가장 큰 원인이 됐다고 한다.

2014년 2월 일간지 참조.

05
CHAPTER

# 아동복지정책과 전달체계

아동복지에 대해서 어느 정도 이해하였는가? 이제 다른 각도에서 아동복지를 살펴보자. 아동복지정책의 개념과 이념, 관련법 그리고 전달체계를 이해하면 아동복지를 더 쉽게 이해할 수 있을 것이다. 이념이란 사회의 주축이 되는 생각과 사상이며, 국가의 성격과 복지이념의 기준이 된다. 아동복지이념은 아동복지정책의 기본 원리이며 아동복지정책을 보는 시각이다. 정책이란 정부의 지침 혹은 일련의 계획이며, 전달체계란 결정된 지침을 서비스가 필요한 아동과 가족에게 전달하는 시스템이다.

현장에서 서비스를 시행하는 아동복지 전문가들은 서비스에 대한 기술적인 측면과 아울러 이념, 정책, 법률 등에 대해서도 이해해야 한다. 왜냐하면, 아동복지이념을 기반으로 법과 정책이 수립되고, 법률과 정책을 기반으로 행정적 전달체계가 규정되며 전달체계를 거쳐 아동복지서비스가 이루어지기 때문이다. 따라서 현장에서 아동복지를 효과적으로 잘 실행하기 위해서는 이러한 정책과 법률, 전달체계를 잘 이해해야 한다.

아동과 가족복지를 현장에서 실천하는 교사, 상담가, 사회복지사들은 정치란 본인과는 아무런 관련이 없고, 보통 본인에게 주어진 본인의 할 일만 하면 된다고 생각한다. 그러나 사회적 약자는 자신의 권익을 위한 목소리를 내기 어렵고 이런 이유로 말미암아 정책 결정에는 힘의 논리가 작용하여 아동과 가족을 위한 정책이 형성되기가 쉽지 않다. 그러므로 아동 및 가족복지와 관련된 모든 종사자는 아동과 가족을 위한 정책이 만들어질 수 있도록 아동 및 가족과 관련된 중요한 문제들을 이슈화해 내고 대안을 제시하고 정책이 잘 실행됐는지 평가할 수 있어야 한다. 정치란 인간의 삶이고 현실이기 때문이다.

최근 많은 국가가 아동복지정책의 중요성을 인식하고 있고 저출산 등 산적한 아동과 가족 관련 문제를 해결하려는 방편으로 아동의 건강한 성장을 위한 정책 마련에 법적·제도적으로 많은 노력을 기울이고 있다. 이러한 아동복지의 정책, 관련법, 전달체계는 서로 유기적으로 연결되어 함께 상호작용하며 변화하고 발전해 나가야 한다.

# 제1절 아동복지정책

## 1. 아동복지정책의 개념

정책이란 어떤 목적을 달성하기 위한 방침으로 정부나 사회복지기관 차원에서 사업전개를 위한 지침을 결정하는 것이다. DiNitto(2005)는 정책이란 많은 사람에게 영향을 미치는 일련의 선택된 결정으로서, 공공정책은 정부나 기관에 의해 이루어지는 결정이라고 하였다. 사회복지정책이란 사회복지에 대한 행동계획과 결정으로서, 공공의 계획을 의미한다. 이와 관련하여 아동복지정책이란 아동과 가족복지를 실현하고자 하는 일련의 국가 행동계획이자 지침이다. 아동복지정책의 주체는 국가이며, 국가는 일정한 방침을 정하여 복지정책을 실현하게 된다.

Kadushin과 Martin(1988)은 아동복지정책이란 아동의 복지에 영향을 미치는 모든 계획, 프로그램과 활동이라 하였다. 아동복지정책은 가족의 소득을 보장함으로써 가족을 지원하는 정책, 가정위탁, 입양과 같은 영구적인 대체 가정보호 정책, 아동의 학대와 유기에 대한 대응으로 학대 및 방임부모나 보호자로부터 아동을 분리시켜 보호하는 정책 등이 있을 수 있다.

이처럼 아동복지정책은 아동의 복지를 위한 아동복지의 모든 분야에 관한 일련의 정부 계획이라고 정의할 수 있다. 아동복지정책의 궁극적 대상은 아동이지만 가족복지와도 관련이 있다. 아동의 복지 증진을 위해서는 가정의 정상적인 기능이 가장 중요한 요인이 되며, 역기능적 가정에서는 아동이 행복할 수 없기 때문이다. 따라서 아동복지는 아동을 보호하는 가족에 대한 복지를 포함하며, 가족복지정책이 아동복지의 핵심이 된다.

## 2. 아동복지정책의 이념

### 1) 자유방임주의와 아동복지정책

자유방임주의 관점은 개인주의에 기초하고 있는 것으로, 아동복지의 책임을 개별 가족이나 부모에게 있다고 본다. 따라서 아동의 보호에 있어 부모-자녀관계의 프라이버시와 성역을 중요시한다. 부모는 자신의 방법으로 자녀를 양육할 수 있으며, 가족의 영역은 극단적인 경우를 제외하고는 침해를 받아서는 안 되고, 국가의 역할은 최소한으로 제한되어야 한다는 입장이다. 가족의 문제에 국가가 최소한으로 개입함으로서 가족은 더 강해지고 자유로워지며, 국가는 극단적인 상황에서만 개입하여 개입을 최소화한다. 국가가 개입할수록 가족 간의 유대를 방해하게 된다고 본다.

그러나 자유방임주의는 가족이 아동양육의 의무를 충실하게 수행하지 못할 때 문제가 발생한다는 한계점을 가진다. 아동보호의 일차적 책임이 가족에게 있어서, 무능력하거나 무책임한 부모와 함께 사는 아동은 아동복지가 크게 훼손될 위험이 크고 가족의 사회경제적 위치, 교육환경, 문화수준 등의 불평등한 상황이 아동에게 그대로 반영되어 사회적 불평등을 재생산하게 된다. 일반적으로 자유방임주의는 후진국에서 볼 수 있는 유형이다.

### 2) 국가부권주의와 아동복지정책

국가부권주의 관점은 부모보다는 아동의 복지에 초점을 둔다. 아동은 양질의 보호를 받을 권리가 있고, 일정한 규범과 기준에 미치지 못하는 부모에 대하여 공권력에 의한 처벌을 가할 수도 있다. 혈연관계보다 심리적 유대에 근거한 부모-자녀관계를 중시하며 부모와의 분리가 있더라도 아동에게 좀 더 나은 보호자를 줄 수 있다면 그것이 최선이라고 본다. 아동에게 최선의 보호를 제공하는 것이 부모의 의무이지만, 이러한 의무가 충족되지 못하면 아동은 입양이나 위탁을 선택한다. 그러나 이 관점은 입양과 위탁에 대한 과대한 기대를 갖는다는 비판을 받는다.

### 3) 가족중심주의와 아동복지정책

가족중심주의 관점은 출생 가족 또는 생물학적 가족을 중요시한다. 가족이 분리되어야 하는 경우에도 가족의 연대는 유지되어야 하며, 국가의 역할은 가정의 연대가 유지되도록 가족을 지지하는 것이다. 따라서 최선의 아동 이익은 친부모와 함께할 때로 본다. 이것은 붕괴 위기에 처한 가정에 대하여 도움을 제공하거나, 자녀를 둔 모든 가정에 대하여 지원하는 보편적인 사회보장의 형태를 취할 수 있다. 출생가정의 보호를 강조하는 이 입장은 아동학대의 심각성을 지나치게 과소평가할 가능성이 있다.

### 4) 아동권리주의와 아동복지정책

아동권리주의 관점은 아동을 하나의 주체로서 성인과 같은 권리를 지닌 독립적인 인간으로 그 권리를 옹호한다. 아동에게 더욱 많은 지위가 부여되고 성인의 억압으로부터 아동을 보호하고자 한다. 아동을 행위의 객체로서가 아닌 독립적인 자기 결정의 능력을 갖춘 주체로서 간주한다.

그러나 아동이 투표권, 근로권, 소유권, 여행권, 보호자선택권, 수입보장권, 약물복용권, 운전권 등 성인과 같은 권리와 자유를 가져야 한다는 주장은 일반적인 상식에 어긋나며, 아동에 관한 발달과정을 고려할 때 지나치게 무리한 관점이라는 한계점을 가진다.

## 3. 아동복지정책의 유형

아동복지란 18세 미만의 아동이 행복한 삶을 누릴 수 있는 기본적인 여건을 조성하고 조화롭게 성장·발달할 수 있도록 하기 위한 경제적·사회적·정서적 지원을 말한다(「아동복지법」 제3조). 아동복지정책의 핵심은 사회보장제도이다. 사회보장제도는 공공부조, 사회보험, 아동복지서비스로 구성되는데, 우리나라의 아동복지정책은 공공부조나 사회보험보다 아동복지서비스를 통하여 더 많은 정책이 실행되고 있다.

### 1) 공공부조

공공부조는 최후의 안전망 역할을 하는 제도로서 일정 소득 이하의 사람에게 급여를 제공한다. 「사회보장기본법」 제3조에 따르면, 공공부조정책은 국가와 지방자치단체의 책임하에 생활유지 능력이 없거나 생활이 어려운 국민의 최저생활을 보장하고 자립을 지원하는 제도이다. 공공부조는 사회보험과는 달리 납부액이 없이 혜택을 받을 수 있다.

아동 관련 공공부조는 아동이 있는 가족을 위한 공공부조로 우리나라에서는 「국민기초생활 보장법」에 의해 시행되고 있다. 보호대상 아동의 범위는 시설에 수용·보호되어 있는 아동과 소년소녀가정의 아동, 수급자의 소득인정액이 최저생계비 이하인 빈곤가정 아동이다. 아동 관련 급여는 생계급여와 교육급여가 있다. 생계급여는 수급자의 소득인정액 등을 감안하여 차등 지급할 수 있다. 교육급여는 입학금, 수업료, 학용품비, 기타 수급품을 지원하되 학교의 종류와 범위 등에 관하여 필요한 사항은 대통령령으로 정하고 있다.

보건복지부(2014)에 의하면, 2013년도부터 각 가정에 양육수당(가정양육)이 시행되었다. 양육수당은 어린이집 혹은 유치원을 이용하지 않는 아동에 대한 부모의 양육비용 부담 경감을 통하여 정부지원의 형평성 문제 해소 및 재가 아동의 건강한 성장발달 지원을 목적으로 하는 서비스이다. 지원대상은 아동을 가정 양육하는 부모, 친권자·후견인, 그 밖에 아동을 사실상 보호하고 있는 사람이다. 대부분의 많은 국가는 아동수당을 시행하고 있는데, 우리나라에서 양육수당을 지금이라도 시행하게 된 것은 이러한 시대적 흐름에 맞춘 매우 바람직한 정책이다.

### 2) 사회보험

사회보험은 일정한 기여금을 납부하고 위험이 발생할 경우 현금을 지급하여 가족의 소득을 유지하게 하는 것으로, 우리나라 사회보험은 국민연금, 건강보험, 산업재해보상보험, 고용보험이 있다. 이러한 사회보험제도는 아동이 있는 가정을 별도 대상으로 하지는 않고 있으며, 보험가입자의 소득보장을 제공함으로써 그 가정의 아동을 지원하는 제도이다.

국민연금에서 아동 관련 급여는 부양가족연금액과 유족연금(「국민연금법」 제52조)이 있다. 유족연금은 연금수급권자가 사망 시 자녀가 만 18세 미만이거나 장애등급 2급 이상일 때 유족으로서 지급받게 되는 연금액이다. 우리나라는 아동이 있는 가족만을 대상으로 하는 특화된 사회보험은 발달하지 못하였으나, 국민연금이 모든 가구를 대상으로 하므로 아동가구에도 영향을 준다고 할 수 있다.

### 3) 아동복지서비스

아동복지서비스는 시설보호를 포함하여 아동과 가족에 대한 상담이나 교육, 현금이나 현물 등의 지급이 포함된다. 아동복지서비스에 관한 정책은 「아동복지법」, 「영유아보육법」, 「입양특례법」, 「한부모가족지원법」, 「건강가정기본법」 등에 근거하여 이뤄지고 있다. 현재 우리나라에서는 「아동복지법」에 근거한 아동복지서비스로, 가정보호사업으로는 입양, 가정위탁보호, 아동건전육성사업으로는 아동학대예방센터 운영, 지역아동센터 지원사업, 시설보호사업 등을 제공하고 있다.

아동복지서비스 프로그램은 「아동복지법」과 아동복지 관련법에 기초하여 실제 시행되고 있는 구체적인 제도의 내용이다. 아동복지는 사회복지 분야에서 그 비중이 크지 않았다. 단적으로 예산을 보더라도 아동복지 예산은 상대적으로 다른 영역보다 사회복지 예산에서 차지하는 비중이 낮다. 아동복지서비스 프로그램을 중심으로 그 내용을 살펴보면 다음과 같다.

### (1) 목표와 추진방향

아동복지의 최근 목표는 가정 중심, 지역사회 중심의 아동보호로 변화되고 있으며, 요보호아동뿐만 아니라 일반아동의 건전육성을 위한 예방적 서비스 강화에도 주력하여 아동이 그들의 권리를 존중받으며 성장할 수 있도록 지원하는 것을 강조한다. 아동복지 추진방향을 보면, 과거보다는 일반아동을 대상으로 예방적 서비스를 강조하고, 가정과 유사한 환경을 조성하는 보호가 중심이 되는 변화를 보이고 있다. 그러나 아직 아동복지서비스의 실질적 내용은 요보호아동을 대상으로 하는 것이 대부분을 차지하고 있다.

### (2) 아동복지 프로그램 내용

정부가 추진하는 아동복지 프로그램은 크게 일반아동을 대상으로 하는 예방적·보편적 서비스와 요보호아동을 대상으로 하는 사후적·선별적 서비스로 구분된다. 과거와 비교하여 아동에 대하여 더욱 보편적이며 예방적인 서비스가 강조되고 있으며, 이러한 변화는 우선 정책방향의 설정 등에서 더 선명하게 드러난다. 그러나 앞서 구분에서 보았듯이 아직도 요보호아동에 대한 서비스가 절대적으로 큰 비중을 차지하고 있다. 따라서 앞으로 예방적·보편적 서비스가 더 확충되어야 한다.

### ❶ 예방적·보편적 서비스

예방적·보편적 서비스에는 가정 내 안전사고 예방사업, 실종아동 찾아 주기 사업, 아동의 권리 보장을 위한 지속적 모니터링과 아동위원 활동 지원 등이 포함된다. 아동의 안전사고에 대응하기 위하여 안전통계 작성, 원인파악과 대책마련, 교육과 홍보가 이루어지고 있다. 또한, 실종아동 찾아 주기 사업으로 실종아동 찾기 공익광고, 실종아동 발견 가능성이 높은 시설에 대한 주기적 점검을 시행하고 있다.

### ❷ 사후적·선별적 서비스

사후적·선별적 서비스에는 빈곤아동을 주 대상으로 하는 아동급식 지원, 지역아동센터 운영 지원, 결연사업, 소년소녀가정 지원과 아동보호를 목적으로 하는 아동학대예방과 보호서비스, 국내입양 활성화와 입양사후관리서비스, 가정위탁서비스, 그룹홈 운영의 확대 지원, 아동시설 지원, 시설 퇴소아동 지원 등이 있다.

예방적인 성격을 더불어 갖고 있지만, 아직 그 대상이 고위험군 아동으로 표적화되고 있는 아동보호통합서비스 체계 구축도 시도되고 있다. 이는 취약지역의 아동을 대상으로 보호서비스, 방문간호서비스 등을 연계하여 통합서비스를 제공하는 틀로 구성된다.

## 제2절 「아동복지법」과 관련법

### 1. 아동복지법

「아동복지법」은 사회복지서비스에 관한 법이자 「사회복지사업법」에 기초하는 특별법으로, 현재 아동복지와 관련된 아동복지정책의 방향을 설정하는 주요한 법이다.

### 1) 입법배경

1960년대 초반부터 시작된 급속한 경제성장의 그늘에서 기아, 미아 등 새로운 형태의 보호가 필요한 아동이 발생하였고, 아동복지의 대상도 보호를 필요로 하는 대상이 크게 증가했다. 특히 산업화 과정의 핵가족화 현상과 가족해체, 가족위기 등 가족문제의 발생은 심각한 아동양육 문제를 초래하였고 그에 대한 아동복지 개입이 필요하게 되어 「아동복리법」이 제정되었다.

「아동복리법」은 1981년 일반아동을 대상체계에 포함한 입법으로서 「아동복지법」으로 전면 개정되었고 2000년 전문개정을 통해 아동의 권리와 안전 등 보편적 아동복지 측면을 강화하고 아동학대 관련 조항을 추가하였다. 2004년에는 아동정책조정위원회를 두고 2005년에는 가정위탁사업의 활성화를 위해 가정위탁의 정의 및 센터 설치와 관련한 내용 및 아동학대 신고 의무자 교육조항도 추가하였다. 2011년에는 전문개정을 통해 아동종합실태조사를 5년마다 시행하여 친권상실의 선고를 청구할 수 있는 대상과 범위를 확대 시행하게 되었다.

### 2) 「아동복지법」의 목적과 이념, 대상, 책임주체

#### (1) 목적과 이념

「아동복지법」의 목적은 아동이 건강하게 출생하여 행복하고 안전하게 자라도록 아동의 복지를 보장하는 것이다(같은 법 제1조). 「아동복지법」의 이념은 ① 아동은 자신 또는 부모의 성별, 연령, 종교, 사회적 신분, 재산, 장애 유무, 출생지역, 인종 등에 따른 어떠한 종류의 차별도 받지 아니하고 자라나야 한다. ② 아동은 완전하고 조화로운 인격발달을 위하여 안정된 가정환경에서 행복하게 자라나야 한다. ③ 아동에 관한 모든 활동에 있어서 아동의 이익이 최우선적으로 고려되어야 한다. ④ 아동은 아동의 권리보장과 복지 증진을 위하여 이 법에 따른 보호와 지원을 받을 권리를 가진다(같은 법 제2조).

#### (2) 대상

「아동복지법」의 대상은 보호대상아동, 지원대상아동, 피해아동이 된다. 보호대상아동이란 보호자가 없거나 보호자로부터 이탈된 아동 또는 보호자가 아동을 학대하는 경우 등 그 보호자가 아동을 양육하기에 적당하지 아니하거나 양육할 능력이 없는 경우의 아동을 말한다. 지원대상아동이란 아동이 조화롭고 건강하게 성장하는 데 필요한 기초적인 조건이 갖추어지지 아니하여 사회적·경제적·정서적 지원이 필요한 아동을 말한다. 피해아동이란 아동학대[29]로 피해를 입은 아동을 말한다(같은 법 제3조).

#### (3) 책임주체

아동복지의 책임주체는 국가와 지방자치단체, 아동의 보호자 그리고 국민 모두이며, 국가와 지자체는 아동의 건강과 복지 증진에 노력해야 하고 이를 위한 시책을 시행하여야 한다. 아동의 보호자는 아동을 가정 내에서 그의 성장 시기에 맞추어 건강하고 안전하게 양육하여야 한다(같은 법 제4조와 5조).[30]

29) 아동학대란 보호자를 포함한 성인이 아동의 건강 또는 복지를 해치거나 정상적 발달을 저해할 수 있는 신체적·정신적·성적 폭력이나 가혹행위를 하는 것과 아동의 보호자가 아동을 유기하거나 방임하는 것을 말한다(「아동복지법」 제3조 제7호).

30) 「아동복지법」 제5조(보호자 등의 책무)
① 아동의 보호자는 아동을 가정에서 그의 성장 시기에 맞추어 건강하고 안전하게 양육하여야 한다. ② 모든 국민은 아동의 권익과 안전을 존중하여야 하며, 아동을 건강하게 양육하여야 한다.

### 3) 아동복지시설

「아동복지법」상의 아동복지시설은 아동양육시설, 아동일시보호시설, 아동보호치료시설, 공동생활가정, 자립지원시설, 아동상담소, 아동전용시설, 지역아동센터, 아동보호전문기관, 가정위탁지원센터 등이 있다. 아동복지시설은 아동의 복지를 위한 구체적인 장이 되며 필요한 전문인력의 배치와 관련하여 시설종사자의 직종과 수, 자격, 배치기준에 대하여 대통령령으로 규정하고 있다.

## 2. 아동복지 관련법

아동복지 관련법으로는 「영유아보육법」, 「한부모가족지원법」, 「청소년보호법」, 「청소년기본법」, 「입양특례법」, 「장애아동복지지원법」, 「아동의 빈곤예방 및 지원 등에 관한 법률」, 「아동·청소년의 성보호에 관한 법률」, 「실종아동 등의 보호 및 지원에 관한 법률」, 「건강가정기본법」 등이 있다.

### 1) 영유아보육법

「영유아보육법」은 영유아의 심신 보호와 건전한 교육을 통하여 영유아를 건강한 사회구성원으로 육성하며 보호자의 지원을 통해 가정복지 증진에 이바지함을 목적으로 하고 있다. 「영유아보육법」은 1991년 제정되었다. 이 시기는 보육시설(현, 어린이집)이 양적인 팽창이 일어나는 시기로서, 우선적으로 많은 어린이집의 설립이 국가적으로 요구되던 시기였다. 이후 몇 번의 개정과 2004년 전면개정을 통해 「영유아보육법」은 요보호아동에서 일반아동으로 그 대상이 확대되었고, 무엇보다 보육교직원의 자격 강화와 시설 강화, 지원 등을 통해 질적 성장의 계기를 마련하였다.

「영유아보육법」은 총 9장 56조의 본칙과 부칙으로 구성되어 있다. 본칙에는 제1장 총칙, 제2장 어린이집의 설치, 제3장 보육교직원, 제4장 어린이집의 운영,

제5장 건강·영양 및 안전, 제6장 비용, 제7장 지도 및 감독, 제8장 보칙, 제9장 벌칙 등에 관한 내용이 담겨 있다. 제1장 총칙은 목적, 정의, 보육 이념, 책임, 보육정책조정위원회, 보육정책위원회, 육아종합정보센터, 보육개발원, 보육실태 조사 등으로 되어 있다.

### 2) 한부모가족지원법

「모자복지법」은 사회적 여건 변화로 배우자의 사별·이혼·유기·별거, 기타 여러 가지 사유로 배우자가 없거나, 있어도 장기간 근로능력을 상실함으로써 여성이 가계의 책임을 지고 살아가는 모자가정에 대한 사회적 대책의 필요성이 높아지게 되어 1989년 제정되었다. 특히 저소득 모자가정이 당면하고 있는 경제적 곤란, 자녀양육과 교육 등의 문제에 대하여 국가적 차원의 지원대책으로서 모자가정의 생활안정과 복지를 증진하고, 나아가 모자가정이 건강하고 문화생활을 누릴 필요성이 대두되었다.

「모자복지법」은 남성이 세대주인 부자가정에 대해서도 같은 지원을 하기 위하여 2002년 「모·부자복지법」으로, 2007년 「한부모가족지원법」으로 개정되었다. 「한부모가족지원법」은 총 5장 31조의 본칙과 부칙으로 구성되어 있다. 「한부모가족지원법」은 한부모가족의 생활안정과 복지 증진을 목적으로 생계비, 아동교육지원비, 아동양육비 등의 복지급여에 관한 규정과 한부모가족에 대한 고용의 촉진 및 지원에 관한 규정, 한부모가족복지시설의 설치에 관한 규정을 담고 있다. 한부모가족복지시설은 다음과 같다(같은 법 제19조).

① 모자가족에게 다음의 어느 하나 이상의 편의를 제공하는 시설인 모자가족복지시설
- 기본생활지원: 생계가 어려운 모자가족에게 일정 기간 동안 주거와 생계를 지원

- 공동생활지원: 독립적인 생활이 어려운 모자가족에게 일정 기간 동안 공동생활을 통하여 자립을 준비할 수 있도록 주거 등을 지원
- 자립생활지원: 자립욕구가 강한 모자가족에게 일정 기간 동안 주거를 지원

② 부자가족에게 다음의 어느 하나 이상의 편의를 제공하는 시설인 부자가족복지시설

- 기본생활지원: 생계가 어려운 부자가족에게 일정 기간 동안 주거와 생계를 지원
- 공동생활지원: 독립적인 생활이 어려운 부자가족에게 일정 기간 동안 공동생활을 통하여 자립을 준비할 수 있도록 주거 등을 지원
- 자립생활지원: 자립욕구가 강한 부자가족에게 일정 기간 동안 주거를 지원

③ 미혼모자가족과 출산 미혼모 등에게 다음의 어느 하나 이상의 편의를 제공하는 시설인 미혼모자가족복지시설

- 기본생활지원: 미혼 여성의 임신·출산 시 안전 분만 및 심신의 건강 회복과 출산 후 아동의 양육 지원을 위하여 일정 기간 동안 주거와 생계를 지원
- 공동생활지원: 출산 후 해당 아동을 양육하지 아니하는 미혼모 또는 미혼모와 그 출산 아동으로 구성된 미혼모자가족에게 일정 기간 동안 공동생활을 통하여 자립을 준비할 수 있도록 주거 등을 지원

④ 배우자(사실혼 관계에 있는 사람을 포함)가 있으나 배우자의 물리적·정신적 학대로 아동의 건전한 양육이나 모의 건강에 지장을 초래할 우려가 있을 경우 일시적 또는 일정 기간 모와 아동 또는 모에게 주거와 생계를 지원하는 시설인 일시지원복지시설

⑤ 한부모가족에 대한 위기·자립 상담 또는 문제해결 지원 등을 목적으로 하는 시설인 한부모가족복지상담소

### 3) 청소년보호법

「청소년보호법」은 청소년에게 유해한 매체물과 약물 등이 청소년에게 유통되는 것과 청소년이 유해한 업소에 출입하는 것 등을 규제하고 청소년을 유해한 환경으로부터 보호·구제함으로써 청소년이 건전한 인격체로 성장할 수 있도록 함을 목적으로 한다(같은 법 제1조). 이 법에서 청소년은 만 19세 미만인 사람을 말한다. 다만, 만 19세가 되는 해의 1월 1일을 맞이한 사람은 제외한다(같은 법 제2조).

「청소년보호법」은 총 8장 64조의 본칙과 부칙으로 구성되어 있다. 본칙에는 제1장 총칙, 제2장 청소년 유해 매체물의 결정 및 유통 규제, 제3장 청소년의 인터넷게임 중독 예방, 제4장 청소년 유해약물 등, 청소년 유해행위 및 청소년 유해업소 등의 규제, 제5장 청소년 보호 사업의 추진, 제6장 청소년보호위원회, 제7장 보칙, 제8장 벌칙 등에 관한 내용이 담겨 있다.

### 4) 청소년기본법

「청소년기본법」은 청소년의 권리 및 책임과 가정·사회·국가 및 지방자치단체의 청소년에 대한 책임을 정하고 청소년육성정책에 관한 기본적인 사항을 규정함을 목적으로 한다(같은 법 제1조). 이 법에서 청소년은 9세 이상 24세 이하의 자를 말한다(같은 법 제2조). 이 법의 기본 이념은 청소년이 사회구성원으로서 정당한 대우와 권익을 보장받음과 아울러 스스로 생각하고 자유롭게 활동할 수 있도록 하며, 더욱 나은 삶을 누리고 유해한 환경으로부터 보호될 수 있도록 함으로써 국가와 사회가 필요로 하는 건전한 민주시민으로 자랄 수 있도록 하는 것이다.

「청소년기본법」은 총 9장 66조의 본칙과 부칙으로 구성되어 있다. 본칙에는 제1장 총칙, 제2장 청소년육성정책의 총괄·조정, 제3장(삭제), 제4장 청소년시설,

제5장 청소년지도자, 제6장 청소년단체, 제7장 청소년활동 및 복지 등, 제8장 청소년육성기금, 제9장 보칙, 제10장 벌칙 등에 관한 내용이 담겨 있다.

### 5) 입양특례법

「입양특례법」은 요보호아동의 입양(入養)에 관한 요건 및 절차 등에 대한 특례와 지원에 필요한 사항을 정함으로써 양자(養子)가 되는 아동의 권익과 복지를 증진하는 것을 목적으로 한다(같은 법 제1조). 이 법에서 아동은 18세 미만인 사람을 말한다(같은 법 제2조).

「입양특례법」은 총 8장 45조의 본칙과 부칙으로 구성되어 있다. 본칙에는 제1장 총칙, 제2장 입양의 요건 및 효력, 제3장 입양기관 및 중앙입양원, 제4장 입양아동 등에 대한 복지 지원, 제5장 입양아동 등에 대한 정보의 공개, 제6장 지도·감독 등, 제7장 보칙, 제8장 벌칙 등에 관한 내용이 담겨 있다.

### 6) 장애아동복지지원법

「장애아동복지지원법」은 국가와 지방자치단체가 장애아동의 특별한 복지적 욕구에 적합한 지원을 통합적으로 제공함으로써 장애아동이 안정된 가정생활 속에서 건강하게 성장하고 사회에 활발하게 참여할 수 있도록 하며, 장애아동 가족의 부담을 줄이는 데 이바지함을 목적으로 한다(같은 법 제1조). 이 법에서 장애아동은 18세 미만의 사람 중 「장애인복지법」 제32조에 따라 등록한 장애인을 말한다. 다만, 6세 미만의 아동으로서 장애가 있다고 보건복지부장관이 별도로 인정하는 사람을 포함한다.

### 7) 아동의 빈곤예방 및 지원 등에 관한 법률

「아동의 빈곤예방 및 지원 등에 관한 법률」은 빈곤아동이 복지·교육·문화 등의 분야에서 소외와 차별을 받지 아니하고 한 사회의 구성원으로 건강하게 자랄 수 있도록 제도적 기반을 마련하는 것을 목적으로 한다(같은 법 제1조). 이 법은 빈곤아동이 부모의 사회적·경제적 지위와 상관없이, 태어나서 자립할 때까지 충분한 역량을 갖출 수 있도록 균형 있고 조화로운 성장과 건강하고 행복한 삶을 누릴 수 있도록 하는 것을 기본 이념으로 한다(같은 법 제2조).

### 8) 아동·청소년의 성보호에 관한 법률

「아동·청소년의 성보호에 관한 법률」은 아동·청소년대상 성범죄의 처벌과 절차에 관한 특례를 규정하고 피해아동·청소년을 위한 구제 및 지원 절차를 마련하며, 아동·청소년대상 성범죄자를 체계적으로 관리함으로써 아동·청소년을 성범죄로부터 보호하고, 아동·청소년이 건강한 사회구성원으로 성장할 수 있도록 함을 목적으로 한다(같은 법 제1조). 이 법에서 아동·청소년은 19세 미만의 자를 말한다. 다만, 19세에 도달하는 연도의 1월 1일을 맞이한 자는 제외한다(같은 법 제2조).

### 9) 실종아동 등의 보호 및 지원에 관한 법률

「실종아동 등의 보호 및 지원에 관한 법률」은 실종아동 등의 발생을 예방하고 조속한 발견과 복귀를 도모하며 복귀 후의 사회 적응을 지원함으로써 실종아동 등과 가정의 복지 증진에 이바지함을 목적으로 한다(같은 법 제1조). 이 법에서 아동 등이란 ① 실종 당시 18세 미만인 아동, ②「장애인복지법」 제2조의 장애인 중 지적장애인, 자폐성장애인 또는 정신장애인, ③「치매관리법」 제2조 제2호의 치매환자 등에 해당하는 사람을 말한다. 또 실종아동 등이란 약취(略取)·유인(誘引) 또는 유기(遺棄)되거나 사고를 당하거나 가출하거나 길을 잃는 등의 사유로 보호자로부터 이탈(離脫)된 아동 등을 말한다(같은 법 제2조).

### 10) 건강가정기본법

「건강가정기본법」은 건강한 가정생활을 영위하며 가족의 유지 및 발전을 위한 국민의 권리·의무와 국가 및 지방자치단체 등의 책임을 명백히 하고, 가정문제의 적절한 해결방안을 강구하며 가족구성원의 복지 증진에 이바지할 수 있는 지원정책을 강화함으로써 건강가정 구현에 기여하는 것을 목적으로 한다(같은 법 제1조). 이 법의 기본 이념은 가정이 개인의 기본적인 욕구를 충족시키고 사회통합을 위하여 기능할 수 있도록 유지·발전시키는 데 있다(같은 법 제2조).

# 제3절 아동복지 전달체계

전달체계란 지역사회 내에서 서비스 제공자와 수혜자 간에 존재하는 조직적 연계를 의미한다(Gibert & Terrell, 2005). 아동복지 전달체계란 급여 또는 서비스를 효율적으로 아동과 가족에게 전달하기 위하여 어떠한 조직을 통해 실천할 것인가의 전략을 선택하는 것으로, 중앙정부에서 지방정부로, 일선의 서비스 전달로 이어진다. 국가는 아동을 건전하게 육성할 공적인 책임을 지며, 지방자치단체는 국가의 정책에 호응하면서 지역적 아동들의 욕구충족이나 문제 해결을 공적으로 다룬다. 민간단체나 지역주민은 인권사상이나 상부상조의 정신에 따라 자발적으로 요보호아동을 보살필 책임을 지는 주체가 될 수 있다.

## 1. 공공전달체계와 민간전달체계

### 1) 공공전달체계

주무부처는 보건복지부이며 보건복지부가 정책을 수립하면 이를 기초해서 안전

행정부 산하의 시·도에서 이에 따른 자체 시행계획이 수립된다. 이를 시·군·구에서는 또 자체 시행계획을 수립하여 읍·면·동 사무소로 시달한다.

아동복지정책 수립의 주무부서는 보건복지부 인구정책실 내 아동복지정책과이다. 그 밖에 아동복지정책을 넓게 볼 때 그와 관련된 부처로서는 안전행정부, 소년의 비행, 범죄에 관한 업무를 담당하는 법무부, 교육과 특수아동에 관한 업무를 담당하는 교육부, 근로청소년에 관한 업무를 담당하는 고용노동부 그리고 여성과 가족, 청소년 정책을 담당하는 여성가족부 등이 있다.

### 2) 민간전달체계

공공전달체계와 함께 「아동복지법」상의 아동복지시설, 즉 아동양육시설, 아동임시보호시설, 아동보호시설, 아동직업훈련시설, 자립지원시설, 아동단기보호시설, 아동상담소, 아동전용시설, 아동복지관 등은 영유아보호시설, 아동학대예방센터, 입양기관과 함께 직접 아동복지서비스를 전달하는 핵심적인 전달체계이다. 이들은 주로 민간전달체계로서 사회복지법인, 재단법인, 사단법인, 종교단체, 각종 사회단체 등이 운영주체가 되어 운영되고 있고, 재원의 상당부분을 정부의 지원에 의존하고 있다. 또한, 영유아보육사업 등은 민간 영리기관이나 개인에 의해 유료서비스가 전달되기도 한다.

## 2. 아동복지 전달체계의 한계와 개선방향

### 1) 요보호아동의 발생 예방을 위한 체계적 시스템 미구축

아동을 위험으로부터 보호하고 건강하고 행복하게 키우기 위해서는 예방이 매우 중요하다. 그러나 가장 핵심적인 중요한 문제점은 아동복지서비스를 전달하는 데 필요한 체계적 시스템이 부족하다는 것이다. 보호대상아동이 발생하였을 경우, 초기의 접수창구가 통일되어 있지 않아 경찰서, 아동학대예방센터, 아동양육시설, 입양기관 등에 보호신청이 연결되면 각각의 기관, 시설은 각자의 업무처리 지침에 따라 독자적으로 처리한다. 또한, 홍보도 제대로 있지 않아 대부분의 사람들이 이러한 일이 벌어진 경우 어찌할 바를 모르는 일이 다반사다.

최근 울산 계모 폭행치사 사건이 그 예가 될 수 있다. 초등학교 2학년 A 양은 24개의 갈비뼈 중 16개가 부러지고 대퇴부가 골절[31)]되었고 온몸에 멍이 들어 사망하였는데, 전신화상을 입고 병원에 다녀오는 등 수년간 지속해서 학대를 받아오는 상황에서도 신고 및 이에 대한 적절한 조치가 이루어지지 않았다. 이와 같은 사건을 우리 사회가 뼈아프게 반성해야 하며 이를 예방할 수 있는 사회적 시스템 구축을 하루라도 빨리하고 교육과 홍보를 해야 할 것이다. 아동복지 전달체계의 중심축으로서 보호대상아동에 대한 초기의 접수 신청과 진단이 통합적으로 이루어질 수 있도록 체계적인 시스템 구축이 절대적으로 필요하며, 기존의 아동복지 전달체계와 새롭게 형성되고 있는 아동복지 전달체계가 협력하는 방안도 요구된다.

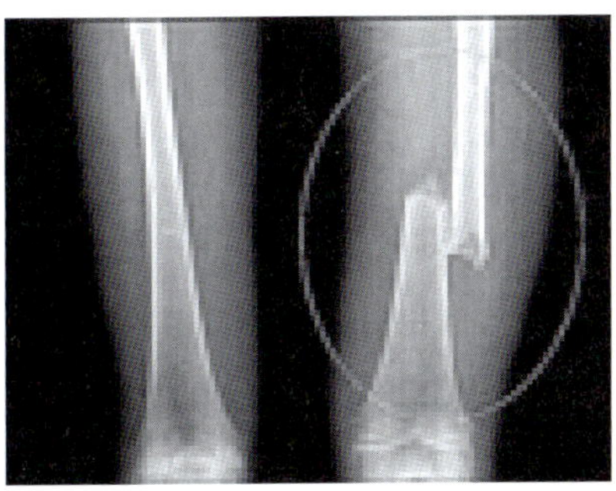

▲ 대퇴부 골절 사진[32)]

31) 대퇴부는 인간의 뼈 중 가장 강한 편에 속한다고 한다.
32) A 양의 대퇴부 골절사진은 많은 것을 말해 준다.

### 2) 사법기관과의 협력체계 미흡

아동에 대한 보호조치는 아동복지기관의 업무범위를 넘어 사법기관의 조치가 요구되기도 한다. 아동학대 사례의 발생 시 부모의 친권을 제한하는 조치, 가정폭력으로 두려움에 떨고 있는 아동이 있는 경우 이를 보호하고 격리시킬 수 있는 권한과 빠른 조치가 이루어져야 한다. 그런데 현실은 그렇지 못하다. 배우자로부터 폭력 피해를 입은 사람 가운데 경찰에 신고를 한 경우는 1.8%에 불과하다. 여성가족부가 성인 5,000명을 대상으로 실시한 '2013년 가정폭력 실태조사' 결과, 자신의 집에서 가정폭력이 발생할 경우 경찰에 신고할 생각이 있는 사람은 55%에 불과했다. 그 이유로는 '가족이므로'가 가장 높았지만 신고를 해도 경찰이 상황을 제지하지 못하고 형식적으로 다녀가기 때문에 아예 신고할 생각을 하지 못하는 경우도 많았다. 실제 2012년 현직 경찰청장의 사퇴를 부른 수원 20대 여성 피살사건 때 경찰은 현장에서 한 시간여 초인종만 누르다가 범인을 찾아내지 못했다. 여성 피해자의 비명을 이웃이 들었다고 했지만 부부싸움일지 모른다는 판단에 주저했기 때문이다. 2012년 「가정폭력 방지 및 피해자보호 등에 관한 법률」에 피해자보호 차원에서 경찰이 현장에 들어가 조사할 수 있다는 규정이 신설됐으므로 일선 사법기관에선 이 조항을 적극적으로 활용하고 문제 발생 전에 아동복지기관과 사법기관은 상호 협조체계를 공고히 해야 한다.

### 3) 공공성 부재

「아동복지법」에 의하면 지역사회에서 발생하는 보호가 필요한 아동에 대한 보호와 조치는 시·군·구의 장에 의하여 이루어지도록 되어 있다. 그러나 아동복지전담공무원이 극히 소수라서 지역의 아동보호와 조치에 관한 질적 서비스를 기대하기 어려운 실정이다. 따라서 아동복지정책이 효과적으로 잘 시행되기 위해서는 국가의 의무를 강화하고 법적 준거를 마련하고 재정지원도 강제조항으로 강화시켜 아동복지 책임의 주체가 국가임을 실천해야 한다.

### 4) 전문성 강화

아동복지정책의 실천에 있어 중요한 사항은 현장 실천가의 전문성 강화이다. 현대사회에서 아동이 겪는 많은 심리적·정서적 문제들, 비행 등의 문제에 대응하기 위해서는 아동복지 상담사나 치료사 혹은 사회복지사가 지속적으로 교육과 재교육을 시행하여 전문가로서의 역량을 강화시켜 나가야 한다.

## 토론 및 토의

1. 아동복지정책을 설정하는 기본 원리가 되는 이념에 관해 서로 이야기해 보시오. 우리나라는 어떤 이념을 근거로 정책을 결정하고 있는지 설명하시오. 그리고 그 이념의 장단점을 말하시오.

2. 「아동복지법」의 특성은 무엇이며, 이에 대한 개선방안은 무엇인지 토의해 보시오.

3. 문재인 정부의 아동수당정책은 보편주의에 기반을 두고 있다. 이에 대해 서로 토론해 보시오.

4. 아동복지 전달체계의 한계와 개선점을 이야기해 보시오.

06
CHAPTER

# 아동복지서비스의 유형

아동복지서비스는 크게 장소에 따라 가정 내 서비스와 가정 외 서비스, 대상에 따라 보호대상아동 서비스와 일반아동 서비스, 기능에 따라 지지적 서비스와 보충적 서비스 및 대리적 서비스, 방어선 위치에 따라 1차 방어선(가정지원), 2차 방어선(대리가정), 3차 방어선(시설보호) 서비스로 구분된다.

본 장에서는 이러한 사회복지서비스의 유형 중 기능에 따른 아동복지서비스의 유형을 간단히 알아보고자 한다. 미국의 아동복지학자 Kadushin(1997)[33]은 아동복지서비스를 부모나 가정이 어떤 기능을 하는가에 따라 지지적 서비스(supportive service), 보충적 서비스(supplementary service), 대리적 서비스(substitute service)로 구분하였다. 지지적 서비스에는 아동상담서비스, 부모교육 등이 있고, 보충적 서비스에는 재가복지서비스, 보육서비스가 해당되며, 대리적 서비스에는 입양, 위탁서비스가 해당된다. 이러한 서비스 유형의 구체적인 내용은 이후에 소개되는 제8장 아동복지의 실천방법과 기술, 제10장 영유아보육, 제11장 다양한 가족과 아동가족 지원, 제12장 가정위탁과 입양 등에서 자세히 다루게 된다. 따라서 본 장에서는 간단한 유형별 분류만을 알아보고자 한다.

## 제1절 지지적 서비스

지지적 서비스(supportive service)는 아동의 건강한 성장과 발달을 위해 가정 내에서의 부모의 능력을 지원하고 강화함으로써 가족기능을 회복하고 가족문제를 예방하기 위한 서비스로서, 부모-자녀의 관계가 부부갈등이나 부모-자녀 간의 갈등의 결과로 어려움을 겪게 되거나 긴장상태에 있을 때 적절히 대처할 수

33) social network 분야의 창시자

있도록 도움을 주는 서비스이다. 갈등과 긴장이 계속되면 가정해체, 즉 이혼, 별거, 유기 등이 초래될 가능성이 있으므로 부모와 아동이 가정 내에서 그들의 역할을 잘 감당하여 가정이 잘 기능할 수 있도록 그들의 능력을 지지하고 강화하는 서비스이다.

무엇보다 아동의 복지는 정신적·심리적으로 안정된 가정에서 출발하기 때문에 이를 지원하는 서비스로서 부모나 가족의 역할을 대신해 주는 것이 아니라 가족의 구조를 침해하지 않는 선에서 가족 내부의 역할 기능이 제대로 이루어질 수 있도록 상담이나 부모교육 등을 통해 가정의 문제 발생을 예방하고자 한다. 즉, 아동복지의 실제적 또는 초기의 문제를 다루는 1차 방어선이라 할 수 있다. 이와 관련하여 아동상담소, 가정상담소, 지역사회복지기관, 건강가정센터, 보육정보센터, 어린이집 등에서 제공하는 상담서비스, 학대아동이나 미혼부모 그리고 한부모를 위한 서비스, 학교사회복지사업, 부모교육, 가족생활교육, 가족상담, 가족치료, 아동학대예방 프로그램 등이 있다.

지지적 서비스를 제공하는 기관은 부모나 아동의 역할 기능을 대행해 주는 것이 아니라 외부에서 사회적 기능의 수행을 원조해 주는 기능을 담당한다. 여기서는 아동상담소에서 이루어지는 아동상담서비스, 미혼부모 아동복지서비스, 한부모 아동복지서비스, 부모교육, 학교사회복지사업에 대해 간단히 알아본다.

## 1. 아동상담서비스

아동상담서비스는 아동이 건전한 가정에서 자랄 수 있도록 상담과 지도를 실시함으로써 보호대상아동의 발생을 사전에 예방하는 사업이다. 아동상담은 기본적으로 아동을 대상으로 하지만 개별상담, 집단상담, 부부상담, 가족상담 등으로 확장할 수 있다.[34)] 아동문제의 원인이 어디에 있는지를 살펴보고 아동의 문제를 개별적으로 접근하는 아동상담, 부모상담, 가족상담과 더불어 아동의 문제가 부부문제와 연관되어 있을 수 있으므로 부부상담, 가족상담 등으로 접근할 수 있는 것이다.

아동상담은 상담 대상의 집단별 크기에 따라 개별상담과 집단상담으로, 문제의 원인에 따라 아동상담과 부모상담으로 나누어 볼 수 있다.

#### ❶ 개별상담과 집단상담

대상의 집단크기에 따라 개별상담, 집단상담으로 나누어 볼 수 있다. 개별상담은 아동상담, 부모상담이 될 수 있다. 집단상담은 아동집단 및 부모집단이 그 대상이 될 수 있다.

#### ❷ 아동상담과 부모상담

아동문제의 원인이 어디에 있는지에 초점을 두고 아동상담 혹은 부모상담 및 가족상담으로 나누어 볼 수 있다. 아동의 문제 발생이 아동 개인의 자존감이나 공격성 등 아동의 개인적 특성에 따른 것일 때는 아동상담이 초점이 되어야 하지만 부모의 양육태도나 부부문제에 기인할 경우는 부모의 상담이 우선되어야 하기 때문이다.

## 2. 미혼부모 아동복지서비스

미혼부모란 법적으로 혼인을 하지 않은 상태에서 부모가 된 사람을 말한다.

---

34) 조은미 외(2011). 지지적 집단상담이 발달장애아동 어머니의 사회적 지지, 자존감 및 심리적 안녕감에 미치는 연구 등 최근의 가족상담에 대한 연구들을 살펴보면 상담을 받은 어머니들이 자존감이나 심리적 안녕감이 높은 것으로 보고되고 있다. 이를 통해 아동상담의 대상은 1차적으로는 아동이지만 어머니의 건강한 정신과 심리적 안녕감이 아동에게 긍정적 영향을 미치게 되어 결국 아동의 문제를 해결할 수 있다는 점에서 아동상담의 범위는 부모상담, 부부상담, 가족상담으로 확장된다.

10대에 출산한 미혼여성은 자녀를 양육해야 하는 입장이지만 본인도 보호받고 교육받아야 할 아동 및 청소년 시기에 있는 경우가 많다. 10대의 청소년 시기는 왕성한 신체적 성장의 시기로서 제2차 성징의 발현이 일어나고 이성에 대해 관심이 높아지는 시기이며, 심리적으로 독립적이고 싶은 성인의 욕구와 보호받고 싶은 아동의 욕구가 공존하는 불안한 시기이다.

이들은 학업을 포기해야 하고 긍정적 자아정체감을 훼손받게 되어 자포자기하게 된다. 또한, 10대 미혼부모에 대한 사회적 인식이 매우 부정적이기 때문에 이것으로 많은 어려움이 발생한다. 미혼부모 아동복지서비스는 미혼의 부모를 위한 서비스와 이들의 자녀인 아동을 위한 서비스가 포함된다.

## 3. 한부모 아동복지서비스

한부모가족이란 이혼이나 사별 등으로 부모 중 한 명과 함께 사는 자녀로 이루어진 가족을 의미한다(Turner & Welch, 2011). 1950년대에는 사망으로 말미암은 한부모가족이 많았지만 점차 이혼으로 발생하는 한부모가족이 증가하고 있다.

한부모가족은 부모 두 사람이 나누어 가지는 역할을 혼자서 수행하기 때문에 가사문제, 경제적 문제, 심리적 문제, 사회적 편견 등 많은 어려움을 겪게 된다. 또한, 아버지와 자녀로 이루어진 한부모가족과 어머니와 자녀로 이루어진 한부모가족의 어려움이 다르다고 보고되어 있다. 따라서 한부모가족이 사회에 잘 적응하기 위해서는 이러한 차원들이 고려된 정책이 제시되어야 하며 이를 통해 한부모가족의 문제를 종합적으로 지원해 주는 서비스가 필요하다.

## 4. 부모교육

최근의 연구결과들을 보면 과거와 비교할 때 현대의 부모들이 부모의 역할을 더 어렵게 지각한다고 보고한다(Fine & Lee, 2001). 산업화·도시화에 따른 여성취업률의 증가, 출산과 가족규모의 변화, 이혼과 재혼의 증가, 여성의 학력 증가와 가정 내에서의 기대나 갈등 증가, 결혼연령의 증가, 미혼부모의 증가 등 현재 우리 사회는 빠른 시간 내에 많은 변화가 있었고, 이로 말미암은 부모의 역할도 다양하게 변화하고 있다. 젊은 어머니들도 부모의 역할을 어려워하지만 어린 아기를 둔 새내기 아버지들도 어려움을 겪기는 마찬가지다.

인간은 누구나 살아가면서 어려움을 겪는다. 그러나 가족이 건강하고 강하다면 가족에게 닥쳐온 어려움을 잘 견뎌 낼 수 있다. 가족연구의 선구자 Otto는 가족을 강하게 하는 요인을 양육, 지지, 부모훈련, 가족의 성장과 성숙을 위한 격려, 가족의 정신적 건강, 대화, 문제 해결기술, 가족 간 실외에서의 의미 있는 활동 등으로 구분하였다(Fine & Lee, 2011).

인간은 일생 성장하고 발달하는데, 성인도 예외는 아니다. 성인도 인생의 큰 흐름의 한 부분에 걸쳐 있으며 그 단계에 따른 성장과 과업이 있다. 따라서 성인인 부모도 배워야 한다. 무자녀 시기인 성인 초기의 부모의 역할과 준비, 자녀 출산기의 역할과 준비 및 자녀가 성장하고 출가하고 본인이 죽음을 맞이할 때까지 부모는 건강하고 행복한 가정을 유지하기 위한 것들을 배워야 한다.

따라서 지역사회와 국가는 개인이 이러한 부모의 역할에 잘 적응할 수 있도록 교육하고, 이를 위한 사회적 기반과 예산을 마련하고 지원해야 한다.

## 5. 학교사회복지사업

학교사회복지란 아동의 삶의 질을 높여 주기 위해 아동이 문제 해결과 의사결정능력을 습득하고 변화에 잘 적응할 수 있도록 도와주는 것이다(Allen-Meares, 2009). 학교사회복지는 사회복지를 실현하기도 하지만, 학교가 학교 본연의 목적을 달성하도록 아동복지 전문가와 협력하여 아동의 삶의 질을 증진시킬 수 있도록 돕는 것이다.

한국 사회는 IMF를 거치면서 빈부의 격차가 더욱 심화되었고 중산층이 무너지고 빈곤계층이 급증했다. 그런데 빈곤이란 그 세대에 그치는 것이 아니기 때문에 문제가 된다. 빈곤으로 아동은 적절한 교육이나 보호를 받지 못하고 신체적, 심리적, 정신적으로 결핍되는 문제가 발생하게 된다. 이러한 문제를 해결할 수 있는 대책이 학교사회복지사업이다.

그러나 현재 한국은 선진국에 비해 공교육 비중이 매우 낮다. 교육부(2013)에서 제시한 자료에 의하면, 한국의 공교육 부담률은 GDP의 4.2%로 매우 낮은 수준이며 민간에 의존하는 경향이 높았고, 이러한 경향은 사교육비의 증가를 야기하였으며 계층이 낮을수록 사교육비를 지출하지 못했다. 또한, 교육부(2013) 자료에 의하면, 초등학생의 75%가 사교육을 받는 것으로 나타났고(그림 6-1 참조), 강남권의 경우 전체 평균의 약 3배에 달하는 사교육비를 지출하는 것으로 알려져 있다. 사교육 부담이 높다는 것은 공교육의 소득재분배 효과가 적다는 것을 의미한다.

가난의 대물림을 끊어야 하는 필연적 요구 외에 외현적으로 나타나는 아동의 학교생활상의 문제들을 전문가들과 협력하여 해결할 수 있다.

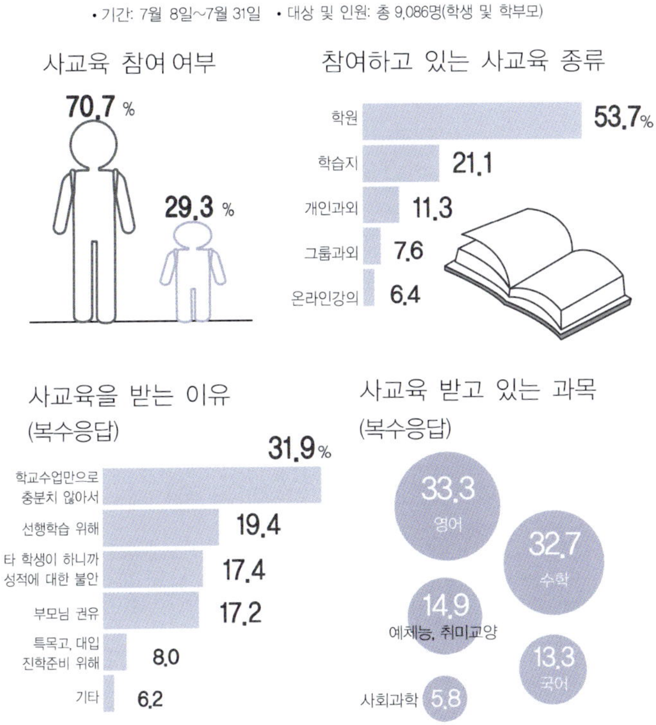


[그림 6-1] 사교육의 실태

출처: 교육부(2013).

### 1) 왕따 및 학교폭력

2012년 학교폭력 전수조사결과에 의하면 약 17만 명이 피해경험을 가진다고 할 정도로 학교폭력이 만연해 있다(왕석순, 2013). 학교환경에서 왕따 및 학교폭력이 날로 심해지는 반면, 도움을 받을 수 없는 상황이 지속되면서 2%의 아동·청소년이 고위험군으로 분류되었고 아동·청소년의 13%가 위험군으로 나타나 학교폭력과 관련된 교육과 예방 및 대처가 시급하다.

왕따는 또래에 대한 아동학대이다. 아동은 학교에서 다양한 이유로 왕따를 당한다. 신체적으로 매력이 없거나, 가난하거나, 옷을 잘 입지 못하거나, 허약하거나 할 때 따돌림을 당할 수 있다. 따돌림을 당한 아동은 외로움, 슬픔, 분노, 모욕감 등 부정적 정서를 느끼고 가해아동이나 청소년은 공감능력이 부족하거나 공격성이 높다.

학교폭력은 날로 잔혹해지고 있고 연령도 낮아지고 있기 때문에 생명을 잃는 학생도 점차 늘어나고 있다. 또한, 학교폭력은 학교생활의 부적응을 유발하여 학교 공부에 흥미를 잃게 하고 무단결석을 하게 만들며 학업성적이 떨어져 심각한 학교부적응 상태를 초래한다. 지속된 학교폭력 피해경험은 아동의 신체발달, 사회정서발달, 인지발달에 부정적 영향을 미친다(김현숙, 2013).[35]

이와 같은 왕따 및 학교폭력에 대응하기 위해서는 대학입시 위주의 교육에서 벗어나야 한다. 초등학교 학생들도 이미 입시라는 용어를 사용하고 경험한다. 우리 사회에서 성적으로 아이들을 줄 세우는 행태가 하루빨리 사라져야 할 것이고 대신 인성교육 및 체육시간 강화, 방과 후 취미활동 및 동아리 활동의 강화 등으로 아동이 정신적·심리적으로 행복하고 건강한 아동기를 보낼 수 있어야 한다. 부모들을 위한 부모교육, 가족역량강화 프로그램 제공 등 학교 및 지역사회에서 가족을 위한 프로그램을 제공해야 하며, 가족은 각 가정의 상황에 맞는 가족모임 활성화를 통한 가족의 의사소통능력 개선을 위한 노력이 필요하다.

### 2) 우울, 분노 및 자살충동

우울이란 불행한 기분이 만연하는 경험을 말한다. 오늘날 우울은 좀 더 어린 연령대에 발생하는 경향이 있다. 우울은 품행장애 및 약물남용 등의 문제행동으로 이어지고 학습에 어려움을 초래하므로 학교사회복지사는 우울한 아동을 발견하고 치료해야 한다.

35) 학교폭력을 경험한 아동은 사회정서발달 측면에서 불안, 우울, 주의집중 저하, 위축, 비행성, 공격성은 높았고 자존감, 학업성취도, 학교적응, 자존감, 건강상태 등은 낮게 나타났다.

정동하와 정미현(2011)은 청소년의 스트레스가 분노, 절망, 비행행동과 자살생각에 영향을 미치는 인과관계에 대한 연구를 통해 청소년의 스트레스가 분노, 절망, 자살생각에 직접적인 영향을 미치며, 분노를 매개하여 비행행동과 자살생각에 영향을 미치고 있기 때문에 청소년의 비행행동과 자살생각을 감소하기 위한 분노조절 프로그램이 필요하다고 밝혔다.

학교 내에서 겪게 되는 아동의 다양한 어려움과 문제점을 해소하는 데 있어 학교사회복지는 상당한 역할을 담당할 수 있다. 오늘날 학교 내에서의 학생들에 대한 복지의 필요성이 크게 증가하고 있다. 그러나 사회복지사나 아동상담가 등 전문가들이 학교에 상주하면서 아동의 복지에 공헌하는 것을 보기는 어렵다. 이것은 시대적 흐름이며 요청이다. 따라서 아동·청소년 전문가들은 학교사회복지에 관심을 가져야 하며 학교에서도 이들 전문가들의 진입을 두려워하거나 거부하지 말고 아동복지를 위한 협력자로서 상부상조해야 한다. 국가는 정책적으로도 아동 전문가들이 학교에서 공헌할 수 있도록 제도적으로 출구를 만들어야 할 것이다.

## 6. 가족복지서비스

가족복지서비스는 가족이 처한 생활상의 곤란, 즉 빈곤, 질병, 실업, 가족관계의 붕괴 등으로 가족이 중대한 위기에 직면한 데 대해 가족의 문제를 해결하고 가족생활을 강화하기 위한 사회적 조직 활동을 의미한다. 대표적 가족복지서비스에는 가족기능을 강화시키기 위한 가족지지서비스(family supportive service)와 학대나 유기문제를 가진 가족의 원조에 중점을 두는 가족보존서비스(family preservation service)가 있다.

가족복지정책은 주로 가족기능의 강화, 다양한 가족의 자립역량 강화, 일과 가정의 양립지원, 가족인프라 확충을 기본 방향으로 설정하고 이혼 및 가정폭력 등 가족의 문제의 예방과 치료에 개입하고 있다.

## 7. 빈곤가정아동복지서비스

빈곤가정아동복지서비스는 소년소녀가정아동, 빈곤 한부모가족아동 등 빈곤한 가정의 아동을 지원하기 위한 서비스이다. 우리나라 빈곤아동에 대한 지원은 절대 빈곤층에 속하는 소년소녀가정과 빈곤 한부모가족에 대한 지원사업이 대부분이다. 그 내용은 「국민기초생활 보장법」에 의한 경제적 지원 중심이었는데 IMF 이후 가족해체의 증가 등의 사회적 문제가 제기되면서 차상위계층의 빈곤아동에 대한 관심이 증가하고 있다. 이에 따라 지역아동센터에 대한 지원, 빈곤아동 종합대책 수립 및 지원 등 빈곤아동에 대한 관심과 정책에서 변화를 보이고 있다.

빈곤가정 아동을 위한 지원사업으로는 아동급식 지원사업, 영유아보육료 지원, 교육복지 투자 우선지역 지원사업, 지역아동센터 지원사업, We start 운동, 드림스타트 사업 등이 있다.

빈곤가정아동복지는 제11장에서 다시 다루기로 한다.

# 제2절 보충적 서비스(Supplementary service)

보충적 서비스(supplementary service)는 부적절하거나 제약된 부모의 보호를 보상하거나 아동이 받아야 할 보호를 보충하는 것을 의미하며, 가정과 가족의 형태를 유지한 상태로 부적절하고 부족한 부모의 자녀양육 역할을 대행하거나 재정적인 곤란 등을 보충하여 가정과 아동을 도와주는 서비스이다. 지지적 서비스의 제공만으로 문제 해결이 어려울 경우, 사회가 부분적으로 아동양육에 대한 책임을 지고 부모역할의 일부를 대신 보충해 준다. 즉, 아동이 받을 수 있는 보호를 보완하거나 부모의 보호가 부적절하거나 제한되어 있을 때 혹은 부모-자녀관계에 도움이 필요할 때 제공될 수 있는 아동복지의 2차 방어선이라 할 수 있다. 부모는 있으나 부모의 실업이나 질병, 노환 등의 이유로 부모의 역할이 일시적으로 결손된 경우에도 이를 보완하기 위한 서비스가 제공될 수 있다. 예를 들어 사회보험, 공공부조, 실직수당과 같은 소득유지 서비스와 재가복지서비스, 가정봉사원 파견서비스, 방임아동을 위한 보호서비스, 보육서비스 등이 이에 해당한다. 이들은 치료적 성격을 가지지만 예방적 서비스이기도 하다. 이 중 재가복지서비스와 보육서비스를 간단히 설명하면 다음과 같다.

## 1. 재가복지서비스

재가복지서비스는 시설보호와 상반되는 개념으로 지역사회 내에서 일정한 시설과 전문인력을 통해 제공되는 서비스를 말하며, 우리나라에서는 노인, 장애인을 위한 재가복지서비스가 제공되고 있다. 다문화가정, 맞벌이가정, 한부모가정, 조손가정 등 가족에게 역기능적 요소가 있을 때는 아동을 가정에 머물게 하면서 제공되며 결핍된 가정의 기능을 보충해 준다. 아동을 위한 급식서비스, 장애아를 위한 순회목욕서비스, 가정봉사원 파견서비스, 방문재활서비스, 다문화언어교육서비스 등이 이에 속한다.

## 2. 보육서비스

보육이란 보호와 교육을 통합한 개념이다. 과거에는 보육이 요보호아동을 위한 탁아의 개념으로 시작되었으나 현대의 보육은 중·상위계층 아동을 포함한 모든 아동을 대상으로 하는 보편적 서비스의 개념을 가진다. 오늘날의 보육은 사회적 필요성에 의해 제공되는 공공서비스의 성격을 가진다. 보육의 필요성은 시대적 변화에 따라 다르게 집약할 수 있는데 현대사회에서의 보육의 의미를 요약하면 다음과 같다.

### ❶ 가정의 기능 변화

전통사회에서는 확대가족, 대가족 형태의 삶이 전개되었고, 이에 따라 가족구성원 중 누군가의 결손이 생기더라도 조부모나 친척 혹은 이웃에 의해 별 무리가 없이 양육과 교육 및 사회화의 기능을 잘 수행할 수 있었다. 그러나 점차 가족의 형태가 핵가족으로 변화되고, 이 때문에 가정의 교육적·사회적 기능이 약화하였다. 맞벌이가정이 증가하고 이혼이나 별거에 따른 불안정한 가족, 역기능적 가족이 늘어나게 되어 이를 위한 대책으로 보육의 역할이 필요하게 되었다.

### ❷ 사회적 욕구 변화

사회의 변화에 따라 최근 우리 사회는 핵가족화 및 소가족화되어 가고 고학력 여성의 취업률은 더욱 증가하게 되었다. 이들은 양육의 부담에서 벗어나고 싶어 하는 한편, 한두 명의 적은 수의 자녀를 낳아서 자녀에 대한 관심이 증가하게 되어 보육에 대해 질적으로 높은 수준을 요구하게 되었다. 자녀에게 집중되는 현상을 가지게 되었고 그들의 자녀가 낮 시간에 어떠한 시간을 보내고 있는지에 대해 알기를 원하고 좀 더 의미 있는 시간을 보낼 것을 요구하게 됐다.

보육서비스에 대해서는 제10장에서 다시 다루기로 한다.

## 제3절 대리적 서비스(Substitute service)

대리적 서비스(substitute service)는 부모역할 전부가 상실되었을 경우, 부모역할의 부분 또는 전체를 대리하는 것으로 지지적, 보충적 서비스만으로는 아동복지를 추구하기 어려울 때 시도되는 제3의 방법이다. 부모의 사망과 가출, 유기 등으로 가정생활과 부모의 보호를 더 이상 받을 수 없게 된 아동이 지지적 서비스나 보충적 서비스의 제공도 원천적으로 받을 수 없는 상태일 때 주어지는 서비스이다. 부모-자녀 간의 관계가 완전히 혹은 일시적으로 파괴된 상태에서 부모와 가정의 역할을 대신해 주거나 아동이 특수한 치료를 필요로 하여 수용치료서비스를 받을 때도 대리적 서비스의 범주에 포함시킬 수 있다. 상황에 따라 영구적인 대리가정이 필요한 경우에는 입양서비스가 필요하고 중·장기적인 대리가정이 필요한 경우에는 가정위탁보호서비스가 제공되어야 하며, 이 2가지가 다 불가능할 경우 시설보호가 고려된다. 가정위탁사업과 그룹홈 사업은 입양이 활성화되어 있지 않은 한국 상황에서 가정환경을 제공할 수 있는 유용한 아동복지서비스이다. 시설보호의 단점을 극복하는 동시에 가정위탁사업과 그룹홈 사업의 단점을 상호 보완할 수 있는 대안이 될 수 있다.

## 1. 가정위탁서비스

가정위탁서비스는 아동을 자신의 가정에서 일시적으로나 장기적으로 돌보아 줄 수 없는 경우에, 어떤 계획된 기간 동안 사회복지기관을 통하여 제공되는 대리적 가정보호서비스이며 위탁의 사유가 된 상황이 해소되어 친부모에 의해서 원(친)가정에서 자랄 수 있게 되면 아동은 자신의 가정으로 돌아가게 된다. 가정위탁서비스는 입양과 같이 위탁부모의 법적 가족이 되는 것도 아니고, 시설보호와 달리 가정에서 이루어진다. 아동을 가정의 분위기에서 보호하여 친부모와 영구적으로 분리되는 것을 방지함으로써 발달적인 손상을 줄이려는 데 의의가 있다.

위탁서비스에 대해서는 제12장에서 다시 다루기로 한다.

## 2. 입양서비스

입양은 성인에게 친자식이 아닌 아동을 법적인 절차를 밟아서 자신의 자녀로 삼은 것을 의미하며, 입양된 아동에게는 친부모와 동등한 친자의 관계를 맺는 것을 의미한다. 입양은 생물학적 과정이 아닌 법적이고 사회적인 과정을 통하여 친권관계를 창조하는 행위이다.

### 1) 단독입양과 기관입양

입양은 이를 전담하는 기관을 거치지 않는 단독입양과 기관에 의해 입양을 성립시키는 기관입양이 있다.

### 2) 국내입양과 국외입양

입양아동이 가진 원래의 국적과 같은 부모에게 입양되는 국내입양과 그렇지 않은 국외입양이 있다.

어떤 경우든 입양의 질은 입양부모의 양육태도와 가정환경에 의해서 크게 좌우된다. 따라서 대부분의 입양전문기관은 양부모의 조건으로 부부의 연령은 30~50세 정도이고, 결혼 지속기간은 3~10년 정도이며, 가구의 소득은 평균 이상일 것을 요구하기도 한다. 입양기관을 통해서 입양이 성립될 경우에 사회복지사는 입양의 전 과정에서 핵심적인 역할을 한다.

입양서비스에 대해서는 제12장에서 다시 다루기로 한다.

## 3. 시설보호서비스

시설보호는 부모가 그 자녀를 양육할 의사가 없거나 충분한 능력이 없기 때문에 가정에서 개개인의 욕구가 제대로 충족되지 못하는 아동을 위해서 집단보호와 치료를 마련해 주는 대리보호를 의미한다. 따라서 아동은 자기의 가정과 부모 밑에서 성장해야 한다는 것이 중요한 원칙이지만, 도저히 가정에서 성장할 수 없는 아동들은 불가피하게 시설보호를 받고 있다. 시설보호아동에 대해서는 제9장에서 다시 다루기로 한다.

## 토론 및 토의

1. 아동복지서비스 유형 구분의 적절성에 대해 이야기해 보시오.

2. 아동의 왕따, 학교폭력 방지를 위해 부모와 교사, 상담사의 역할은 무엇인지 이야기해 보시오.

3. 아동의 왕따, 학교폭력 방지를 위한 예방시스템과 치료시스템에 대해 이야기해 보시오.

4. 아동의 왕따, 학교폭력으로 말미암은 후유증 및 문제점에 대해 이야기해 보시오.

5. 칭찬카드 및 칭찬카드를 활용한 치료법에 대해 조사해서 서로 이야기해 보시오.

07
CHAPTER

# 아동복지의 실천원리

아동복지는 아동의 건전한 성장과 행복을 우선적으로 고려해야 한다. 아동은 전 생애적 관점에서 볼 때 매우 특별한 보호와 지도를 필요로 하는 시기이며 해결해야 할 과제와 욕구를 갖고 있다. 성인은 본인의 욕구를 스스로 해결할 수 있지만 아동은 그렇지 못하므로 이에 대한 성인의 배려가 필요하다. 이에 국가와 사회는 아동이 건전하고 행복하게 성장할 수 있도록 돕기 위한 노력의 일환으로 다양한 정책과 서비스를 개발하고 연구한다. 이에 아동복지정책과 아동복지서비스가 더욱 효과적으로 목적을 달성하기 위해서는 기본적인 원칙이 요구된다. 본 장에서는 아동복지의 기본 요소와 실천원칙 그리고 아동복지와 사회복지의 실천 등에 대해서 알아본다.

## 제1절 아동복지의 기본 요소

아동복지를 실천하는 데 수반되어야 하는 기본 요소가 있다. 아동복지란 아동의 권리가 보장된 상태에서 가능하다. 그러므로 아동복지의 기본 요소는 아동의 권리가 보장되는 상태라고 이해할 수 있다. UN 아동권리에 대한 국제협약(1989)에서는 아동의 기본 권리로서 시민권, 자유권, 가정환경 및 대리보호에 대한 권리, 기초보건 및 복지에 대한 권리, 교육·여가·문화 활동에 대한 권리, 특별보호에 대한 권리 등을 제시한다. Ellen Key는 튼튼하게 태어날 권리, 건전하게 양육받을 권리, 정상적 가정생활을 누릴 권리, 교육받을 권리, 도덕적·정신적 훈련을 받을 권리, 오락을 즐길 권리를 제시하였고, 김성경 외(2013)는 건강가정과 부모의 경제적 안정, 보건, 교육, 놀이·문화 활동, 아동노동의 보호, 특수아동을 위한 보호를, 김순형 외(2013)는 부모 및 가정, 교육 및 훈련, 보건 및 의료, 놀이 및 여가, 노동 및 피착취, 특수보호 등을 꼽았다. 이들을 종합하여 여기서는 아동복지의 기본 요소를 건강한 가정, 교육 및 보호로 나누어 살펴보고자 한다.

## 1. 건강한 가정

「건강가정기본법」 제3조 제3호에서도 가족구성원의 욕구가 충족되고 인간다운 삶이 보장되는 가정을 건강가정이라고 명시하고 있듯이, 정신적·심리적·경제적으로 안정되고 건강한 가정은 아동의 건강한 발달과 성장에 있어서 중요한 영향요인이며 아동복지의 최우선 조건이다. 최근의 한 연구에 의하면(강한나·박혜원, 2013), 부모의 소득수준과 아동의 어휘 수, 어휘 구사력, 의사소통, 문제해결능력이 관련이 있다. 저소득가정 영유아의 발달수준은 다른 가정 영유아의 발달수준에 비해 더 낮으며 부모의 소득수준이 낮을수록 어머니의 양육 스트레스가 가장 높고 아버지의 양육참여시간이 가장 낮았다. 이처럼 정신적·심리적·경제적으로 가정과 부모는 아동에게 가장 큰 영향을 미치는 요인이 된다. 이와 같은 건강한 가정환경에 악영향을 미치는 요인들로 여러 가지가 있겠지만 여기서는 지나친 부모의 기대, 방임, 빈곤, 가정폭력에 대해 알아본다.

### 1) 지나친 기대

부부 중심의 현대가족은 아동 측면에서 볼 때 과거와 비교하면 지지체계가 오히려 빈약하다고 할 수 있다. 핵가족의 아동은 부모에게 지나치게 의존도가 높고 부모-자녀관계는 갈등과 긴장이 증대될 가능성이 있다. 또한, 지나친 부모의 기대 및 어긋난 사랑과 과잉보호 혹은 과잉통제는 아동에게 매우 힘든 환경이 될 수 있다. 실제로 소자녀가족이 대부분인 현대사회에서 부모, 특히 아버지들은 자녀와의 관계에 어려움을 호소하며 자녀들 역시 본인에게 쏟아지는 지나친 관심으로 정신적 어려움을 겪는다.

### 2) 방임

정신적으로 건강하지 못한 가정에서 아동은 방임, 신체적 학대, 정서적 학대에 노출될 수 있다. 아동이 살아가기 위해 필요한 영양을 공급받으려면 성인의 도움이 필요하다. 영아기는 신체성장 제1급등기라고 한다. 아동기 후반과 청소년기 전반에는 성적인 성숙이 이루어지는 시기로서 신체성장 제2급등기라고 한다. 신체적 성장을 위해 아동은 충분한 영양공급을 받아야 하는데 그렇지 못할 경우 신체적 성장뿐 아니라 심리적 성장·발달에도 부정적이다. 특히, 영아기의 영양실조는 뇌의 발달에 치명적인 손상을 가져오며 중추신경체계의 발달을 방해한다. 방임에 의해 사망하는 사례들도 크게 증가하고 있다.

▲ 혼자 시간을 보내는 아이

출처: 추적 60분. 위기의 아이들.

방임은 경제적 빈곤에서 그 원인을 쉽게 찾을 수 있었는데, '방임 아동 100만 시대'라고 하는 현재 우리 사회에서는 저소득층의 '경제적 방임'이 아닌 일반 가정의 '정서적 방임'에도 관심을 가져야 한다. 부유한 환경에서 남부러울 것 없을 것 같이 비춰지는 아이들도 잠깐 이야기를 해 보면 부모에게 심한 적대감과 분노나 공격성을 가지고 있음을 볼 수 있다. 이것은 현대가정이 구성원 수는 적고 부모는 경제활동으로 바빠서 가족 간에 대화할 시간이 부족하고 이로 말미암아 가족 간의 유대관계가 느슨해져 서로에 대한 이해가 떨어지기 때문이다. 그러나 어린 시절의 방임은 아동에게 평생 회복할 수 없는 심리적 장애를 남길 수 있으므로 사소한 문제로 넘겨서는 안 된다.

### 3) 빈곤

빈곤은 아동의 사회적 혜택을 제한하기 때문에 아동의 건전한 육성을 위해서는 가정의 경제적 안정이 필수적이다. 경제적으로 불안정한 경우 아동에게 충분한 영양을 공급할 수 없고 안락한 주거공간이나 아동의 기본적 욕구를 충족시킬 수 없기 때문이다. 빈곤은 가정불화의 원인이 되기도 한다. 잦은 부부싸움은 이혼 혹은 별거, 가정폭력 등으로 이어질 수 있고 이것은 곧 아동의 발달에 큰 악영향을 미치게 된다. 그러므로 국가는 빈곤가정에 고용 기회의 확대와 공적 부조, 사회보험, 아동수당제도 등을 제공하여 이를 통해 경제적으로 안정되도록 지원해야 한다.

### 4) 가정폭력

가정폭력은 가족구성원 사이의 신체적, 정신적 또는 재산상 피해를 수반하는 행위이다. 가정폭력에는 모욕, 폭행, 협박, 상해, 유기, 학대, 감금, 재물손괴 등이 있는데(「가정폭력범죄의 처벌 등에 관한 특례법」 제2조), 모욕, 협박 등의 정서적 폭력이 47%에 이른다(그림 7-1 참조). 피해자는 주로 배우자이며 아동이 2%로 상대적으로 낮게 보고되고 있지만 가정폭력이 이루어지는 동안 아동은 정서적 불안과 심리적으로 끔찍한 고통에 휩싸인다. 가해자는 다른 범죄보다 죄의식이 낮다. 그러나 가정폭력은 가출, 가정파탄 및 폭력성 세습 등을 가져오는 근절되어야 할 범죄이다. 살인 등의 강력 범죄로 이어지는 원인이 되고, 대대로 자녀에게 전승될 수 있어서 아동에게는 씻을 수 없는 큰 상처가 된다.

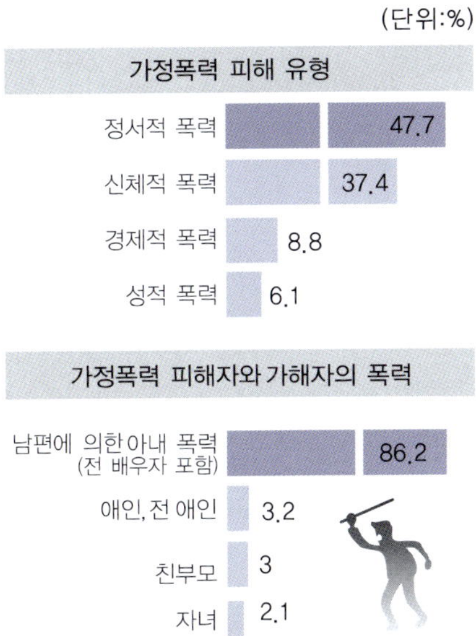


[그림 7-1] 가정폭력 피해 유형과 가해자 현황

출처: 여성긴급전화 1366(2014).

이와 같이 아동이 접하는 최초의 사회인 가정은 아동에게 생활의 근거지가 될 뿐 아니라 사회의 구성원으로서 필요한 인격과 지식 및 기술을 습득하게 한다. 행복하고 건강한 가정 속에서 사회구성원으로서의 행동양식, 의사소통방법, 문제해결능력, 상호 협조와 협력기술 등을 배우고 익혀 간다. 따라서 건강한 가정이 아동복지의 가장 중요한 기본 요소가 된다.

## 2. 교육

아동의 교육받을 권리는 그가 속한 사회인으로 성장해 가기 위해 필요한 가장 중요한 권리의 하나이다. 우리나라는 헌법을 통해 아동의 교육권을 모든 국민의 기본권으로 규정하고 있다(표 7-1 참조). 교육을 받을 권리에는 의무교육을 받을 권리와 적절한 교육환경에서 교육받을 권리가 있으며 아동이 인간으로서의 존엄과 가치를 실현하는 직접적인 기본권이 된다. 그러나 아동이 교육을 통해 자신의 재능을 발견하고 자신의 잠재적 능력을 계발시켜서 인간다운 문화생활과 직업생활을 할 수 있는 기초를 마련하여야 함에도 현재 우리 사회의 교육은 입시 위주의 줄 세우기 교육을 지향하고 있다. 다양한 재능을 가진 아동이 본인의 재능을 알지 못하고 열등감으로 고통 받으며, 전 국민은 오로지 공부에만 매달려 불필요한 사교육비의 과다 지출과 공교육의 질적 저하 등 해결해야 할 많은 문제점을 갖고 있다.

아동이 교육을 통해 문화인으로서의 매너를 배우고 민주시민으로서의 윤리적 생활을 익히며 직업인으로서 인간다운 경제생활을 영위할 수 있는 기초를 다지도록 개인차가 인정되고 다양성이 존중되는 평등한 교육의 장을 제공해 주어야 한다.

〈표 7-1〉 아동의 교육 관련법

| 법과 조문 | 내용 |
|---|---|
| 「헌법」 제31조 | 모든 국민은 능력에 따라 균등하게 교육을 받을 권리를 지닌다. |
| 「교육기본법」 제8조 | 6년의 초등교육과 3년의 중등교육을 받을 권리가 있다. |
| 「영유아보육법」 제34조 | 국가와 지방자치단체는 영유아(만 5세 이하)에 대한 보육을 무상으로 한다. |
| 「유아교육법」 제24조 | 초등학교 취학 전 1년의 유아교육을 무상교육으로 실시한다. |
| 「장애인 등에 대한 특수교육법」 제3조 | 특수교육 대상자의 유치원, 초등학교, 중학교, 고등학교의 의무교육 |

## 3. 보호

"모든 아동은 질병과 노동으로부터 보호받아야 한다." 이것은 아동의 발달적 관점에서 아동에게 놀이나 학습의 기회를 충분히 보장해 주고자 하는 시각이라고 할 수 있다. 아동은 인간발달적 측면에서 중요한 시기이며, 그 시기에 적절한 보호와 교육을 받아야 한다. 그렇기 때문에 많은 학자가 인생에서 초기 경험의 중요성을 강조하고 있다.

▲ 캄보디아 벽돌공장

출처: 한겨레 21(2011. 4. 1). 이정훈 기자.

극단적인 일례로 최근 정상적으로 보호받거나 교육받지 못하고 새 둥우리에서 지내다 이웃에게 발견된 러시아의 한 소년은 발견 당시 이미 학령기에 접어든 나이였지만 신체적 성장도 미흡했고 새소리만 낼 뿐 인간의 언어를 사용하지 못했다(사진 참조). 이처럼 인간의 전 생애 발달상에서 아동기, 특히 영유아기의 잘못된 양육은 자칫 치명적이기까지 하다.

THE Sun
Sun MONEY
COMPARE PERSONAL LOANS FROM 6.8% TYPICAL APR
NEWS
Got a story? 63000
First picture of 'bird boy'
THIS is the first picture of the child they call 'bird boy' - because he chirps instead of talking.
Vanya Yudin, aged six, may have Mowgli Syndrome, according to local social workers.
In the family flat in Volgograd in southern Russia are two parakeets along with several aquariums and a rabbit.
Social worker Galina Volskaya claims he has used the birds as role models.
"When you start talking to him, he chirps," she said.
When he gets agitated, he flaps his arms like wings, it is

▲ 러시아 새소년[36)]

출처: The Sun News(2008. 2. 28).

### 1) 질병으로부터의 보호

모든 아동의 신체적·정신적 건강을 위한 적절한 의료서비스 대책이 공공의 책임하에 계획되어 실천에 옮겨져야 한다.

### 2) 노동력 착취로부터의 보호

모든 아동은 연소 노동과 유해 노동으로부터 보호되어야 한다. 우리나라 근로기준법에서는 아동의 노동 금지 및 아동의 유해노동 금지를 규정하고 있다.

36) 러시아에서 한 소년이 새장에서 12마리의 새와 함께 애완동물처럼 양육되다가 사회복지사에 의해 구출되었다. 소년은 영양 상태와 신체발달이 저조했고 언어를 사용하지 못했으며 새처럼 날갯짓을 했다.

〈표 7-2〉 아동 노동 관련법 조항

| 법과 조문 | 내용 |
|---|---|
| 「근로기준법」 제64조 제1항 | 15세 미만인 자(「초・중등교육법」에 따른 중학교에 재학 중인 18세 미만인 자를 포함한다)는 근로자로 사용하지 못한다. |
| 「근로기준법」 제65조 제1항 | 임신 중이거나 산후 1년이 지나지 아니한 여성과 18세 미만인 자를 도덕상 또는 보건상 유해·위험한 사업에 사용하지 못한다. |
| 「근로기준법」 제69조 | 15세 이상 18세 미만인 자의 근로시간은 1일에 7시간, 1주에 35시간을 초과하지 못한다. 다만, 당사자 사이의 합의에 따라 1일에 1시간, 1주에 5시간을 한도로 연장할 수 있다. |
| 「아동복지법」 제17조 제8호 | 아동에게 구걸을 시키거나 아동을 이용하여 구걸하는 행위를 하지 못한다. |

## 4. 놀이·문화 활동

아동에게 있어 놀이란 주변을 탐색하고 이해하는 수단이며 에너지를 방출하고 감정을 표출함으로써 즐거움을 만끽하는 것으로, 이를 통해 신체발달 및 정서발달, 사회성 발달이 촉진된다. 아동에게 있어 놀이는 삶의 목적이며 수단이다. 또한, 아동에게 놀이는 전인적 성장의 밑거름이다. 이렇게 아동에게 있어 놀이의 중요성은 아무리 강조해도 지나치지 않는다.

▲ 놀이를 통해 성장하는 어린이

UN 아동권리에 관한 국제협약 제31조에는 아동의 놀이 여가활동에 대한 권리가 명시되어 있다. 영국의 어린이헌장(1992)에서도 모든 어린이와 청소년은 놀 권리가 있고 놀이가 필요하다. 대한민국 어린이헌장(1975, 1988)에서는 어린이가 즐겁고 유익한 놀이와 오락을 위한 시설과 환경을 제공받아야 한다고 명시하고 있다. 그러나 우리나라는 건전한 놀이와 오락의 시설이나 기회가 미흡한 실정이다.

우리나라에서는 아동이 놀면 부모들은 큰일 나는 것으로 생각한다. 잠시의 여유를 가지는 것조차 불안해하며 부모들은 자녀에게 여가의 시간을 허락하지 않으려 한다. 인간은 쉼이 필요하다. 생각할 시간, 숨 쉴 시간이 필요하다.

## 제2절 아동복지의 실천원칙

아동복지정책과 서비스를 실천하기 위해서는 기본 원칙이 필요하다. 왜냐하면 기본 원칙에 근거해서 계획적이고 체계적으로 실천될 때 아동복지를 효과적으로 실행할 수 있고 이를 통해 아동이 건강하고 행복하게 성장할 수 있기 때문이다.

### 1. 권리의 원칙

아동복지는 요보호아동을 위한 구호적 차원의 소극적 서비스로 시작했다. 그러나 모든 아동은 소중하고 존엄한 인간으로서 독자적인 권리를 지닌 존재이기 때문에 아동복지는 무엇보다도 아동의 권리가 우선되어야 한다. 모든 어린이는 차별이 없으며 존엄하며 바르고 아름답게 자랄 권리가 있다(대한민국 어린이헌장). 아동을 단순히 도움을 주는 대상이라는 인식에서 벗어나 권리의 주체로 인식해야 한다. 아동은 안전하게 보호받고 교육받고 바르게 성장할 권리가 있다.

## 2. 책임의 원칙

아동복지의 목적은 아동이 건전하게 출생하여 행복하고 건강하게 육성되도록 보장하는 것이다(「아동복지법」 제1조). 아동이 건전하고 건강하게 성장하기 위하여 부모는 1차적인 책임을 다해야 한다. 20세기까지 부모의 책임은 절대적이었다. 가족의 기능이 변화하고 아동과 가족을 대상으로 하는 복지정책이 많이 개발되기 시작하면서 가족의 책임과 더불어 국가 사회단체의 책임이 점점 더 커지고 있다.

「아동복지법」 제3조에는 모든 국민은 아동을 보호양육하고 사회생활에 적응되도록 육성할 책임을 지고 국가와 지방자치단체는 보호자와 더불어 아동을 건전하게 육성할 책임을 진다라고 명시하고 있다. 가난은 나라도 구제하지 못한다는 말을 하면서 왜 국가가 가난한 아이들의 교육비를 대 주냐고 목청을 높이는 사람들도 있다. 그들은 국가가 개입할수록 부모는 책임을 더 지지 않으려 하기 때문에 자녀를 양육하고 교육하는 책임은 부모에게 전적으로 있으며 국가는 이에 개입하지 말아야 한다고 주장한다. 이것은 상당히 근시안적인 사고로부터 출발한 것이다. 무책임하고 무능력한 부모를 둔 아이들은 인생의 초기부터 어려운 출발을 하게 되는 것을 간과한 것이다.

따라서 아동을 위한 복지정책 및 서비스는 부모, 사회 그리고 국가의 책임이다.

## 3. 보편성의 원칙

초기 아동복지의 유형은 주로 수용시설 아동을 중심으로 하는 요보호아동을 대상으로 한 선별적이고 일시적이며 보충적이고 잔여적인 성격이 강했다. 그러나 점차적으로 보편적 성격의 아동복지로 변화하고 있다. 보편적이라는 것은 아동의 부모유무, 장애유무, 계층 및 소득 등 모든 요인과 상관없이 모든 아동을 대상으로 하여 급여나 서비스를 동일한 수준에서 제공한다는 것을 의미한다. 모든 아동은 행복한 권리가 있다. 과거에는 가난하거나 부모가 없거나 장애가 있거나 학대 위험이 있는 아동을 대상으로 복지서비스가 이루어졌다. 이것은 치료 중심적인 서비스이며 근본적인 문제 해결에는 제약이 있다. 따라서 예방적 차원에서의 접근이 필요하며 이것은 모든 아동의 욕구를 고려하여 다양하게 이루어지는 복지서비스를 통해 가능하다. 이를 통해 모든 아동이 행복한 삶을 영위할 수 있도록 하는 것이다. 많은 복지선진국은 아동수당을 제공하고 있다. 이것은 모든 아동에게 적용된다.

## 4. 포괄성의 원칙

아동의 행복할 권리를 실현하기 위해 아동복지의 실천은 포괄적이고도 종합적으로 접근하여야 한다.

아동발달은 서로 유기적인 관련을 가지고 전개되며 한 영역의 발달손상은 다른 영역에 영향을 미친다. 예를 들어 몸이 아픈 영아는 움직이기를 싫어하고 탐색을 하지 못하며 그 때문에 신체발달뿐 아니라 언어발달, 인지발달 및 사회정서발달에 모두 부정적 영향을 미치게 되는 것이다.

아동의 문제는 통합적 접근이 요구된다. 즉, 집이 가난하고 어머니가 집을 나가고 아버지는 알코올중독자인 아동이 있을 때, 이 아동이 부모의 보호를 받지 못하고 굶고 있다면, 음식물만을 제공하는 것으로 이 아동의 문제가 해결되지 않는다. 아동의 어머니가 왜 집을 나가게 됐는지, 아동의 아버지는 왜 술을 먹게 됐는지 그 원인을 살펴보아야 한다. 이 가정의 경우 실직한 아버지를 위한 취업 프로그램, 재활 프로그램이 필요하고 부모를 위하여 부모의 역할에 대한 부모교육이 제공되어야 한다. 그러면 아동은 더 이상 굶거나 방치되지 않게 된다. 이와 같이 아동의 문제는 여러 가지 요소가 결합된 복합적인 양상을 띠기 때문에 포괄적인 접근이 요구된다.

## 5. 예방의 원칙

아동복지에 가장 중요한 것은 아동의 문제를 미연에 방지하는 것이다. 일단 문제가 발생했을 경우는 정확한 진단과 개입이 필요하겠지만 더 중요하고 효과적인 것은 예방이다. 아동기의 상처는 일생에 영향을 미치기 때문에 가능한 한 문제가 발생하지 않도록 하는 것이 중요하다. Elder는 대공황기의 아동에 대해 연구[37]했는데 그에 의하면 인간에게 있어 더 어린 시절에 어려움이 닥쳤을 경우 더욱 인간을 무기력하게 만든다고 보고하고 있다.

▲ Elder(1934~)와 그의 저서 『대공황기의 아이들』

아동복지는 아동이 가진 능력을 최대한 발휘할 수 있도록 아동발달상의 편차가 심한 장애아동, 결손가정 아동, 고아, 빈곤가정 아동에게 동등한 기회가 주어져야 한다. 이들은 어린 시절에 사회가 도움을 주지 않는다면 자립하기도 어려우며 아동복지적 측면에서 여러 가지 어려움이 발생된다. 결국 나중에는 사회적 비용을 엄청나게 부과하여 해결하지 못하는 사회적 문제가 될 수 있다. 따라서

37) 시카고대학의 Elder는 그의 저서 『Children of the great depression』에서 1930년대 미국 경제 대공황이 발생한 이후 60년간을 추적 연구하였다. 아동기에 대공황을 경험했던 이들은 신경과민과 불안을 보였으며 성장 후에도 좀처럼 심리적 건강을 회복하지 못했고 성인기에도 반복적으로 좌절을 경험했으며 노년기에도 신체적 심리적 곤란을 겪었는데 좀 더 어린 시절에 경험한 불가항력의 경험이 인생에서 개인에게 더욱 부정적인 영향을 미쳤다.

아동기의 적절하고도 신속한 사회의 개입은 아동을 위해서도 사회를 위해서도 매우 중요하고 꼭 필요한 사안이다.

## 6. 전문성의 원칙

아동과 가정의 문제에 효과적으로 접근하기 위하여 아동상담 및 아동심리와 같은 아동복지에 대한 전문적인 지식과 기술이 필요하며 아동복지 전문인력의 양성과 배치가 필수적으로 요구된다. 아동복지사업은 아동복지 전문가와 전문기관에서 이루어져야 한다. 아동학과 및 아동보육학과 등 관련 지식과 기술을 겸비한 졸업자들을 아동복지업무를 담당하는 관련 공무원으로 배치·활용함으로써 탁상공론이라는 비판의 대안을 찾을 수 있다. 아동복지 관련 업무를 행정적인 차원에서만 다루어서는 안 되기 때문이다.

부모교육현장에서 아동과 관련된 너무도 상식적인 지식들이 부모들에게는 생소하고 낯선 것일 수 있음을 자주 보게 된다. 이와 같이 아동은 단순한 것 같지만 매우 복잡하고, 연령별로 그 시기에 적절하게 부모와 교사가 도움을 주어야 할 부분들이 많이 있다. 아동복지의 중요성이 강조되고 있는 요즘, 아동복지 전문가를 필요로 하는 현장은 매우 증가하고 있지만, 적절한 안배가 이루어지지 않고 있다. 아동 및 가족 분야의 전문가 양성과 적절한 활용이 요구된다.

# 제3절 아동복지실천과 사례관리

아동 사례관리에서 주된 Client는 누구일까? 당연한 말이지만, 항상 아동이다. 따라서 사례관리자는 아동이 신체·정서·성적으로 학대, 방임 혹은 유기의 위험에 처해 있을 때 시기적절하고 효과적인 개입을 하여야 한다. 사례관리자는 특히 단서가 분명하지 않을 때 어떻게 사정하고 조사하는가에 대한 포괄적인 능력이 필요하다. 무엇보다 중요한 것은 아동이 위험에 처해 있는가를 판단하는 것이다. 하지만 정확하고 완전한 결정을 내리기에는 시간이 넉넉하지 않을 때가 많다.

사례관리자는 부모와 사회복지기관, 사법기관 사이에서 조정자 혹은 매개자 역할을 하여야 한다. 대부분의 아동복지 프로그램은 가능한 한 아동이 자신의 집에서 보호받을 수 있도록 하기 위해 부모를 돕는다. 아동을 학대하는 부모는 상담이 필요하고, 부모가 아동을 방임하면 방임의 이유를 밝히며, 적절한 부모교육과 경제적 서비스를 제공해야 한다. 학대와 방임은 일반적으로 약물과 알코올, 빈곤, 부부갈등, 정서결핍 등과 연결되어 있다.[38)]

Philips 외(2006)는 사례관리의 구성요소를 ① 표적집단의 발견, ② 스크리닝(screening), ③ 사정, ④ 보호계획, ⑤ 서비스의 조정과 실행, ⑥ 모니터링(monitoring), ⑦ 재사정과 사후조사 등으로 제시하였다. 이러한 구성요소 각각을 구체적으로 살펴보면 다음과 같다.

## 1. 표적집단의 발견

표적집단을 파악하는 중요한 이유가 무엇일까? 도움이 필요한 모든 아동과 그 가족들에게 사례관리를 제공하고, 그들을 유인하는 접근체계를 개발하기 위해서는 표적집단 파악이 매우 중요하다. 사례관리기관이 일반인과 서비스 제공자들에게 접근하는 방법에는 여러 가지가 있다. 예를 들면, 사례관리기관이 서

38) 현재 아동학대가 자행되는 가족의 특성이나 아동학대가 아동에게 미치는 영향 등과 같은 연구들은 매우 활발하게 이루어지고 있다(김평화 · 윤혜미, 2013).
- 아동학대가 아동의 정서결핍과 공격성에 미치는 영향. 한국아동복지학, 41, 217-239.
- 도현심 외(2011). 부부갈등과 어머니의 분노가 아동학대에 미치는 영향. 아동학회지, 32(5). 등

비스를 제공하는 다른 제공자들과 함께 표적집단이 접촉하고 있는 조직들과 연결하는 망을 갖는 것이다. 이를 위해서 사례관리에 대한 홍보물을 제작하여 배포하는 것도 중요하다.

## 2. 스크리닝(screening)

표적집단을 설정하게 되면 그 표적집단에서 사례관리서비스를 받을 수 있는지에 대한 대상자의 자격을 결정해야 한다. 이때 스크리닝(screening) 도구를 만들고, 그 항목들에 해당되지 않는 사람들을 정확하게 구분하는 것이 필요하며, 사례관리 목적과 목표에 따라 선별이 이루어진다.

## 3. 사정

스크리닝(screening)이 끝나면 Client는 사례관리 프로그램에 들어가게 된다. 이후에는 사례관리자가 Client의 과거에 있었던 보호과정을 사정하기 시작한다. 사정과정을 통해 개인의 신체적·인지적·정서적·사회적·경제적·종교적 상태에 대한 포괄적인 평가와 개인의 강점에 대한 평가가 이루어지게 된다.

양옥남 등(2006)은 한 사람의 사례관리자 혹은 사례관리팀에 의해 이루어지는 사정의 영역을 다음과 같이 제시하고 있다.

- 아동의 능력과 대인서비스 욕구에 대한 사정이다. 개인의 교육 정도와 취업 경험, 문제 해결능력, 개인적 자질과 성격, 물리적·재정적 자원 소유, 문제 해결에 대한 동기와 의지 등이 여기에 포함된다.
- 아동의 사회적 지원망과 구성원들이 아동의 욕구에 부응하는 능력을 갖고 있는가에 대한 사정으로, 비공식적 원조자들을 찾아내야 한다.

- 개별적 사정은 모든 서비스 활동과 같지만, 사례관리에서는 아동의 다양한 욕구를 충족시키기 위한 지역사회 자원개발과 활용이 강조된다.
- 대인서비스 제공자에 대한 사정과 이러한 제공자들이 아동의 욕구에 부응하는 능력을 갖고 있는가에 대한 사정으로, 아동의 욕구와 자원 제공자의 욕구가 일치하는지를 파악하는 것이 중요하다. 만약 일치하지 않는다면 이를 일치시킬 수 있는 방법을 사정하는 것이 중요하다.

## 4. 보호계획

사정이 완성된 다음에는 어떻게 해야 할까? 다음 단계로 Client의 신체적·기능적 상태, 정서적 상태와 재정적 상태, 가족의 협력 정도를 충분히 파악한 후 보호계획을 작성해야 한다.

Scharlach 외(1991)는 보호계획 작성의 기본 원칙을 다음과 같이 제시하고 있다.

- 보호계획은 전(前) 단계에서 시행한 Client의 포괄적인 사정에 바탕을 둔다.
- 보호계획 작성 시 Client나 가족구성원 등의 대리인이 그 과정에 참여한다.
- 보호계획은 이미 결정한 사례목표로 향하게 한다.
- 보호계획은 영속적인 것이 아니라 특정 기간의 계획이다.
- 보호계획은 공식적 서비스와 비공식적 서비스 등 모두가 포함된다.
- 보호계획은 Client나 가족의 재정적 부담을 고려해서 작성한다.
- 보호계획은 정형화된 계획용지로 문서화한다.

## 5. 서비스 조정과 실행

보호계획이 작성되고 나면 서비스를 Client와 연결하고 가격을 교섭한다. 일반적으로 Client나 그 가족들이 서비스를 직접 연결하기에는 시간, 지식 등의 역량이 부족하다. 따라서 전문가와의 서비스 조정은 사례관리에 있어서 매우 중요한 일이다.

## 6. 모니터링(monitoring)

보호계획이 실행되고 사례관리팀에 의해 Client가 서비스를 본격적으로 받기 시작하면 사례관리자가 초기에 작성하였던 보호계획의 적절성, Client의 상태 변화, 보호계획의 재조정 여부를 분석하기 위한 작업을 하는데, 이를 모니터링(monitoring)이라고 한다.

모니터링(monitoring)은 서비스 질을 점검하는 동시에 보호계획의 수정, 재사정, Client의 반응, 사례종결 등을 사례관리자가 평가하도록 하는 중요한 과정 중 하나이다. 모니터링에는 Client의 현재 욕구를 충족시키기에 현재의 서비스가 적합한 것인지를 점검하기 위해 사례관리자가 Client와 그 가족, 다른 서비스를 제공하는 제공자와 정기적으로 만나는 과정도 포함된다.

모니터링(monitoring)을 하기 위해 사례관리자가 할 수 있는 질문은 다음과 같다.

- Client의 상황이 변하고 있는가?
- 의뢰는 여전히 적절한가?
- 희망하는 결과가 달성되었는가?
- 만약 희망하는 결과가 달성되지 않았다면 희망하는 결과를 향한 진전은 있는가?

- 보호계획은 수정되어야 하는가?
- 사례는 종결되어야 하는가?

## 7. 재사정과 사후조사

재사정과 모니터링(monitoring)이 어떻게 다를까? 재사정은 상대적으로 모니터링보다 더 포괄적으로 깊이 관여한다. 모니터링은 지속적이지만, 재사정은 특정한 시간적 간격을 두고 시행된다. 일반적으로 사례관리 프로그램은 Client의 상태와 원래의 보호계획을 심사하는 사정과정을 반복한다. 재사정과 사후조사에서 보호계획이 앞으로도 순조롭게 진행되어 Client의 일상생활이 장래에도 문제없이 유지될 수 있다는 것이 확인되면 종결된다. 사례관리자는 Client의 능력, 자립 정도, 서비스를 적절하게 활용하고 있는 모습을 통해 Client와 함께 종결을 결정한다.

## 토론 및 토의

1. 아동복지의 기본 요소는 건강한 가정이다. 건강한 가정에서 건강한 아동이 태어난다.

   1) 그렇다면 건강한 가정이란 어떤 가정인지 설명해 보시오.

   2) 아동이 건강한 가정에서 행복하게 성장하기 위해 필요한 정책과 사회적 시스템에 대해 이야기해 보시오.

2. 가정폭력은 인간성을 말살시키고 가정을 붕괴시킨다.

   1) 주변에서 일어나는 가정폭력 사례를 들고, 서로 이야기해 보시오.

   2) 가정폭력을 예방하기 위한 정책과 사회적 시스템에 대해 이야기해 보시오.

08
CHAPTER

# 아동복지의 실천방법과 기술

몇 년 전쯤 초등학생의 시(그림 8-1 참조)가 사회적으로 큰 이슈가 된 적이 있다. 어떤 사람은 이 시대의 아버지들이 너무 불쌍하다느니 혹은 아이 교육을 어머니가 어떻게 시켜야 하냐느니, 혹은 요즘 아이들이 너무 이기적이라는 등 여러 가지 의견을 내 놓았다.

엄마가 있어서 좋다.
나를 예뻐해 주어서

냉장고가 있어서 좋다.
나에게 먹을 것을 주어서

강아지가 있어서 좋다.
나랑 놀아 주어서

아빠는 왜 있는지 모르겠다.

**[그림 8-1]** 초등학교 3학년의 시 '아빠는 왜'

출처: MBC(2010). '일요일 일요일 밤에 오늘을 즐겨라'.

아동에게 있어서 부모이기 때문에, 선생님이기 때문에 아동과 소통이 되리라 생각하면, 큰 오산이다. 그가 누구이기 때문에 아동이 그를 사랑하는 것이 아니다. 누구이기 때문이라서가 아니라 아동과 어떤 관계를 맺는가에 따른다. 또한, 그가 아동과 얼마나 의미 있는 시간을 얼마나 많이 공유했는가가 더 중요하다. "아빠에게 그런 말 하면 못써!"라는 질타를 우리는 흔히 하게 되지만 그것은 교육적이지도 않을뿐더러 아동에게 있어서는 훈육도 아닌 그저 공허한 소음에 불과하다.

아동복지의 실천방법과 기술은 매우 중요한 부분이다. 얼마나 노련하게 아동에게 다가가 아동과 소통할 수 있는가에 대해 알 수 있기 때문이다. 그러나 그

것보다 더 중요한 것은 아동과의 관계이다. Kadushin은 그의 저서 『The social work interview』에서 아동복지에 있어 중요한 기술은 인간관계를 형성하는 것이며 인간관계 형성의 첫 번째 조건이 듣기임을 강조하고 있다. 본 장에서는 이와 같은 실천기술과 관련된 아동가족상담, 부모교육, 코칭 등을 알아본다.

## 제1절 아동가족상담

부모가 기대하는 자녀의 모습은 어떤 걸까? 부모는 자녀의 행복을 누구보다 원하며 이를 위해 많은 투자와 희생을 아끼지 않는다. 그러나 지나친 부모의 사랑은 아동에게 있어 큰 짐이 되고 아동의 행복에 오히려 걸림돌이 된다. 사회적으로 크게 성공하여 영향력을 끼치는 아이들을 보면서 그 부모들의 용기에 대해 다시금 생각하게 된다. 자녀가 자신이 가고 싶은 길을 가도록 허락한다는 것이 부모에게는 큰 용기이고 결단이기 때문이다.

자녀와의 갈등으로 힘들어하는 부모들을 쉽게 보게 되는데 부모들은 다들 이렇게 말한다. "나 좋으라고 시킵니까? 다 본인 좋으라고 그러는 거지." 자녀가 행복한 삶을 살기를 바라는 부모의 마음은 다 같을 것이다. 자녀가 고생스럽더라도 어른이 되어 행복하길 바라는 마음에서 자녀를 압박하지만 이러한 부모의 강요가 현재 자녀의 안녕을 빼앗는 것에서 그치지 않고, 자녀의 마음에 분노만을 가득 차게 만든다는 것을 놓치기 십상이다.

괴로워하는 부모에게 가끔 이렇게 말하고 싶을 때가 있다. "부모님이 그렇게 걷게 하고자 하는 그 길만이 자녀를 행복하게 하는 길일까요?"

우리는 자녀의 미래가 어떻게 될지 모른다. 그러나 자신의 재능을 발견하고 자신이 하고 싶은 것을 스스로 해 나가면서 자신의 인생을 스스로 개척해 가는 삶이 건강하고 행복하다는 것을 안다. 부모는 자녀가 힘들까봐 인생을 스스로 헤쳐 나가려는 자녀를 그냥 내버려 두지 못할 뿐이다. 현대의 부모들에게는 자녀의 뒤에서, 혹은 옆에서 응원해 주며 바라봐 주고, 자녀 스스로 자신이 선택한 인생길을 가도록 놔 둘 수 있는 용기가 필요하다.

물론, 부모들도 변명의 여지는 있다. 급변하는 현대사회에서 부모가 된다는 것은 매우 힘든 과제가 아닐 수 없기 때문이다. 더욱이 넘치는 다양한 양육정보 앞에 부모들은 오히려 갈피를 못 잡고 어려움을 호소한다. 변화의 속도가 완만한 과거에는 결혼한 부부가 자녀를 낳고, 부모역할을 하는 것이 당연하고 자연스러운 일로 간주되어 왔기 때문에 특별한 훈련을 필요로 하지 않았지만, 현대사회에서의 부모역할은 다양하고 복잡하게 개인을 압박한다.

부모는 아동의 발달과정에서 가장 중요한 영향을 미친다. 부모의 적절하고도 효과적인 개입이 자녀의 성장·발달에 매우 중요한 변인으로 작용하므로 아동가족 상담 이전에 부모역할에 대한 올바른 정보를 부모들에게 줄 수 있는 사회적 시스템구축이 필요하다.

## 1. 아동가족상담의 개요

개인은 일생을 통해 근원가족(family of orientation)과 생식가족(family of procreation)의 2가지 유형의 가족을 경험하게 되는데 근원가족은 출생 후 부모와 함께 생활하는, 개인의 선택이 불가능한 가족의 형태이며 생식가족은 배우자를 스스로 선택함으로써 형성하게 되는 가족의 형태이다. 가족은 자녀의 사회화를 위한 일차적 훈육의 대상자이며 자녀의 성장과 발달에 미치는 영향이 장기적이고도 치명적이므로 행복하고 안정된 가족환경이 매우 중요하다.

따라서 가족이 잘 기능할 수 있도록 도움을 주는 것이 아동복지 전문가들의 매우 중요한 역할이 된다.

### 1) 가족에 대한 이해

가족의 문제에 효과적으로 접근하기 위해서는 다음의 몇 가지에 대한 이해가 요구된다.

#### (1) 전 생애적 관점과 가족주기 이해

가족의 발달은 학자마다 다른 의견을 보이기는 하지만 신혼부부기, 부모기, 학령전기 자녀기, 학령기 자녀기, 자녀 독립기, 노년기 등의 단계로 전개된다(정미현, 2008). 가족구성원들은 이러한 발달주기에 따라 변화하기 때문에 가족을 이해하기 위해서는 인생의 전 생애적 관점에서의 삶의 주기에 대해 먼저 이해해야 한다.

#### (2) 건강한 가족에 대한 이해

「건강가정기본법」 제3조 제3호에 의하면, 건강한 가족이란 가족구성원의 욕구가 충족되고 인간다운 삶이 보장되는 가족을 말한다. 이제, 변화하는 현대사회에서 가족의 역할은 시대가 요구하는 방향으로의 대전환이 필요하다. 따라서 가족의 현대적 기능과 의미 그리고 건강한 가족에 대한 개념설정이 명확히 세워져야 한다.

#### (3) 다양한 가족의 특성별 접근

한부모가족 등 역기능 가족의 아동은 발달단계에 있어 대체로 어려움을 겪고 있고 학업 중도포기, 낮은 학업 성취 등의 학업문제와 정서적·행동적 문제, 낮은 자존감 등의 문제를 겪는다(Hsieh & Shek, 2008). 따라서 빈곤가족, 이혼가족, 가정폭력에 노출된 가족, 미혼모가족, 한부모가족, 다문화가족, 재혼가족, 중독가족 등 다양한 가족의 특성별 원인과 대안에 대한 이해가 필요하다. 특히, 청소년 자녀를 둔 부모들은 부모-자녀관계에서 많은 어려움을 호소한다. 가족발달의 주기선상에서 이 시기의 부모는 물리적·경제적 힘과 통제의 상실, 그동안의 축적된 불신, 불안정한 애착 등과 관련된 어려움을 겪는다. 청소년기는 아동기에서 성인으로 넘어가는 과정에서 독립하고자 하는 마음과 의존하고자 하는 마음이 충돌하여 혼란을 겪게 되며, 정체감 확립과 혼미 사이에서 나름 고통스런 통증의 시간을 보내는 시기이다. 따라서 가족상담은 이러한 가족의 다양하고도 독특한 특성이 고려된 개별적 접근을 해야 할 필요가 있다.

#### (4) 가족체계 이해

가족상담 시 이해해야 할 또 하나의 중요한 사항은 가족의 문제를 해결하기 위해서는 가족 시스템 전체를 하나로 보고 접근해야 한다는 것이다. 아동에게 문제가 발생했을 경우, 아동상담만으로는 문제가 해결되기 어렵다. 가족은 하나의 체계이므로 가족상담으로 문제가 더 효과적으로 해결된다. 예를 들어 아동비만 문제로 상담을 할 경우 그 가족을 보면 가족 전체가 비만한 경우가 있다. 이는 그 가족의 식습관이 원인이 된 것이다. 아동의 정신적 병리현상에도 가족환경에서 원인을 찾을 수 있을 때가 많다.

### 2) 가족갈등에 대한 이해

대부분의 인간관계에서처럼 가족관계에서도 다양한 갈등이 발생한다. 특히 가족 간의 갈등은 개인의 생활에 큰 영향을 미칠 뿐 아니라 가장 치명적인 상처를 남기기도 한다.

가족 간의 갈등은 크게 기본적 갈등과 비기본적 갈등으로 나누어 볼 수 있다. 기본적 갈등은 부부애를 유지하고 생계유지를 위해 취업하며, 자녀를 양육하는 것과 같이 가족의 기능이나 가족의 기본적 역할과 관련된 갈등이다.

비기본적 갈등은 부부관계를 파괴하는 직접적 역할을 하지는 않는다. 직장을 옮긴다든지 이사를 하는 경우가 이에 속하게 되는데 이러한 갈등은 기본적 갈등과는 달리 타협의 여지가 비교적 많다.

가족 간의 갈등에서 나타날 수 있는 반응으로는 분노와 공격성을 들 수 있다. 분노는 경미한 짜증에서부터 다양한 수준의 강도로 나타난다. 높은 수준의 분노가 해결되지 않은 채 지속될 경우 가족들은 작은 자극에도 쉽게 분노하게 되므로 가족이 보이는 분노를 표출하는 공격적 수준이나 방법이 적절한지 그리고 분노를 감소시키는 방법들에 대해 가족들이 인식할 수 있도록 도움을 주어야 한다.

이러한 가족 간의 갈등에 대한 반응 유형도 개인마다 다르게 나타난다(Thomas & Kilman, 1974).

첫째, 회피적 유형은 자기주장도 낮고 협동심도 낮다. 가족에게 수용받지 못하고 관심받지 못하다고 인식하며, 본인도 가족 구성원의 요구에 귀를 기울이지 않는다.

둘째, 수용적 유형은 협동심 수준은 높고 자기주장은 낮다. 본인을 희생함으로써 타인에게 무엇인가 주려고 노심초사하며 뒤늦게 분개하기도 한다.

셋째, 절충적 유형은 협력적인 면과 자기주장적인 면을 반반씩 보이며 주고받기식 거래를 하는 유형으로, 거래에 있어 욕구충족이 되지 않을 경우 갈등이 발생하게 된다.

넷째, 경쟁적 유형은 자기주장적이고 비협력적이며 독재적이다.

다섯째, 협력적 유형은 자기주장도 높고 동시에 협력적이다. 양측 모두 win-win 할 때까지 문제를 해결하고자 노력한다. 이러한 방식은 때로 가족들로부터 많은 것을 요구한다는 비판을 들을 수 있다.

### 3) 아동가족상담의 단계

상담의 절차에 대해 알아보면 다음과 같다.

### (1) 문제 및 욕구 확인

어떠한 이유로 기관에 왔는지(문제), 무엇을 기대하는지(욕구)를 알아본다. 아동이 가진 문제의 성격에 따라 상담을 계속 진행할 수도 있고 관련된 다른 기관에 대한 정보를 제공해 줄 수 있다.

상담초기에는 저항이 나타날 수 있는데 아동의 저항은 말하기를 거부하고, 눈을 마주치지 않거나 문제가 없다고 부정하며, 적대적인 표정이나 행동을 보인다거나 책상 뒤에 숨는 등의 행동으로 나타날 수 있다. 상담과정에 아동을 참여시키기 위해서는 무엇보다 아동의 내적 동기와 흥미를 유발하고 이를 유지하는 것이 필요하다.

### (2) 조사단계

아동의 문제와 관련된 다양한 사실들을 수집하는 단계로서 아동 본인은 물론, 부모, 또래, 교사 등 여러 경로를 통해 다양한 정보를 수집한다. 아동은 자신의 어려움이나 문제 등을 표현하는 데 어려움을 겪을 수 있으므로 이때 부모가 중요한 정보원이 된다. 또한, 가족환경과 가족관계 및 아동의 성장과정 역시 중요한 정보가 된다.

### (3) 사정 및 계획단계

다양한 경로를 통해 수집된 자료들을 조직화하여 구체적인 개입의 우선순위를 결정하는 단계이다. 이때 아동 문제의 사정은 아동의 발달적 시각에서 접근해야 한다. 아동 개인의 발달과 관련된 문제들, 즉 선천적인 기형이나 장애가 있어서 의료적 지원이 필요한 신체적 발달상의 문제들이 있는지, 사회적·정서적·행동적 문제가 있는지, 환경에 대한 사정내용으로 폭력, 학대, 유기 등을 분류하는 것이 필요하다. 상호작용평가, 얼굴표정그림 등 여러 가지 검사 도구를 사용할 수 있다.

### (4) 개입단계

이 단계에서는 아동의 문제를 해결하는 데 필요한 다양한 치료 개입이 실행된다.

언어적인 상호작용에 미숙하고, 학대와 같은 심각한 외상을 경험한 어린 아동들에게는 놀이나 놀이치료, 미술치료, 음악치료 등을 활용한 치료를 적용할 수 있다.

#### ❶ 놀이치료

아동들의 생활은 대부분 놀이이며, 놀이는 아동에게 여러 가지 측면에서 영향을 미친다. 놀이는 스스로 동기화되기 때문에 결과보다는 과정 자체가 중요하며 놀이의 과정을 통해 아동들은 내적 욕구를 만족시킬 수 있다.

▲ 놀이치료실

#### ❷ 미술치료

미술치료는 미술활동을 통해 아동의 심리치료를 수행하는 것을 의미한다. 아동이 그림을 그릴 때는 의식적이든 무의식적이든 간에 아동의 신체적, 정서적, 인지적 발달의 수준과 성격, 사회적 배경 등이 반영된다.

### ❸ 음악치료

인간은 출생 전 태내에서 엄마 목소리의 선율과 심장박동 리듬의 영향을 받으며, 출생기 이후 성장과정에서도 다양한 음악적 환경에 놓여 있다. 음악치료는 주로 신체나 감각상의 장애를 가진 아동, 자폐아동 또는 지적장애 같은 발달장애아동을 대상으로 하는 경우가 많다.

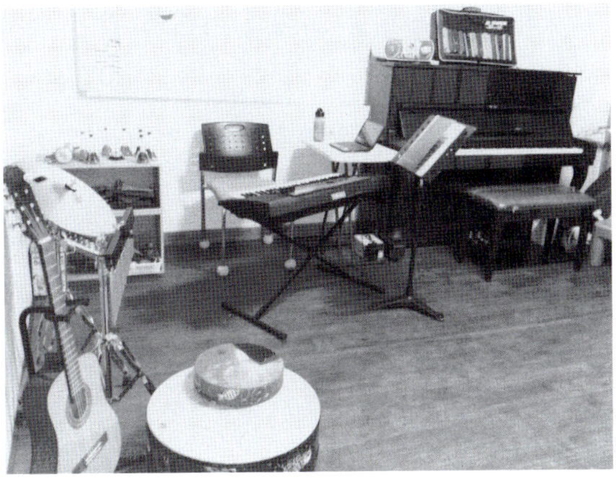

▲ 음악치료실

## 2. 아동가족상담의 기법

아동가족상담 시 사용될 수 있는 기법은 라포 형성하기, 경청하기, 주의집중하기, 비언어적 행동 이해하기, 공감하기, 반영하기, 가족조각기법, 재정의, 은유, 직면하기, 개방형 질문하기 등 많은 기법이 있다.

Kadushin은 그의 책에서 상담자와 내담자 간의 역동적으로 살아 움직이는 인지적·정서적·행동적 유대관계가 무엇보다 중요함을 강조하면서 그것을 관계(relationship)로 정의하고 있다. 만약 면접상에서 이러한 역동적으로 살아 움직이는 인지적·정서적·행동적 유대관계가 없다면 그것은 관계가 아니다. 그런데 이 관계는 사람들 사이를 연결해 주는 다리의 역할을 한다. 정서적 상호작용은 서로가 나누는 대화를 얼마나 매끄럽게 해 주는가 또는 얼마나 어렵게 만드는가를 결정한다. 따라서 상담의 초기 면접 상황에서 좋은 관계(positive relationship)를 맺는 것보다 더 중요한 것은 없다.

그러면 좋은 관계를 어떻게 형성할 것인가? Kadushin은 이러한 신뢰감을 형성할 수 있는 상담가의 태도나 행동에 대해 아래와 같이 제시하고 있다.

- 신뢰관계를 맺을 수 있는 상담가의 태도

존중하기(respectful), 수용하기(acceptance), 관심 갖기(interested), 공감하는(empathetic), 세심함(attentiveness), 돌봐주기(caring), 신뢰할 수 있는(trustworthy), 친절한(friendly), 진실한(genuine), 동정심(sympathetic), 따뜻한(warm), 염려해 주는(concerned)

- 신뢰관계를 맺는 데 걸림돌이 되게 하는 상담가의 태도

비난하기(critical), 참을성 없는(impatient), 자기중심적인(egotistical), 고집 센(opinionated), 냉담한(aloof), 무관심한(uninterested), 통제하려 하는(controlling), 독단적인(dogmatic), 권위적인(authoritarian), 판단하려 하는(judgmental), 무감각한(insensitive), 무례한(rude)

### 1) **존중하기**(respectful)

진실로 대하는 모습과 진실인 것처럼 행동하는 것은 구별된다. 어른뿐 아니라 아동 역시 금방 이를 알아챈다. 아동 개개인을 존중하는 것은 신뢰감을 형성하는 데 매우 유용하고도 효과적인 상담방법이다. 이러한 상담가의 태도는 아동으

로 하여금 '저 사람은 내 생각을 존중해 주고 내 감정을 인정해 주는구나.'라는 생각을 하게 한다.

존중의 태도로 반응하기의 예는 다음과 같다.

① 엄마가 소리쳤을 때 너의 감정은 어땠니?
② 네가 하고 싶어 하는 그 일에 대해 너는 어떤 생각을 하니?
③ 어떻게 생각하니?

반면, 같은 말이지만 존중하지 않는 태도로의 상담가의 반응은 다음과 같다.

① 내 생각에 그건 옳지 않은 것 같아.
② 그럼 네가 하고 싶어 하는 그걸 해라.
③ 그 일이 나쁜 일이라고 생각하지 않니?

### 2) 수용하기(acceptance)

아동상담 시 아동과 좋은 관계를 만들기 위해 특별히 무엇을 해야 할까? 그것은 아동을 판단하지 않고 그 자체로 인정하고 수용하는 자세이다. 아동의 감정을 있는 그대로 수용하는 것은 아동상담에 있어서 무엇보다 중요한 기법이다. 수용하기를 통해 아동은 상담에서 인정받고 존중받았다는 느낌을 가질 수 있다.

상담가로서의 수용적 반응의 예는 다음과 같다.

① 내가 너무 말이 많다고 생각하는구나(공감, 인정).
② 네가 필요하다고 생각하는 것을 가질 수 있도록 할 수 있어(격려).
③ 이것이 내가 할일이 아니라고 생각돼서 너는 슬프구나(공감, 감정수용).

위와 같은 말이지만 반대로 비수용적 반응으로 표현한 대화체로 바꾸어 제시하면 다음과 같다.

① 더 이상 묻지 않을 거야(냉담, 무관심).
② 나를 힘들게 하는구나(좌절, 포기, 비난).
③ 너를 도울 수 있다는 정보를 어떻게 주어야 할지 걱정이구나(참을성 없는, 무감각한).

### 3) 공감하기(empathic)

아동상담과정에서 공감하기는 가장 중요한 상담기법이다. 상담 시 아동의 생각과 느낌을 공감하는 것은 '내가 너와 함께 있어.'라는 느낌을 주어 아동으로 하여금 편안하고 따뜻한 기분을 들게 한다.

공감하기를 실천한 대화의 예를 들어보면 다음과 같다.

① 그래, 많이 실망했구나(공감).
② 상처가 됐구나(공감).
③ 그 상황이 많이 힘들었겠구나(공감).

반면, 같은 말이지만 공감하지 못한 잘못된 예를 들면 다음과 같다.

① 그것도 이해 못하는 거 보니 어린애 같구나(비난).
② 너의 엄마잖아(비난).
③ 다른 부모님들은 더 그래(비난).

### 4) 가족조각기법

가족조각기법이란 의사소통 촉진법으로 어느 한 시점을 선택하여 그 시점에서 대인관계와 타인에 대한 느낌 등을 동작과 공간을 사용하여 표현하는 비언어적 기법이다. 가족조각기법은 가족 내의 의사소통이 얼마나 유연한지, 개선할 수 있는지에 대한 정보를 얻고, 이를 통해 가족 내에서의 소속감, 융통성, 기능성 등을 파악할 수 있다.

〈표 8-1〉 가족조각기법의 단계

| 단계 | 내용 |
|---|---|
| 1단계 | 〈가족의 동의를 얻는 단계〉<br>• 상담자 → 어떠세요? 함께 참여해 보시겠어요? |
| 2단계 | 〈4가지 역기능적 의사소통을 표현해 보는 단계〉<br>• 위로자(쓰다듬어 보세요.)<br>• 비난자(손가락질해 보세요. 화난 표정을 지어 보세요.)<br>• 계산자(경직되고 딱딱한 표정을 지어 보세요.)<br>• 혼란자(무관심, 무표정하게 이쪽저쪽 보시고 왔다 갔다 하시고 하품해 보세요.)<br>• 균형자(이완된 편안한 모습, 눈 맞추기, 수용하는 모습)<br>→ 위로자, 비난자, 계산자, 혼란자, 균형자의 행동과 태도를 모든 가족이 실행해 본다. |
| 3단계 | 〈자신에게 맞는 의사소통 표현해 보기〉<br>• 상담자 → 본인의 평소 모습이라고 생각되는 모습은 어떤 것인가요?<br>• 아버지 → 저는 평소 이런 모습을 많이 한 것 같군요(위의 4가지 행동과 태도 중 평소 자신의 모습과 유사하다고 생각되는 모습을 표현해 본다).<br>• 어머니 → 저는 평소 이런 모습을 많이 한 것 같군요. |
| 4단계 | 〈활동 후 느낀 점 나누기〉<br>• 상담자 → 해 보시니까 어떤 느낌이 드시나요?<br>• 어머니 → 나는 비난자였군요. 늘 야단만 쳤네요.<br>• 아버지 → 나는 계산자였군요. |
| 5단계 | 〈조각가 선정 단계〉<br>• 가족 중 한 명이 조각가가 된다. 나머지 가족은 찰흙이 된다.<br>• 가족구성원 모두가 돌아가면서 조각가가 되어 본다. |

| 단계 | 내용 |
|---|---|
| 6단계 | 〈조각 단계〉<br>• 가족 중 한 명은 조각가가 되어 자신이 만들고 싶은 표정, 몸짓, 태도 등을 조각해 보고 조각가가 아닌 나머지 가족들은 찰흙인형이 되어 표정은 이렇게, 손 모양은 이렇게 조각가가 만드는 모습대로 한다. 조각가는 왜 그렇게 만드는지 말한다. |
| 7단계 | 〈감정을 나누는 단계〉<br>• 상담가→가족이 본인을 조각하는 동안 느낀 점을 이야기 해 보세요.<br>• 아버지→아내가 내게 원하는 것은 이런 건데 나는 늘 이렇게 행동했군요. |

▲ 가족캠프

출처: 의정부청소년수련관.

### 5) **빈 의자기법**(empty chair technique)

빈 의자기법은 사이코드라마에서 모티브를 가져온 기법으로 내담자가 느끼지 못한 감정을 자각하는 데 도움을 준다. 내담자 앞에 놓인 빈 의자에 내담자가 감정적 관계를 맺은 대상이 앉아 있다고 상상하게 하고, 내담자로 하여금 빈 의자에 앉아 있는 인물과 대화를 나누게 시킨 뒤, 그 상황에서 체험되는 감정을 자각할 수 있게 도와준다. 대화가 끝나면 역할을 바꾸어 이번엔 빈 의자에 앉아 있는 인물의 입장에서 자신과 대화를 나누게 시켜 상대편에 대한 자각과 이해도 함께 생기도록 도와준다.

# 제2절 교류분석

## 1. 교류분석(transactional analysis)의 개요

교류분석은 미국의 정신의학자 Eric Berne의 저서 『Games people play』를 통해 세상에 알려졌다. Freud는 성격의 구조를 id, ego, superego로 구분한 데 비해 Erik Berne은 어버이자아(parent ego), 어른자아(adult ego), 어린이자아(child ego)가 독립적으로 생성되었다고 보았다.

▲ Eric Berne(1910~1970)과 그의 저서[39)]

### 1) 교류분석 이론의 삶에 대한 기본입장

상호교류분석에서 핵심개념은 '스트로크(stroke)'이다. 'stroke'란 '쓰다듬다'라는 뜻으로 교류분석에서는 언어적, 비언어적인 모든 교류의 단위를 의미한다. 긍정적 스트로크(positive stroke)란 가볍게 등을 두들겨 주거나 칭찬하거나 인

39) Berne은 그의 저서 『Games people play』에서 인간은 모두 게임을 하며, 타인으로부터 인정받고자 하는 무의식적 욕구가 게임을 만든다고 말한다. 그의 책은 1964년도에 처음 출간된 이후 일상에서 벌어지는 심리게임을 이해하는 데 가장 흥미로운 책 중의 하나이다.

정하는 말을 해 주어 상대방이 스스로를 긍정적으로 인식(OK)하도록 도와준다. 부정적 스트로크(negative stroke)는 상대방에게 언어적 모욕을 가하거나 정강이를 걷어차거나 기분 나쁘게 해서 스스로를 부정적으로 인식(not OK)하도록 하는 것이다. 부모의 이러한 삶에서 아동에 대한 태도는 아동으로 하여금 삶에 대한 다음과 같은 4가지 형태의 태도를 형성하게 한다.

(1) **자기긍정-타인긍정**(I'm OK-You're OK)

자신에 대해 만족하고 다른 사람과의 관계를 편안하게 느끼는 건전한 입장이다. 이들은 자신의 느낌을 인식하고 표현하며 성장하고자 하는 내적 동기를 가지고 있다.

(2) **자기부정-타인긍정**(I'm not OK-You're OK)

이들은 타인과 비교하여 자신을 열등하게 인식한다. 다른 사람이 자신을 가치 있다고 인정해 줄 때 자존감이 생기기 때문에 이러한 삶의 태도를 가진 개인은 늘 타인의 손안에 있게 된다.

(3) **자기긍정-타인부정**(I'm OK-You're not OK)

이들은 타인을 부적절하고 가치 없는 사람으로 보려 한다. 쉽게 분노하고 타인을 멸시하고 무시하면서도 늘 은혜를 베푸는 입장에 있고자 하며 본질적으로 다른 사람에게 군림한다.

(4) **자기부정-타인부정**((I'm not OK-You're not OK)

인간관계에 대해 부정적이고 아무도 믿지 못한다. 심지어 자신도 믿지 못하고 늘 인생을 가치 없는 것이라고 본다.

## 2) 이론의 구조

개인의 인성은 어린이 자아상태(child ego state, C), 성인 자아상태(adult ego state, A), 부모 자아상태(parent ego state, P)라 불리는 3가지의 자아상태(ego state)로 되어 있다. 이 3개의 자아가 다른 사람과 교류할 때 사용된다. 교류의 형태는 다음과 같다.

### (1) 상보적 상호교류

상보교류(complementary transaction)는 의사소통이 부드럽게 진행된다. 예를 들어 부모-자녀 간의 대화에서, 부모가 어버이자아를 사용하여 딸의 어린이자아를 자극한 경우 딸이 어린이자아를 사용하여 부모의 어버이자아에 반응하면 아무 문제가 발생하지 않는다(부모 P → 자녀 C, 자녀 C → 부모 P)(그림 8-2).

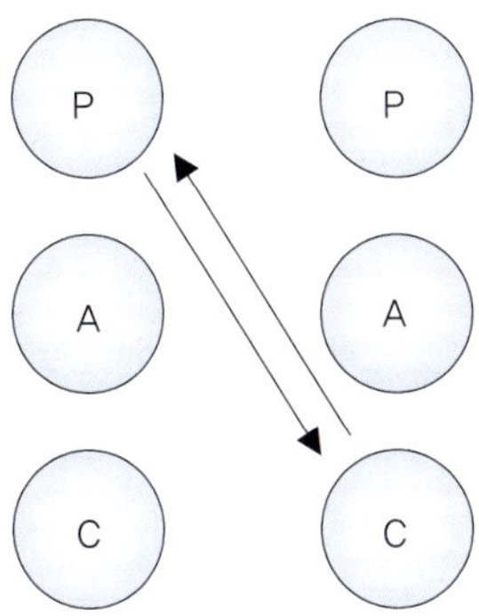


[그림 8-2] 상보교류

### (2) 교차교류

교차교류(crossed transaction)란 다른 사람이 의도하는 자아 상태와 일치하지 않아 의사소통이 중단되거나 분열되는 경우이다. 이 경우 문제가 발생한다. 예를 들어 "혹시 아빠 지갑 못 보았니?"라고 물었을 때 "못 봤어요."라고 대답하는 경우에 두 사람은 서로 중립적 정보만을 주고받아서 (A → A, A → A)가 된다.

그러나 "내가 어떻게 알아요, 그것도 제대로 안 두고 도대체 매일 왜 그러세요?" 이렇게 대답하면 한 사람은 (A → A)로 대화했지만 다른 사람은 (P → C)로 반응하게 되어 대화의 방향이 교차된다. 이를 교차교류라 한다.

[그림 8-3]은 한 사람이 "내 지갑 어디 있어? 왜 물건을 제대로 안 둬. 난 여기 뒀는데 남의 것을 왜 만지지?"라고 말하고 이 말에 대해 상대방은 "물건을 한 번도 제대로 정리하는 걸 못 보겠네. 도대체 왜 그래?"라고 답할 경우(P → C, P → C) 서로의 대화는 단절되고 어려움을 겪게 된다. 교차적 교류가 일어난 것이다.

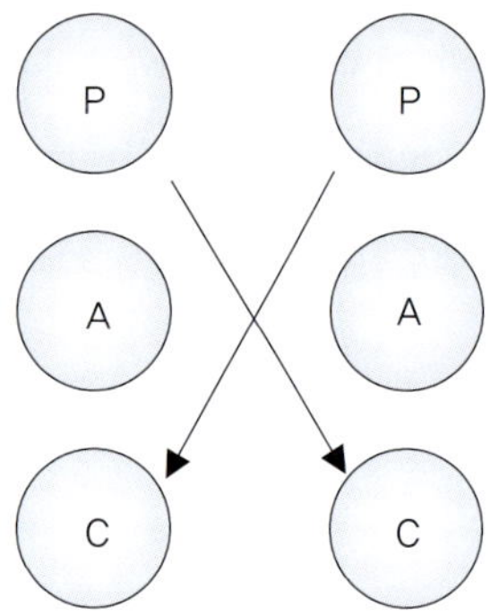


[그림 8-3] 교차교류

#### (3) 이면적 교류

이면교류(ulterior transaction)는 외적으로는 정상적인 교류가 일어난 것처럼 보이지만 그 이면에는 이중적인 메시지가 담겨 있을 때를 의미한다. 이중적 메시지는 억양, 몸짓 등으로 상대가 눈치를 채게 되며 서로 신뢰감이 무너진다. 예를 들어 한 사람이 "어머, 너 남자친구 멋지다."라고 이야기하고 상대방은 "그래 고맙다. 진짜 멋지지?"라고 했을 때 외면상으로는 상보교류이다. 두 사람의 대화는 매끄러워 보인다. 그러나 친구의 남자친구가 기대했던 것보다 멋지지 않다고 생각되어 그 마음속에 '만날 멋지다고 자랑하더니 뭐가 멋지다는 거지? 폭주족같이 생겼네!'라고 생각한다면 두 사람은 외형상으로는 웃고 있지만 서로에 대해 솔직하지 않다는 느낌을 가지게 되고, 이야기를 마치고 난 뒤 서로 꺼리침한 느낌을 가지게 된다.

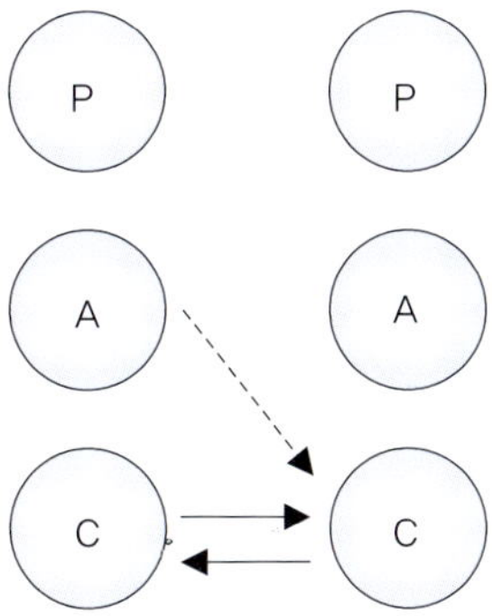


[그림 8-4] 이면교류

### 3) 게임의 법칙

Eric Berne은 그의 저서 『Games peoples play』를 통해 사람들은 삶 속에서 게임을 한다고 한다. 그러나 인간은 게임을 할 때 당사자도 전혀 게임의 동기와 목적을 알지 못한다. 게임에는 개인의 왜곡된 감정이 수반되므로 예측 가능한 결말이 있고, 왜곡된 삶에 대한 태도는 어릴 적 부모의 양육태도에 의해 형성이 된다. 게임은 애정이나 주목을 얻기 위해 행하는 왜곡된 수단이다. 사람은 성장하는 과정에서 애정을 학습하는데 가정에서 애정표현이 불가능할 때는 애정의 욕구가 왜곡되어 병적으로 왜곡된 대화의 수단으로 게임이 진행된다.

예를 들어 'Kick me(나를 차 주세요).'는 대표적인 게임의 수단이다. 정당한 방법으로 관심을 받지 못한 아이는 비정상적인 방법을 통해 상대의 관심을 얻게 되는 방법을 배운다. 'Kick me' 게임은 상대를 도발해서 자신을 벌하기 위한 게임이다.

## 2. 교류분석의 상담기법

교류분석(TA: transactional analysis)에서는 집단상담기법이 활용된다.

### 1) 라포형성기법

허용적이고 편안한 분위기를 조성하도록 한다. 이런 분위기 속에서 어린이자아(child ego)는 안정된 마음으로 상담에 임하게 된다. 이러한 상황에서 적절한 기술을 사용한다면 내담자의 자아상태나 게임 등을 바람직하게 수정할 수 있다.

### 2) 조작

상담의 구체적 기법으로 조작이 있는데 조작에는 질의, 특별반응, 직면, 설명, 실증, 확립, 해석, 종결 등의 8가지의 기술이 있다.

① 질의: 어른자아(A)가 기능하지 못한다고 여겨지면 어른자아로 반응할 때까지 질문하여 어른자아의 기능을 돕는다.

② 특별반응: 내담자의 특별한 행동에 대해 상담자와 내담자의 어른자아가 일치하는 경우가 있다. 즉, 내담자에 대한 어떤 정보를 특별히 분류하는 기법이다.

③ 직면: 내담자의 모순된 언행을 지적하여 이를 인지하도록 돕는다.

④ 설명: 내담자가 그렇게 행동하고 있는 이유에 대해 알려 준다.

⑤ 실증: 실제적 예를 제시하는 것이다. 이는 내담자의 어른자아기능을 정상상태로 안정시키기 위해 사용한다.

⑥ 확립: 일단 교정된 내담자의 행동이 원래의 행동으로 돌아가지 못하도록 막는 것을 의미한다.

⑦ 해석: 내담자 개인의 행동 이면에 숨은 이유를 내담자가 볼 수 있도록 돕

는 것이다.

⑧ 종결: 내담자가 인정받기 위해 사용해 왔던 게임을 포기하고 바람직한 의사소통을 하도록 돕는다.

### 3) 두 개의 의자기법(double chair technique)

두 개의 의자기법은 내담자가 부모에게서 받은 금지나 억압을 발견하고 인간관계에 있어 과거나 현재의 역할을 포함하여 자신의 자아상태, 의사거래, 게임, 생활각본에 도움을 주는 기법이다. 역할연기(role play)나 심리극(psychodrama)과 연결하여 활용할 수 있다.

# 제3절 코칭(coaching)

## 1. Coaching의 개요

코칭(coaching)이란 개인의 잠재력을 성장·발전하도록 돕고, 성공적인 지도자로 자신을 향상시키는 과정(조금옥 외, 2012)이며 개인의 변화와 발전을 지원하여 잠재력을 극대화시키고, 이를 통해 자기의 삶을 주도적으로 이끄는 리더로 성장시키는 파트너십 과정이다(도미향 외, 2008).

▲ John Gottman (1942~)

아이들이 부모와 어떻게 관계를 맺고, 부모가 아이들에게 어떠한 영향을 주는지에 관한 연구는 지금으로부터 40여 년 전의 '관계' 연구에서 비롯한다. 감정코칭은 아동의 감정을 이해해 주고 수용해 줌으로써 아동의 정서지능을 향상하는 좋은 방법 중의 하나이다. 감정코칭을 받은 아동은 생리학자들이 '미주신경 조절력'이라 부르는 '스스로를 달래는 신경학적인 능력'을 갖추고 있다. 감정코칭을 받은 아동은 감정코칭을 훈련받지 못한 아동보다 충동조절을 더 잘하며, 만족 지연 및 화가 났을 때의 부정적 감정도 다른 집단 아동보다 빨리 가라앉혔다(Gottman, 2013).

감정코칭이 할 수 있는 가장 중요한 일은 부모-자녀 간 커뮤니케이션 통로를 항상 열어 준다는 점이다. 아동이 감정코칭으로 얻은 효과는 평생을 간다. 아동은 슬플 때 슬픈 감정을 알려 주고, 무언가 부족하면 그게 무엇인지 알려 주며, 화가 나면 화가 났다는 것을 알려 주는 내면의 GPS(Global Positioning System: 위성항법장치)를 지니고 사는 것과 같다. GPS는 인생의 방향을 알려 주는 등대 역할을 한다. GPS는 인생을 살아가는 동안 여러 선택의 순간에서 자신의 생각과 일관된 선택을 하도록 돕는다.

아동과 교감하는 감정코칭 5단계를 살펴보면 다음과 같다.

### 1) 1단계: 아이의 감정 인식하기

감정코칭은 먼저 아이의 감정을 제대로 읽는 것이 중요하다. 아이의 행동에 숨은 감정을 잘 포착해야 한다. 키우던 물고기나 강아지가 죽거나 다쳤을 경우 아이의 슬픈 감정을 부모가 바르게 인식하고 이해하고 수용해 준다면 아이의 부정적 감정은 어느 정도 수그러진다. 그러나 감정이 부모나 교사로부터 수용되지 않는 상황이 지속적으로 반복된다면 아동은 마음의 상처를 입게 되어, 문을 쾅 닫고 방에 들어간다거나 갑자기 말이 없어지는 등의 행동을 표현하며 마음의 문도 닫아버린다. 키우던 물고기가 죽었을 때 "그거 봐라. 엄마가 뭐랬니? 물을 갈아 주랬지?" 혹은 "네가 키우겠다고 그래 놓고 이게 뭐니?"라는 식의 판단과 비판은 도움이 되지 않는 대화이다. "슬프구나." 혹은 "힘들구나."라고 우선 아동의 감정을 이해해 준다. 아동의 감정을 잘 이해하기 위해서는 '감정카드' 등으로 타인의 감정을 바르게 인식하는 훈련을 하면 도움이 된다.

### 2) 2단계: 감정적 순간을 가르침의 좋은 기회로 삼기

부모나 교사가 아이의 감정을 알아차리고 "화가 났구나!", "짜증이 났구나!", "억울하구나!"하고 감정을 이해해 주고 난 뒤, 문제를 해결해 가는 과정에서 감정코칭을 실시할 것인지 그냥 감정만을 알아주는 것으로 만족하고 넘어갈 것인지 선택하게 된다. 아동이 강한 감정을 보일 때가 감정코칭을 하기 좋은 때이다. 예를 들어 키우던 강아지가 죽었거나 동생과 크게 싸우거나 하는 일이 일어났을 때, 부모가 아이의 감정을 수용하고 공감해 주면 단단한 애착을 형성할 수 있다. "물고기가 죽어서 많이 슬프구나." 등으로 자녀의 마음을 읽어 준다. 그러고 나서 아이의 연령에 따라 "물고기가 왜 죽었지?"라고 물어보거나 "물을 갈아주지 않으니까 물고기가 죽었구나."라고 일러 줄 수 있다.

### 3) 3단계: 아이의 감정에 공감하고 경청하기

아이가 감정을 보일 때 잘 들어주고 공감해 주는 단계이다. 아이 스스로 자기 감정을 들여다보고 이야기할 수 있도록 해야 한다. 만약 아이가 "오늘 나 학교 안 가고 싶어."라고 말하면 대부분의 부모는 "왜?"라고 묻는다. 감정코칭법에서는 이럴 때 "네가 학교에 가고 싶지 않구나."라고 아이의 마음을 받아줘야 한다고 말한다. 그다음에 왜 그렇게 생각하는지 우회적으로 물어보면서 아이와의 대화를 끌어가는 것이 요령이다.

### 4) 4단계: 아이의 감정을 표현하도록 도와주기

감정은 여러 가지 색깔이 있다. 화가 나더라도 열등감으로 화가 날 수 있고, 자만심이나 경쟁심 때문에 결과가 좋지 않아 화가 날 수도 있다. 따라서 이런 감정들에 대해 정확하게 이름을 붙여 주는 작업이 필요하다. 만약 아동이 감정을 느끼는데 그것이 어떤 감정인지 잘 모른다면 현명하게 대처할 수 없다. 가능한 한 아이가 스스로 자기 감정을 표현할 단어를 찾도록 부모가 돕는 것이 좋다.

### 5) 5단계: 아이 스스로 문제를 해결할 수 있도록 하기

자녀의 감정을 읽어 주고 공감하고 감정에 이름을 붙였다면 마지막 단계에서는 함께 문제를 해결한다. 마지막 단계는 한계 정하기, 목표 확인하기, 해결책 찾아보기, 해결책 검토하기, 아이가 스스로 해결책을 선택하도록 돕기로 구성돼 있다. 감정을 받아 줘야 하지만 행동까지 다 받아 줘선 안 된다. 예를 들어 동생이 소중한 책을 찢어버려서 화가 났더라도 화난 감정은 수용하되 동생을 때리는 행동을 허용해서는 안 된다.

어른이 되어서도 사람들과 관계를 맺는 일에 서툰 사람들이 있다. 남을 잘 믿지 못하고 우정이나 친절 또는 관심을 거부하고 상처를 받을까 봐 두려워한다. 어렸을 때 정서교육이 부재한 탓 때문에 나타나는 모습이다. 부모에게 자주 야단을 맞고 상처를 받으면서 자란 아이들은 성인이 된 뒤에도 인간관계가 여전히 힘든 과제로 남는다. 가정에서 친밀한 감정 교류를 경험하지 못한 아이는 자라면서 사람들에게 마음을 열지 못한다. 사람들과 진실하게 관계 맺는 방법을 모르는 것이다.

정서지능은 개발될 수 있을까? 학자들은 절대적으로 그렇다고 말한다. Gottman 박사는 그 방법을 감정코칭이라고 명명하고 감정코칭을 위한 5단계를 제시했다.

① 1단계: 감정을 인식하는 단계

감정표현이 넘치지 않아도 감정에 대해 인식할 수 있다. 감정 인식이란 단순히 자신이 어떤 감정을 느끼고 있음을 깨닫고, 그때의 감정이 무엇인지 구분하며, 다른 사람들이 느끼는 감정을 민감하게 살피는 것이다.

② 2단계: 감정적 순간을 좋은 기회로 삼는 단계

부정적 경험들은 아이들과 공감대를 형성하며 감정을 다스리는 법을 가르칠 수 있는 좋은 기회를 만들어 준다. 자신의 감정을 이야기하고, 이해받았다고 느껴야 부정적 감정이 사라지기 때문에 아이의 부정적 감정이 고조되어 위험천만한 위기로 치닫기 전에 감정을 인정하는 것이 바람직하다. 감정이 격렬해지기 전에 해결하는 것이 위험부담은 줄이면서 문제 해결 기술을 연습할 수 있는 기회가 된다.

③ 3단계: 감정을 공감하고 경청하는 단계

아이의 눈높이에 맞추고 앉아서 긴장을 푼 상태로 집중해야 한다. 아이는 부모가 자신에게 얼마나 집중하는지를 보면서 마음을 열고 대화할 생각을 한다. 부모는 아이가 자신의 감정을 보여 줄 때 그 감정을 타당하게 생각하고 있다는 확신을 주어야 한다.

④ 4단계: 감정을 표현하도록 도와주는 단계

쉬우면서도 가장 중요한 단계이다. 감정에 이름을 붙이도록 한다. 화난, 슬픈, 두려운, 시샘하는 등의 단어를 이용해 형태가 없고 불편하게 느껴졌던 자신의 감정을 정의 내려 보고 받아들이게 한다. 감정에 이름 붙이기는 공감대 형성과 함께 이루어지도록 한다.

⑤ 5단계: 문제를 해결하도록 이끌어 주는 단계

- 한계 정하기: 문제는 감정이 아니라 잘못된 행동임을 아이가 깨닫도록 한다.
- 목표 확인하기: 직면한 문제와 관련해 무엇을 성취하고 싶은지 직접 묻는다.
- 해결책 모색하기: 부모가 전적으로 나서지 않고, 아이가 스스로 생각해 내도록 격려한다.
- 제안된 해결책을 가치관으로 평가하기: 아이가 제시한 해결책을 하나씩 살펴보고 어떤 방법을 시도할지 결정한다.

- 아이 스스로 해결책을 선택하도록 돕기: 한두 가지 방법을 선택해 시도하도록 한다. 부모의 의견과 지침을 제공하기 좋은 단계이다. 아이가 옳은 결정을 내리는 것도 중요하지만 실수를 통해서도 교훈을 얻는다는 사실을 알려 줘야 한다. 효과가 없는 해결방법을 선택했다면 효과가 없었던 이유를 아이가 분석하도록 유도한다.

지은이: EBS 〈엄마도 모르는 우리 아이의 정서지능〉 제작팀.
책 소개: 『내 아이를 위한 감정코칭』/ 존가트맨, 최성애·조벽공(한국경제신문).

## 2. Coaching의 기법

코칭의 기법에는 여러 가지가 있는데 그중 경청하기, 질문하기, 인정과 칭찬하기에 대해 알아본다.

### 1) 경청하기

경청하기는 참 쉬운 일이다. 조금만 신경을 쓰면 그렇다. 그러나 대부분의 사람은 경청하지 않는다. 놀랍게도 경청하기만 잘해도 많은 문제가 해결된다. 부모들은 자녀의 말을 잘 듣고 있는 것으로 착각하지만, 눈은 다른 곳을 향하고, 다른 일에 분주하며, 다른 생각을 하면서 자녀에게 계속 말하라고 한다. 아동은 금세 부모가 자신에게 관심이 없다는 것을 눈치 챈다. 영유아들은 부모의 바짓가랑이를 잡고 "엄마, 내 말 들어봐."를 외치지만 그것도 잠깐, 부모가 자녀에게 형식적으로 귀를 열었듯이 자녀도 곧 마음의 문을 닫게 된다. "애들이 말을 안 들어요.", "애들이 문을 잠가요."라고 부모는 절규한다.

코칭에서 경청은 매우 중요한 기법이다. 상대의 말을 잘 들음으로서 말하는 의도나 관점을 이해할 수 있고 말하는 사람의 감정을 알 수 있다. 효과적인 경청을 위해서는 공감해야 한다. 공감은 상대로 하여금 진심으로 이야기를 잘 들어주고 있다는 것을 확인시켜 준다. 눈을 바라보고, 고개를 끄덕이고, 미소를 지으며 진심으로 상대와 그 시간을 함께 한다. 경청의 걸림돌은 듣는 사람의 가치관, 경험, 교육, 선입견, 편견 등이다. 따라서 경청할 때의 바른 자세는 자신의 내부적인 소리를 모두 내려놓고 상대방에게 집중해야 한다.

- 그랬구나!
- 힘들었겠구나!
- 재밌다.
- 정말?
- 네 말은 이렇다는 거지?

### 2) 질문하기

코칭에서 질문은 핵심기법이다. 질문은 상대방을 성장시킬 수 있는 에너지와 동기를 부여한다. 질문은 미래지향적이며 답을 제시하지 않고 상대로부터 이끌어 낸다. 훈련된 좋은 질문은 자신을 돌아보게 하고 자신의 가능성을 스스로 발견하게 한다. 질문에는 개방형질문, 기적질문, 해결질문, 미래지향적 질문, 가설적 질문 등이 있다. 여기서는 개방형질문과 기적질문에 대해 소개한다.

#### (1) 개방형질문

개방형질문이란 대답하는 사람이 다양한 생각을 표현할 수 있도록 하는 질문이다. 개방형질문이란 '예/아니요'로 대답을 이끌어 내는 질문이 아니라 생각하게 하고 생각을 확장할 수 있도록 돕는 질문이다. '밥 먹었니?', '몇 살이니?'와 같은 질문은 폐쇄형질문이다. '너는 그것에 대해 어떻게 생각하니?', '너의 꿈은 무엇이니?', '10년 뒤의 너는 어떤 모습이기 원하니?' 이런 질문들은 상대의 무의식을 일깨우고 깊이 생각하게 한다.

개방형질문은 미래지향적 질문이다. 예를 들어 아동이 물을 엎질렀을 때 "왜 그랬니?"라고 하면 상대를 비난하는 느낌을 주어 상대방으로 하여금 변명하게끔 만든다. 그것은 과거에 얽매이게 하며 문제 해결이나 관계 개선에는 도움을 주지 못한다. 그러나 "어떻게 하면 좋을까?"라고 질문하면 아동으로 하여금 문제를 해결할 방법을 생각하게 하고 이는 결과적으로 아동에게 미래지향적 사고와 문제 해결력을 길러 주게 된다.

- 너는 어떻게 생각하니?
- 그것에 대해 어떤 느낌을 가지는지 이야기해 줄 수 있니?
- 그것이 너에게 어떤 의미가 있니?
- 어떻게 하면 좋겠니?
- 어떻게 하면 이 일을 잘 해결할 수 있을까?

#### (2) 기적질문

1980년대 이전만 해도 아이들은 미래의 꿈을 물어보면 마치 지금 그 꿈을 이루기라도 한 것처럼 얼굴에 미소를 가득 담고 큰 소리로 대답하곤 했다. 그러나 요즘 아동이나 청소년들에게 꿈을 물어보면 잘 대답하지 못하는 것을 많이 본다. 우울해하기까지 한다. 기껏 입을 열어 하는 말이 "꿈이 없어요."라고 대답하는 경우도 많다. 이 때문에 부모들은 매우 당황해하고 난처해한다. 기적질문은 이때 사용할 수 있는 질문이다. 참 이상하게도 이 질문을 하면 아동은 얼굴이 밝아지고 눈동자가 돌아가며, 생각을 해내고 대답을 하며 마침내 자신의 꿈이 무엇인지를 발견한다.

- 만약 기적이 일어난다면, 너에게 어떤 일이 일어난 것을 기적이라고 생각하니?
- 내일 아침 눈을 떴는데 기적이 일어났어. 너에게 어떤 변화가 일어나면 기적이라고 생각할 수 있니?
- 아무런 장애가 없다면 무엇을 가장 해보고 싶니?
- 시간과 돈이 충분하다면 무엇을 하고 싶니?

### 3) 인정과 칭찬하기

칭찬하기는 인간관계의 촉매제 역할을 하는 상담기법이다. 칭찬은 상대로 하여금 의욕을 이끌어 냄으로서 자신이 원하는 목표를 이루도록 달려 나가게 하는 윤활유이다. "칭찬은 고래도 춤추게 한다."라는 말이 있다. 그러나 칭찬에도 좋은 칭찬 방법과 그렇지 않은 칭찬이 있다. 좋은 칭찬이란 결과보다는 과정에 초점을 맞춘 칭찬이다. 100점 맞아서 받는 칭찬은 아동에게 독이 될 수 있다. 좋은 결과를 위해 나쁜 수단을 동원하는 일이 발생할 수도 있다. 혹은 100점을 받지 못할 것 같으면 아예 도전을 포기하게 되는 결과를 낳을 수도 있다. 과제를 해결하기 위해 최선을 다하는 아동의 노력과 과정을 칭찬하는 것이 좋다. 또한, 과제를 해결해 가는 과정 속에서 아동이 겪게 되는 긍정적이거나 부정적인 그때그때의 감정을 함께 공유하는 애정이 필요하며 어릴수록 잘하는 순간을 포착하여 즉각 칭찬하도록 한다.

- 열심히 노력하는구나.
- 너는 네가 맡은 일에 최선을 다하는구나.
- 책임 있게 행동하는 모습이 보기 좋구나.
- 열정적으로 참여하는 모습이 멋지구나.

## 토론 및 토의

1. 건강한 가족을 이루기 위해 가족구성원들이 노력해야 할 사항을 이야기해 보시오.

2. Eric Berne의 게임분석에 대하여 조사한 후 사례들과 연결 지어 이야기해 보시오.

3. 감정코칭 5단계를 이용하여 짝꿍과 코칭을 실행해 보시오.

### 감정인식훈련 활동

- 타인의 감정을 공감하고 감정을 바르게 인식할 수 있는 훈련을 해 보시오.

1) 4~6명이 한 조가 된다.
2) 순번을 정한다.
3) 첫 번째 순번인 사람이 먼저 이야기를 시작한다. 이야기의 주제는 정해져 있지 않고 이야기하는 사람은 3분 이상 이야기하도록 한다. 나머지 팀원들은 이야기를 잘 듣고 있다가 말하는 사람의 느낌을 포스트잇에 적어서 말한 사람에게 준다.
4) 말하는 사람은 자신이 이야기한 감정을 잘 표현한 포스트잇을 선택한다.
5) 나머지 팀원들은 말하는 사람이 선택한 포스트잇에 적힌 감정을 표현해 준다.
6) 두 번째의 순번인 사람이 이야기를 시작하고 다른 팀원은 모두 경청한다.

09
CHAPTER

# 아동학대와 시설아동보호

아동학대[40]는 신체적으로나 정신적인 측면에서 보호자를 포함한 성인이 아동의 건강과 복지를 해친다거나 정상적인 발달에 악영향을 끼칠 수 있는 폭력이나 가혹행위, 유기와 같은 행위를 의미한다. 아동학대는 아동의 생존과 발달에 영향을 미치는 중요한 사건이다. 장기간에 걸쳐 자행된 아동학대는 아동의 발달장애나 발달지체를 유발하는 요인이 될 수 있다(Weaver et al., 2005). 따라서 전통적으로 아동복지를 위한 서비스에서는 아동의 학대와 방임으로부터 아동을 보호하는 것이 주요한 목표가 되었다(Guterman & Taylor, 2005).

최근 아동의 유기, 상해, 살해 등 심각한 아동학대 사례가 대중매체를 통해 보도되면서 아동학대에 대한 사회적 인식의 변화와 사회적 개입의 필요성이 제기되어 왔다. 특히, 1998년 영훈이 남매 사건[41]을 계기로 아동학대법이 발의되어 2000년 개정된 「아동복지법」에서 정부의 개입 필요성 제기와 함께 학대아동에 대한 아동보호정책이 도입되면서 우리나라 학대아동보호정책도 조금씩 발전했다. 그러나 여전히 사회 곳곳에서는 "내 자식을 내가 때리는데 너희가 무슨 상관이냐?" 하는 막무가내식의 뻔뻔함과 무지함 그리고 지나친 부모권의 보장에 따른 사회적 묵인과 함께 여전히 아동학대에 대한 사회적 인식은 전반적으로 미흡한 실정이다. 또한, 아동학대에 대한 학대아동보호정책과 아동보호전문기관의 운영 역시 개선해야 할 점이 많다. 본 장에서는 아동학대와 아동보호에 대해 알아본다.

40) 아동학대 신고 및 상담전화: 129(보건복지콜센터), 1577-1391(전국아동보호전문기관), 112, 119
41) 1998년 친부와 계모가 5살 영훈(가명)이 남매를 학대·살해하여 13세 누나는 사망하고 영훈이는 영양실조 상태로 발견되었다. 이후 영훈이는 위탁입양과 파양을 경험하며 정상적 가정생활 적응에 어려움을 겪었다.

## 제1절 아동학대

아동학대란 보호자를 포함한 성인이 아동의 건강 또는 복지를 해치거나 정상적인 발달을 저해할 수 있는 신체적·정신적·성적 폭력이나 가혹행위를 하는 것과 아동의 보호자가 아동을 유기하거나 방임하는 것을 말한다(「아동복지법」 제3조 제7호). 아동학대는 양육에 책임을 지고 있거나 신뢰관계에 있거나 권위를 가진 사람에 의한 모든 형태의 가혹한 처사, 성학대, 방임, 보호태만, 착취의 결과로서 아동의 건강, 생존, 발달 및 존엄성에 실제적인 해를 끼치거나 그러할 가능성을 초래한 것이라 정의된다.

### 1. 아동학대 유형

아동학대에는 신체학대, 정서학대, 성적 학대, 방임(유기) 등이 포함된다. 유형별 건수를 보면 중복학대가 3,015건(47.1%), 방임 1,713건(26.8%), 정서학대 936건(14.6%), 신체학대 461건(7.2%), 성학대 278건(4.3%)의 순으로 나타났다(보건복지부·중앙아동보호전문기관, 2012).

#### 1) 신체적 학대(physical abuse)

신체적 학대는 아동에게 구타, 폭력 등으로 신체적 손상을 입히는 것을 말하는데, 각 문화에 따라 신체적 처벌의 허용 정도가 다르다. 우리나라에서는 가정 내에서 이루어지는 거의 대부분의 체벌을 허용하는 분위기였다. 하지만 비록 부모나 보호자가 훈육을 목적으로 체벌을 가한다 하여도 아동에게 신체적 손상을 입히는 체벌은 신체적 학대라고 할 수 있다.

신체적 학대는 부모-자녀관계와도 관련이 있다. 긍정적이고 원만한 관계에 있는 부모는 자녀를 신체적으로 덜 학대하는 것으로 보인다(Guterman & Taylor, 2005). 이러한 신체적 학대는 아동에게 우울감, 불안장애, 인격 장애 등 정신질환(mental disorder)을 유발한다(Afifi et al., 2012).

아동학대, 최대 무기징역…친권 박탈 가능

▲ 계모의 학대로 숨진 고(故) 이서현 양의 49재를 맞아 서울시청 앞 서울광장에서 '계모학대 사망 고(故) 이서현 49재 추모행사'가 열렸다.

출처: 여성신문(2013. 12. 14). 이정실 사진기자.

### 2) 정서적 학대(emotional abuse)

정서적 학대는 정신적, 심리적 학대로서 언어적인 협박, 경멸을 통해 수치심을 주거나 적대적이고 거부적인 차별로 모독감을 주는 행위이다. 정서적 학대를 오래도록 받아 온 아들이 평소 자신을 형과 비교하며 비난하고 모욕을 주었던 부모를 살해하고 사체를 유기하는 사건도 우리는 보게 된다. 이처럼 지속해서 정서적 학대를 받게 되는 아동은 인격이 파괴되고 정상적인 사고와 판단을 할 수 없게 된다.

부모를 살해한 청소년이 아무 일이 없다는 듯 사체를 집안에 방치하고 학교를 계속 다니는 사건이 어떻게 가능할까? 이는 몇십 년 동안 지속해서 자행되어 온 정서적 학대로 말미암아 아동의 자아가 정신적, 심리적으로 분리되었기 때문이다. 다시 말하면, 아동은 부모를 살해한 자아와 학교에 다니고 있는 자아를 전혀 별개의 것으로 인식하고 행동하기에 이른 것이다.

한 연구에 의하면, 권위주의적 양육유형(authoritarian parenting)을 보이는 부모에게서 자란 아동은 그렇지 않은 아동보다 화, 우울감, 문제행동 등을 더 많이 일으키는 것으로 나타났다(Smitha & Mooreb, 2013). 이러한 결과는 훈육 시 자녀를 판단, 비판, 억압, 지시 등의 의사소통 양식을 많이 사용하는 정서적 학대를 하게 되는 부모 유형에 기인한다. 즉, 권위주의적 양육유형을 보이는 부모에 기인한다.

▲비현실적 기대와 강요가 빚은 참극[42)]

출처: SBS뉴스(2011. 11. 24).

"우리 사회에서 공부만 잘해라. 뭐든 용서해 준다!"라는 말이 있다. 이는 너무도 위험한 말이다. 아동을 따뜻하게 공유할 가슴이 없는 냉혈한으로 키우겠다는 선포다. 따뜻한 말 한마디, 진심으로 자녀를 이해하고 수용하는 태도를 부모와

---

42) 모의고사에서 4,000등(상위 1%) 안에 드는 우수한 학생이 "전국 1등을 하라."는 어머니의 압박을 견디지 못하여 어머니를 살해하고 안방에 사체를 8개월간 방치함

교사가 가져야 한다. 아동이 잘나고 멋져서 이해해 주고 사랑해 주는 것이 아니라 못난 그대로, 그 모습 그대로 사랑해 주고 이해해 주는 것, 그것이 사랑이다. 만약 어떤 교사가 "저 애는 주는 것 없이 미워!"라는 말을 한다면, 그 순간 그는 교사로서의 자격이 없다. 아동의 장점을 발견하고 자라게 할 수 있는 교사의 역량을 키우기 위해 훈련해야 한다. 공부만을 가르치는 교사가 아니라 사랑도 주는 교사가 되어야 한다.

### 3) 성적 학대(sexual abuse)

성적 학대는 성인이 아동에게 자신의 성적 신체 부위를 접촉하거나 성관계를 맺는 것을 포함한다. 성기노출, 성추행, 성폭행, 매춘, 포르노 매체에 출연시키거나 보게 하는 것 등이 이에 포함된다.

성학대는 공개되기 어려운 점이 있기 때문에 광범하게 자행되고 있음에도 데이터를 정확히 구하기 어렵다. 주로 은밀하게 이루어져서 사안이 심각할 경우 혹은 수차례 성적 학대가 지속해서 이루어진 후에 뒤늦게 알려지게 되는 특성을 가진다(Ceci & Shuman, 2013). 그러나 성적 학대의 후유증은 너무 심각해서 성적 학대를 당한 아동은 평생 그 후유증을 안고 산다. 어린 시절 사촌오빠로부터 성폭행을 당한 여성이 40년이나 지나 장년기에 이르러 사촌오빠를 찾아가 살해했다는 예는 일반적으로 아이가 너무 어려서 기억 못 할 것으로 생각하는 보통의 생각과는 달리 치유하지 않으면 평생 피해자에게 올가미가 되어 결과적으로 한 인간의 사고와 행동을 비정상으로 이끌 수 있다는 것을 보여 준다.

### 4) 방임(neglect)

방임은 아동의 보호자가 아동을 유기하거나 방임하는 행위로서 물리적 방임, 교육적 방임, 의료적 방임, 유기 등으로 나눌 수 있다.

물리적 방임은 기본적 의식주를 제공하지 않는 행위, 상해와 위험으로부터 아동을 보호하지 않는 행위 등이며, 교육적 방임은 학교에 보내지 않거나 아동의 무단결석을 허용하는 행위 등이며, 의료적 방임은 필요한 의료적 처치를 하지 않는 행위, 예방 접종을 실시하지 않는 행위 등이며 유기는 보호하지 않고 버리는 행위, 병원에 입원시키고 사라진 경우 등이다. 방임에 해당되는 행위를 하게 되면 5년 이하의 징역 또는 3천만 원 이하의 벌금에 처한다(보건복지부, 2012)[43].

▲ 고양시 세 자매 사건[44]

출처: SBS뉴스(2013), 보건복지부 재인용.

## 2. 아동학대자로서 부모의 특성과 피해자로서의 아동의 특성

아동학대는 가해자가 피해자를 완전히 지배한다. '말썽을 부려서', '말을 듣지 않아서'라는 등의 꼬투리를 잡아 자녀의 문제를 지적하기 때문에 겉으로는 아동에게 문제가 있어 보인다. 가해자인 부모는 아동에게 문제가 있다고 말하지만 실상 문제의 원인은 가해자에 있다. 본인의 열등감, 분노 등을 아동에게 쏟는

43) 보건복지부·중앙아동보호전문기관(2012). 전국아동학대현황보고서.
44) 경기도 고양시의 한 다가구 주택 지하 단칸방에서 세 자매는 영양실조 상태에서 발견되었다. 난방이 되지 않는 집에서 생활하며 세 자매 모두 학교를 중퇴한 상태였고 막내는 하반신 마비 증세를 보였다.

것이다. 원인이 가해자에게 있으므로 아동학대 폭력에 대한 악순환의 고리를 아동이 끊는 것은 거의 불가능하다. 우리 사회가 아동의 영혼을 말살하는 폭력이라는 악순환의 고리를 끊어 주는 감시자의 역할을 해야 하는 이유다.

학대자로서의 특성과 피해자로서 아동의 특성 및 가해자의 일반 특성을 살펴보면 다음과 같다.

### 1) 아동학대 피해자로서 아동의 특성

#### (1) 성별

여아가 남아보다 피해사례가 더 많았다. 이는 성학대가 포함된 결과인 것으로 보인다. 남아의 경우에는 신체적 학대에 더 많이 노출되어 있었고 정서적 학대가 그 뒤를 이었다(Sedlak et al., 2010). 2012년도 아동보호전문기관으로 신고·접수된 사례 중 피해아동의 성별을 보면 남아가 2,368건(37%), 여아가 4,035건(63%)으로 나타났다(보건복지부·중앙아동보호전문기관, 2012).

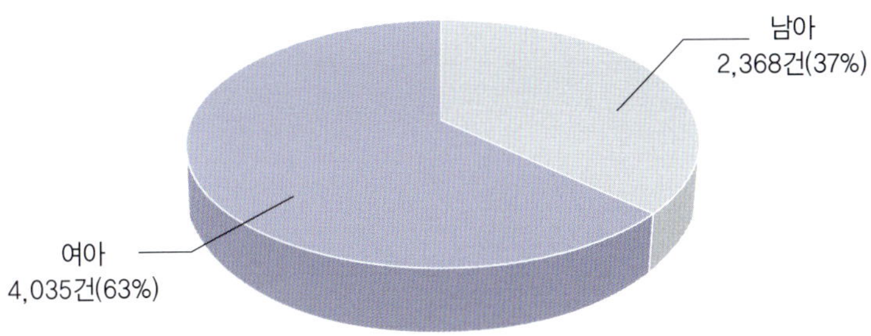


[그림 9-1] 성별에 따른 아동학대 피해사례

#### (2) 연령

어릴수록 학대의 위험이 높았는데 이는 어린 영아의 부정적 감정을 다룰 수 없는 미숙한 부모들에 의해 일어난다. 아동이 어릴수록 학대의 피해는 사망이나 장애에 이르는 등 치명적이다(Sedlak et al., 2010). 우리나라의 경우에는 연령을 살펴보면 13~15세 아동이 전체의 22.7%로 가장 많았다(보건복지부·중앙아동보호전문기관, 2012).

〈표 9-1〉 피해 아동의 연령

| 연령 | 1세 미만 | 1~3세 | 4~6세 | 7~9세 | 10~12세 | 13~15세 | 16~17세 |
|---|---|---|---|---|---|---|---|
| 건수<br>(비율) | 338<br>(5.3) | 742<br>(11.6) | 874<br>(13.6) | 1,075<br>(16.8) | 1,446<br>(22.6) | 1,452<br>(22.7) | 476<br>(7.4) |

출처: 보건복지부·중앙아동보호전문기관(2012).

### (3) 장애 여부

장애가 있을수록 성학대와 정서학대의 위험이 높았다. 신체적 학대는 큰 차이가 없었다(Sedlak et al., 2010). 우리나라의 경우에도 장애가 있을 경우 아동학대의 위험이 더 높았다.

〈표 9-2〉 피해 아동 특성

| 특성 | | 건수(비율) |
|---|---|---|
| 장애 | 신체적 장애 | 68(0.4) |
| | 정신적 장애 | 188(1.2) |
| | 장애 의심 | 220(1.4) |
| 소계 | | 476(3.0) |
| 정서·정신 건강 | 주의산만 | 747(4.7) |
| | 과잉행동 | 350(2.2) |
| | 인터넷(게임) 중독 | 210(1.3) |
| | 불안 | 1,140(7.2) |
| | 애착문제 | 597(3.8) |
| | 무력감 | 497(3.1) |
| | 우울 | 549(3.5) |
| | 낮은 자아존중감 | 674(4.3) |
| | 성격 및 기질문제 | 371(2.3) |
| | 탐식 및 결식 | 276(1.7) |
| 소계 | | 5,411(34.3) |

| 특성 | | 건수(비율) |
|---|---|---|
| 적응·행동 | 반항·충동·공격성 | 742(4.7) |
| | 거짓말 | 528(3.3) |
| | 도벽 | 376(2.4) |
| | 가출 | 558(3.5) |
| | 약물·흡연·음주 | 506(3.2) |
| | 성문제 | 166(1.1) |
| | 학교 부적응 | 563(3.6) |
| | 잦은 결석 | 479(3.0) |
| | 늦은 귀가 | 349(2.2) |
| | 학습문제 | 679(4.3) |
| | 폭력행동 | 245(1.6) |
| | 비행집단활동 | 136(0.9) |
| | 불건전한 또래관계 | 163(1.0) |
| | 대인관계 기피 | 184(1.2) |
| 소계 | | 5,674(35.9) |
| 발달·신체 건강 | 신체발달 지연 | 219(1.4) |
| | 언어문제 | 461(2.9) |
| | 영양결핍 | 191(1.2) |
| | 대소변문제 | 101(0.6) |
| | 위생문제 | 705(4.5) |
| | 틱(음성, 신체, 뚜렛) | 33(0.2) |
| | 잦은 병치레 | 110(0.7) |
| | 주요 병력 | 139(0.9) |
| 소 계 | | 1,959(12.4) |
| 전과력 | 보안처분 | 6(0.0) |
| | 형사처벌 | 2(0.0) |
| 소계 | | 8(0.1) |
| 특성 없음 | | 1,985(12.6) |
| 기타 | | 281(1.8) |
| 계 | | 15,974(100.0) |

출처: 보건복지부·중앙아동보호전문기관(2012).

### 2) 아동학대 가해자로서 부모의 특성

#### (1) 부모의 고용(parent employment)

부모의 직업이 있는지 없는지가 아동학대의 유무를 가르는 중요한 요인이었는데 부모의 직업이 없는 경우가 아동학대와 연관이 높았다. 직업이 있는 경우에서도 풀타임(full time)보다 파트타임(part time) 직업을 가진 경우가 아동학대와 관련이 높았다.

#### (2) 사회경제적 지위(socioeconomic states)

사회경제적 지위에 따라서는 사회경제적 지위가 낮을수록 그리고 빈곤계층일 경우에 아동학대의 빈도가 높았다.

#### (3) 조부모양육(grandparents as caregivers)

조부모가 있거나 조부모가 양육에 참여할 경우 아동학대의 비율이 낮았다.

#### (4) 가족구성원의 수(family size)

가족구성원의 수가 많을수록, 즉 자녀의 수가 많을수록 학대 혹은 방임, 신체, 정서학대가 심했다. 가족구성원의 수와 학대의 사례가 반드시 정비례하는 것은 아니었지만 자녀의 수가 많을수록 학대사례가 많았다.

### 3) 가해자의 일반적 특성

#### (1) 가해자(perpetrators)와 아동과의 관계

가해자와 아동과의 관계를 살펴보면 생물학적 부모가 모든 아동학대 피해의 81%로 월등하게 많고 그중 신체학대가 71%로 나타났다. 학대로 사망하는 경우는 방임에 의한 사망이 80%로 가장 높았다.

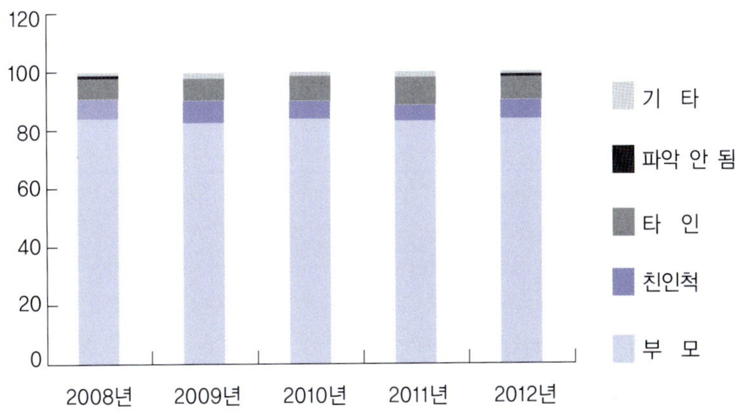


[그림 9-2] 연도별 아동학대 추이

출처: 보건복지부(2012).

### (2) 가해자의 성별

국외의 경우에는 전체 가해자 중 여성이 68%로 남성의 48%보다 높았다. 방임학대는 여성이 86%, 남성이 38%인 반면 성학대는 남성이 87%, 여성이 11%로 나타났다(Sedlak et al., 2010). 우리나라의 경우에는 2012년 조사에서 여성이 2,769(43.2%), 남성이 3,613(56.4%)으로 남성이 여성보다 1.3배 많은 것으로 나타났다(보건복지부·중앙아동보호전문기관, 2012).

### (3) 가해자의 연령

연령은 26세 이하가 11%로 좀 더 나이든 다른 부모의 연령에 비해 가해자의 비율이 더 많았다. 백인과 흑인의 차이는 거의 없었다(Sedlak et al., 2010). 우리나라의 경우에는 40대가 가장 많고 그다음으로 30대가 많은 것으로 나타났다(보건복지부·중앙아동보호전문기관, 2012).

〈표 9-3〉 가해자의 연령

| 가해자 연령 | 19세 이하 | 20~29세 | 30~39세 | 40~49세 | 50~59세 | 60~69세 | 70세~ 파악 안 됨 | 계 |
|---|---|---|---|---|---|---|---|---|
| 건수 (비율) | 39 (0.6) | 614 (9.6) | 2,040 (31.9) | 2,586 (40.4) | 757 (11.8) | 177 (2.8) | 190 (3.0) | 6,403 (100.0) |

출처: 보건복지부·중앙아동보호전문기관(2012).

### (4) 아동학대 가해 요인

가해자로 하여금 아동학대를 하게 하는 기타 요인으로 알코올 음용 빈도(alcohol use)가 높을수록, 약물남용이 높을수록, 정신적으로 건강하지 않을수록 아동학대의 빈도가 높았다. 우리나라의 조사에서도 학대행위자의 직업유형에서 무직이 총건수의 37%로 가장 높게 나타났다. 학대 장소는 가정 내가 5,567건(86.9%)으로 가장 높았다.

## 3. 아동학대 현황

아동학대의 유형에서 단일학대 유형은 방임, 정서, 신체, 성, 유기의 순이며, 단일학대와 비교할 때 중복학대가 전체 5,685건 중 2,238건으로 더 높았다. 학대자와 피해아동의 관계는 친부가 2,867건으로 가장 많았고, 친모 1,605건, 조부모 230건, 시설종사자 197건으로 아동을 가까이 보호하는 사람일수록 학대가 더 많이 자행되고 있음이 나타났다.

〈표 9-4〉 아동학대 유형

| 학대 유형 | 방임 | 정서 | 신체 | 성 | 유기 | 중복 |
|---|---|---|---|---|---|---|
| 사례 수 | 2,025 | 778 | 338 | 274 | 32 | 2,238 |

출처: 보건복지부(2012).

〈표 9-5〉 학대자와 피해아동과의 관계

| 관계 | 부모 | | | | | | 조부모 | 친인척 | 형제 | 부모 동거인 | 교사 및 강사 | 이웃 | 시설 종사자 | 낯선 사람 | 파악 안 됨 | 기타 |
|---|---|---|---|---|---|---|---|---|---|---|---|---|---|---|---|---|
| | 친부 | 친모 | 계부 | 계모 | 양부 | 양모 | | | | | | | | | | |
| 사례 수 | 2,867 | 1,605 | 75 | 161 | 15 | 11 | 230 | 141 | 16 | 88 | 37 | 76 | 197 | 76 | 5 | 103 |

출처: 보건복지부(2012).

## 4. 아동학대 신고의무와 교육

### 1) 아동학대 신고의무자

「아동복지법」에 따르면 아동학대 신고의무자는 아동학대를 발견 시 즉시 아동보호전문기관이나 수사관에 신고해야 한다(제25조 제2항). 만약 아동학대를 신고하지 않을 경우에는 300만 원 이하의 과태료가 부과된다(제75조 제2항). 아동학대 신고의무자는 다음과 같다.

#### (1) 교사 직군

보육교직원, 유치원교직원 및 강사, 초·중등교직원, 전문상담교사나 학원 및 교습소 종사자

#### (2) 의료인 직군

의료인, 의료기사, 구급대 대원, 응급구조사, 정신보건센터 종사자

#### (3) 시설종사자 및 공무원 직군

가정위탁지원센터 종사자, 아동복지시설 종사자, 아동복지전담공무원, 사회복지 전담공무원 등 사회복지시설 종사자, 장애인복지시설 종사자, 가정폭력 관련 상담소 및 가정폭력피해자보호시설 종사자, 건강가정지원센터 종사자, 다문화가족지원센터 종사자, 성매매피해자 지원시설이나 성매매피해 상담소 종사자, 성폭력피해상담소와 성폭력피해자보호시설 종사자, 청소년시설이나 단체의 종사자, 청소년보호센터 및 재활센터 종사자, 한부모가족 복지시설 종사자

### 2) 아동학대 신고의무교육

아동과 관련된 업무에 종사하는 모든 사람들은 아동학대 신고의 의무가 있지만 본인이 아동학대 신고의무가 있는지 모르는 경우가 많다. 따라서 정부와 지자체에서는 이러한 교육에 힘써야 한다. 그러나 정부의 신고의무교육 실적은 매우 낮은 것으로 나타났다.

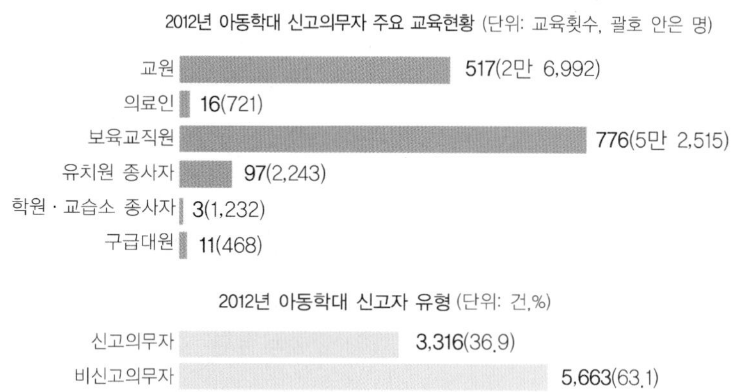


[그림 9-3] 아동학대 신고의무자 주요 교육 현황

출처: 보건복지부·중앙아동보호전문기관(2012).

## 5. 아동학대특례법 개정

새롭게 개정되는 특례법에서는 가볍게 처벌되던 기존과 달리 '아동학대치사죄'와 '아동학대중상해죄'를 신설하며, 무기 또는 5년 이상의 징역으로 형벌 부과가 가능해졌다.

| 시행 전 | 시행 후 |
|---|---|
| 「형법」상 '학대치사죄' 적용 시, 3년 이상의 유기징역으로 처벌<br>(※ 집행유예 가능) | 「아동학대범죄의 처벌 등에 관한 특례법」상 '아동학대치사죄'를 적용, 무기 또는 5년 이상의 징역으로 처벌<br>(※ 별도 감경사유가 없는 이상 집행유예 불가) |

또한 아동학대 신고를 받게 되면 학대아동에 대한 조사만을 시행했던 기존과 달리 학대자의 친권 행사 권한을 임시적으로 최대 4개월까지 제한 및 정지하면서 아동을 보호할 수 있도록 했다. 다만 가정 내에서 이루어질 수 있는 선의 사건이라고 판단이 되면 보호관찰, 치료, 상담과 같은 보호처분을 통하여 아동과의 관계 개선에 도움을 줄 수 있게 되었다.

| 시행 전 | 시행 후 |
|---|---|
| '울주 아동학대 사망 사건'의 경우 신고를 받고 아동보호전문기관이 출동했음에도, 피해아동에 대한 조사만 행해지고, 계모에 대한 제재조치가 결여되어, 아동 사망의 결과를 초래 | 피해아동에 대한 응급조치결과서를 토대로 계모에 대한 격리, 접근 금지, 친권 행사 제한, 상담위탁 등 임시조치로 피해아동 보호 및 학대행위자 제재 |

| 시행 전 | 시행 후 |
|---|---|
| 아동보호전문기관이 아동을 보호하는 중에도 친권자가 친권을 행사, 아동을 데리고 가는 것을 막지 못하여, 추후 재범 우려 | 아동학대행위자에 대한 임시조치로서 최장 4개월까지 친권 행사를 제한하여 친권자인 학대행위자로부터 아동을 보호 |

## 제2절 시설아동보호

모든 아동은 가정에서 성장·발달하는 것이 가장 바람직하지만 가정에서 성장할 수 없는 상황에 있는 아동들을 위해 입양이나 위탁의 방법을 사용하고 입양이나 위탁 역시 불가능한 경우 시설에서 보호하도록 한다. 2014년도 일부 개정된 「아동복지법」 제3조에 의하면 보호대상아동이란 보호자가 없거나 보호자로부터 이탈된 아동 또는 보호자가 아동을 학대하는 경우 등 그 보호자가 아동을 양육하기에 적당하지 아니하거나 양육할 능력이 없는 경우의 아동을 말한다.

아동양육시설에서 생활하는 아동은 예전에는 주로 부모가 없는 고아였지만 최근에는 부모가 생존해 있어도 학대, 유기, 실직, 가족해체 등의 이유로 양육시설에서 생활하는 아동의 수가 크게 증가하고 있다.

▲ Nicholas James Vujicic (1982~)

시설보호아동은 발생특성상 자존감이 낮고 우울하며 자기주장이나 자아통제 정서조망능력이 낮아 또래관계나 대인관계에서 어려움을 겪는다. 따라서 시설보호아동을 위한 자아존중감, 삶에 대한 동기부여를 위한 프로그램 등이 필요하다. 아동은 자신이 부모로부터 버림받았으므로 세상에서도 자신을 싫어할 것이라고 생각하기 때문에 자존감이 낮다. 그러나 인간은 누구나 고귀하며 그 자체로 귀한 존재이다. 한 가지 예로 Nick은 팔다리가 없이 태어났지만 행복전도사로 세상을 돌며 사람들에게 행복과 희망을 전한다. 이 세상에 태어난 아기 중 Nick만큼 힘든 조건에 처한 아기도 없을 것이다.

부모는 건강한 가정환경을 자녀에게 제공해 주어야 하지만 그렇지 못한 아동에게 교사와 사회가 아동이 혼자가 아니며 그들 모두가 귀하고 소중하고 나름의 귀한 재능과 내적 역량이 있음을 심어 주어야 한다.

Ohshiro(2005)는 대리양육(child care institution)을 받고 있는 아동이 부모들에게 버림을 받았다고 여기고 이런 생각은 그들로 하여금 정서적·행동적 문제를 일으킨다고 하였다. 대리양육을 받는 아동(institutional care)이 부모와 긍정적 관계를 맺을 경우 심리적으로 잘 적응하는 것으로 나타났다.

## 1. 시설보호사업

시설아동보호사업은 도움을 필요로 하는 아동 중 대리양육, 위탁 등 가정보호사업의 대상으로 적합하지 않은 아동을 대상으로 하는 사업이며 부모로부터 보호를 받지 못하는 아동의 경우 부모의 양육을 대신하는 대리적 서비스로서 가정이 아닌 시설이라는 공간에서 보호가 이루어진다. 시설아동보호는 과거에는 부모가 없는 고아를 대상으로 집단으로 수용하는 형태였으나, 오늘날에는 단순히 수용하는 차원을 넘어 아동의 성장과 발달을 지원하고 모색하는 것을 목적으로 하여 소규모집단 보호를 중점으로 사업이 전개되고 있다(보건복지부, 2004).

「아동복지법」 제52조 제1항에 규정된 아동복지시설의 종류는 다음과 같으며, 같은 조 제2항에 따라 아동복지시설은 통합하여 설치할 수 있다. 또한, 아동복지시설은 각 시설 고유의 목적 사업을 해치지 아니하고 시설별 설치기준 및 운영기준을 충족하는 경우 아동가정지원사업, 아동주간보호사업, 아동전문상담사업, 학대아동보호사업, 공동생활가정사업을 추가로 할 수 있다(같은 조 제2항과 제3항).

### 1) 아동양육시설

아동양육시설이란 보호대상아동을 입소시켜 보호, 양육 및 취업훈련, 자립지원 서비스 등을 제공하는 것을 목적으로 하는 시설을 말한다.

### 2) 아동일시보호시설

아동일시보호시설이란 보호대상아동을 일시보호하고 아동에 대한 향후의 양육대책수립 및 보호조치를 행하는 것을 목적으로 하는 시설을 말한다.

### 3) 아동보호치료시설

아동보호치료시설이란 아동에게 보호 및 치료 서비스를 제공하는 다음 2가지 시설을 말한다. 첫째, 불량행위를 하거나 불량행위를 할 우려가 있는 아동으로서 보호자가 없거나 친권자나 후견인이 입소를 신청한 아동 또는 가정법원, 지방법원소년부지원에서 보호·위탁된 19세 미만인 사람을 입소시켜 치료와 선도를 통하여 건전한 사회인으로 육성하는 것을 목적으로 하는 시설이다. 둘째, 정서적·행동적 장애로 인하여 어려움을 겪고 있는 아동 또는 학대로 인하여 부모로부터 일시 격리되어 치료받을 필요가 있는 아동을 보호·치료하는 시설이다.

### 4) 공동생활가정

공동생활가정이란 보호대상아동에게 가정과 같은 주거여건과 보호, 양육, 자립지원 서비스를 제공하는 것을 목적으로 하는 시설을 말한다.

### 5) 자립지원시설

자립지원시설이란 아동복지시설에서 퇴소한 사람에게 취업준비기간 또는 취업 후 일정 기간 동안 보호함으로써 자립을 지원하는 것을 목적으로 하는 시설이다.

### 6) 아동상담소

아동상담소란 아동과 그 가족의 문제에 관한 상담, 치료, 예방 및 연구 등을 목적으로 하는 시설을 말한다.

### 7) 아동전용시설

아동전용시설이란 어린이공원, 어린이놀이터, 아동회관, 체육·연극·영화·과학실험전시시설, 아동휴게숙박시설, 야영장 등 아동에게 건전한 놀이·오락, 그 밖의 각종 편의를 제공하여 심신의 건강유지와 복지 증진에 필요한 서비스를 제공하는 것을 목적으로 하는 시설을 말한다.

### 8) 지역아동센터

지역아동센터란 지역사회 아동의 보호·교육, 건전한 놀이와 오락의 제공, 보호자와 지역사회의 연계 등 아동의 건전육성을 위하여 종합적인 아동복지서비스를 제공하는 시설을 말한다.

### 9) 아동보호전문기관

아동보호전문기관이란 다음의 업무, 즉 ① 아동학대 신고·접수, 현장조사 및 응급보호, ② 피해아동 상담·조사를 위한 진술녹화실 설치·운영, ③ 피해아동, 피해아동의 가족 및 아동학대행위자를 위한 상담·치료 및 교육, ④ 아동학대예방 교육 및 홍보, ⑤ 피해아동 가정의 사후관리, ⑥ 자체사례회의 운영 및 아동학대사례전문위원회의 설치·운영, ⑦ 그 밖에 대통령령으로 정하는 아동학대예방사업과 관련된 업무를 수행하는 기관을 말한다.

### 10) 같은 법 제48조에 따른 가정위탁지원센터

가정위탁지원센터란 다음의 업무, 즉 ① 가정위탁사업의 홍보 및 가정위탁을 하고자 하는 가정의 발굴, ② 가정위탁을 하고자 하는 가정에 대한 조사 및 가정위탁대상 아동에 대한 상담, ③ 가정위탁을 하고자 하는 사람과 위탁가정 부모에 대한 교육, ④ 위탁가정의 사례관리, ⑤ 친부모 가정으로의 복귀 지원, ⑥ 가정위탁 아동의 자립계획 및 사례 관리, ⑦ 관할 구역 내 가정위탁 관련 정보 제공, ⑧ 그 밖에 대통령령으로 정하는 가정위탁과 관련된 업무를 수행하는 기관을 말한다.

#### 11) 같은 법 제10조의 2에 따른 아동권리보장원

아동권리보장원이란 다음의 업무, 즉 ① 아동정책 수립을 위한 자료 개발 및 정책 분석, ② 같은 법 제7조의 기본계획 수립 및 제8조 제2항의 시행계획 평가 지원, ③ 같은 법 제10조의 위원회 운영 지원, ④ 같은 법 제11조의 2의 아동정책영향평가 지원, ⑤ 같은 법 제15조, 제15조의 2, 제15조의 3, 제16조, 제16조의 2의 아동보호서비스에 대한 기술지원, ⑥ 아동학대의 예방과 방지를 위한 같은 법 제22조 제3항 각 호의 업무, ⑦ 가정위탁사업 활성화 등을 위한 제48조 제6항의 업무, ⑧ 지역 아동복지사업 및 아동복지시설의 원활한 운영을 위한 지원, ⑨ 「입양특례법」에 따른 국내입양 활성화 및 입양 사후관리를 위한, 입양아동·가족정보 및 친가족 찾기에 필요한 통합데이터베이스 운영, 입양아동의 데이터베이스 구축 및 연계, 국내외 입양정책 및 서비스에 관한 조사·연구, 입양 관련 국제협력 업무, ⑩ 아동 관련 조사 및 통계 구축, ⑪ 아동 관련 교육 및 홍보, ⑫ 아동 관련 해외정책 조사 및 사례분석, ⑬ 그 밖에 이 법 또는 다른 법령에 따라 보건복지부장관, 국가 또는 지방자치단체로부터 위탁받은 업무를 수행하는 기관을 말한다.

## 2. 아동복지시설 현황과 입·퇴소 절차

### 1) 아동복지시설 현황

보건복지부(2013)에 따르면 아동복지시설의 현황은 다음의 표와 같다.

〈표 9-6〉 아동복지시설 현황

| 연도 | 양육 시설 | 직업훈련 시설 | 보호치료 시설 | 자립지원 시설 | 일시보호 시설 | 종합 시설 | 계 |
|---|---|---|---|---|---|---|---|
| 2010 | 238 | 2 | 11 | 12 | 14 | 3 | 281 |
| 2011 | 242 | 1 | 10 | 12 | 12 | 3 | 280 |
| 2012 | 243 | – | 11 | 12 | 12 | 3 | 281 |

주: 보호시설을 갖춘 아동상담소에 대하여 종합시설로 분류함
출처: 보건복지부(2013).

〈표 9-7〉 전국 아동보호전문기관 현황

| 시·도 | 서울 | 부산 | 대구 | 인천 | 광주 | 대전 | 울산 | 경기 | 강원 | 충북 | 충남 | 전북 | 전남 | 경북 | 경남 | 제주 | 계 |
|---|---|---|---|---|---|---|---|---|---|---|---|---|---|---|---|---|---|
| 계 | 9 | 2 | 1 | 2 | 1 | 1 | 1 | 8 | 3 | 4 | 2 | 3 | 3 | 4 | 2 | 2 | 48 |
| 중앙 | 1 | | | | | | | | | | | | | | | | 1 |
| 시·도 | 2 | 1 | 1 | 1 | 1 | 1 | 1 | 2 | 2 | 2 | 1 | 1 | 1 | 1 | 1 | 1 | 20 |
| 시·군·구 | 6 | 1 | | 1 | | | | 6 | 1 | 2 | 1 | 2 | 2 | 3 | 1 | 1 | 27 |

출처: 보건복지부(2013).

### 2) 아동복지시설 보호기간 및 입·퇴소 절차

① 아동복지시설의 보호기간은 3개월 이내이며 필요시 1회 연장이 가능하다.

② **입소 절차**

- 아동일시보호소: 기아 발생 → 경찰서 신고 → 구(군) 입소 의뢰 → 입소
- 아동양육시설: 보호필요아동 발생 → 입소 신청(지자체) → 구(군) 승인 → 입소

③ **아동복지시설 퇴소 절차**

- 아동일시보호소: 보호자 확인 시 인도, 보호기관 만료 시 타 시설로 전출을 결정한다.
- 아동양육시설: 보호자 신청 혹은 보호목적 달성이나 보호기간 만료 시 구(군) 승인으로 결정한다.

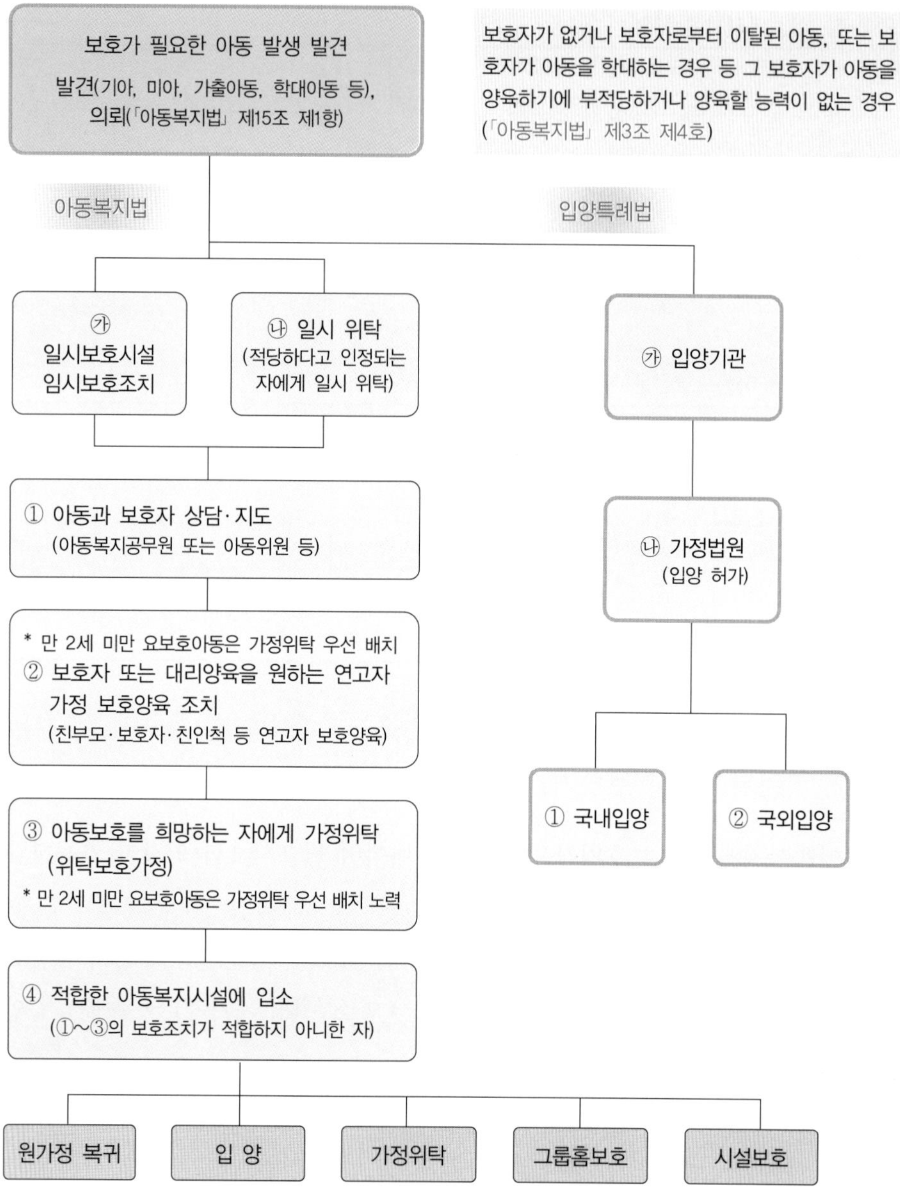


[그림 9-4] 보호아동 발생 시 업무처리 흐름도

출처: 보건복지부(2013).

## 3. 보호시설사업의 종류와 운영

아동복지시설은 각 시설 고유의 목적을 해치지 아니하고 각 시설별 설치기준 및 운영기준을 충족하는 경우 다음의 사업을 추가로 실시할 수 있다(「아동복지법」 제52조 제3항).

### 1) 아동복지시설사업의 종류

#### (1) 아동가정지원사업

아동가정지원사업이란 지역사회아동의 건전한 발달을 위하여 아동, 가정, 지역주민에게 상담, 조언 및 정보를 제공하여 주는 사업이다.

#### (2) 아동주간보호사업

아동주간보호사업이란 부득이한 사유로 가정에서 낮 동안 보호를 받을 수 없는 아동을 대상으로 개별적인 보호와 교육을 통하여 아동의 건전한 성장을 도모하는 사업이다.

#### (3) 아동전문상담사업

아동전문상담사업이란 학교부적응아동 등을 대상으로 올바른 인격형성을 위한 상담, 치료 및 학교폭력예방을 실시하는 사업이다.

#### (4) 학대아동보호사업

학대아동보호사업이란 학대아동의 발견, 보호, 치료 및 아동학대의 예방 등을 전문적으로 실시하는 사업이다.

#### (5) 공동생활가정사업

공동생활가정사업이란 보호대상아동에게 가정과 같은 주거여건과 보호를 제공하는 것을 목적으로 하는 사업이다.

#### (6) 방과 후 아동지도사업

방과 후 아동지도 사업이란 저소득층 아동을 대상으로 방과 후 개별적인 보호와 교육을 통하여 건전한 인격형성을 목적으로 하는 사업이다.

### 2) 아동복지시설의 운영

#### (1) 입·퇴소 및 아동관리

① 아동복지시설은 보호자가 없거나 보호자로부터 이탈된 아동, 학대받은 아동 등 아동양육시설 및 일시보호시설의 입소 대상자를 보호하고 관리한다. 또한, 시설 퇴소 아동 중 취업 준비 중인 18~24세 이하인 아동 등 자립지원시설 입소 대상자를 보호한다.

② 후원자 발굴 및 후원금 관리: 시설장은 지역사회 내에서 복지사 및 후원자를 발굴하고 자원봉사인력 개발에 힘쓰며 아동 1인과 후원자가 결연을 맺을 수 있도록 주선한다.

③ 긴급아동양육 실시: 부모의 이혼, 별거, 불화, 사용불량 등 가정 내 문제로 긴급보호가 필요한 아동을 보호하고 양육한다.

#### (2) 시설기준

아동복지시설은 50m 주위에 「청소년보호법」에 의한 유해업소가 없는 곳에 설치하여야 한다. 시설의 설비기준은 아래 표와 같다.

〈표 9-8〉 아동복지시설기준

| 구분 | | 개정 전 (2012. 8. 4. 이전) | 개정 후 (2012. 8. 5. 이후) | 적용 시기 | |
|---|---|---|---|---|---|
| | | | | 기존시설 | 신규 설치시설 |
| 아동 1명당 거실 실제 면적 | | 3.3㎡ 이상 | 6.6㎡ 이상 | 2015. 8. 6. | 2012. 8. 5. |
| 침실 1개당 정원 | | 6명 이하 | 3명 이하 | 2015. 8. 6. | 2012. 8. 5. |
| 아동양육시설, 아동일시보호시설 | | 놀이터 165㎡ 이상 설치 | 삭제 | 2012. 8. 5. | 2012. 8. 5. |
| | | 심리검사·치료실 미설치 | 16.5㎡ 이상의 심리검사·치료실 설치 | 2015. 8. 6. | 2012. 8. 5. |
| 아동상담소 | | 사무실, 자료실 또는 대기실 미설치 | • 사무실: 16.5㎡ 이상<br>• 자료실 또는 대기실: 16.5㎡(30명 이상 시설만 해당 | 2015. 8. 6. | 2012. 8. 5. |

* 「아동복지법 시행규칙」 부칙 제2조 및 〈별표 1〉 참조.
출처: 보건복지부(2013).

### (3) 종사자 배치기준

아동복지시설 종사자의 배치기준은 아래 표와 같다.

〈표 9-9〉 종사자 배치기준

| 직종별 | 법정기준 | 비고 |
|---|---|---|
| 시설장 | • 시설당 1명 | 종전 규정(2012. 8. 4. 이전)에 설치된 아동복지시설은 2015. 8. 6.까지 연령별 배치기준에 적합하게 종사자 배치 |
| 사무국장 | • 아동 30명 이상 시설당 1명(자립지원시설은 10명 이상 1명)<br>* 공동생활가정, 아동전용시설, 지역아동센터 해당 없음 | |
| 상담지도원 | • 양육, 일시보호, 상담소는 필요인원<br>• 자립지원시설은 아동 10명 미만 1명, 아동 10명 이상~30명 미만 2명, 아동 30명 이상 3명 | |
| 임상심리상담원 | • 양육, 일시보호, 상담소는 30명 이상 1명<br>• 보호치료시설은 시설당 1명 | |

| 직종별 | 법정기준 | 비고 |
|---|---|---|
| 보육사 | • 0~2세까지 아동 2명당 1명<br>• 3~6세까지 아동 5명당 1명<br>• 7세 이상 아동 7명당 1명<br>* 자립지원시설, 아동상담소, 아동전용시설, 지역아동센터 해당 없음 | |
| 생활복지사 | • 양육, 일시보호, 보호치료는 30명 이상 1명<br>* 양육시설 일시보호시설은 30명 초과 시 1명 추가<br>• 10명 이상 전용시설은 필요인원<br>• 지역아동센터는 30명 이상 2명(50명 초과 시 1명 추가), 10명 이상 1명 | |
| 간호사 | • 양육, 일시보호, 보호치료, 상담소 30명 이상 1명 | |
| 직업훈련교사 | • 양육, 보호치료시설은 필요인원 | |
| 조리원 | • 양육, 일시보호, 보호치료시설은 10명 이상 1명(30명 초과 시 1명 추가) | |
| 위생원 | • 양육, 일시보호시설은 30명 이상 1명 | |
| 안전관리원 | • 보호치료시설은 30명 이상 2명(40명 이상 4명), 전용시설은 30명 이상 1명 | |
| 영양사 | • 양육, 일시보호, 보호치료시설은 30명 이상 1명<br>• 지역아동센터는 50명 이상 1명 | |
| 사무원 | • 양육, 일시보호, 보호치료는 10명 이상 1명<br>• 자립, 상담소, 전용시설은 30명 이상 1명 | |
| 자립지원전담요원 | • 양육, 보호치료시설은 10명 이상 1명, 자립지원시설은 30명 이상 1명<br>* 양육시설은 100명 초과 시 1명 추가<br>• 공동생활가정은 필요인원 | |

출처: 보건복지부(2013).

## 토론 및 토의

1. 다음 상자 안의 기사를 읽고 서로의 의견을 제시해 보시오.

• 당시 여론은 아동에게 가족을 유지할 수 있는 권리를 주기 원했기 때문에 아버지는 교도소에 가지 않았다. 아들의 손가락을 자른 아버지에게 정상참작이 되었어야 했는가? 결과를 모른다는 가정하에 이야기해 보시오.

> 마산 손가락 절단사건은 보험금을 노린 아버지가 초등학생인 자녀의 손가락을 자른 사건이다. 여론은 생활고에 시달린 가여운 아버지와 아들을 돕기 위해 십시일반 후원금을 모아서 이들을 후원했고, 아버지는 여론을 등에 업고 교도소에도 가지 않았다. 하지만 아버지는 술로 후원금을 탕진했고 아들은 성장하여 아버지와 연락을 끊고 살고 있다.

2. 여러분이 Nicholas James Vujicic라면 어떻게 했을까? 이 사례를 통해 부모로서 혹은 교사로서 얻을 수 있는 교훈은 무엇인가? 아동에게 어떤 가치를 심어줄 것인가에 대해 이야기해 보시오.

3. 자신이 가고 싶은 아동복지시설 한 곳을 정해 방문하고, 그 결과를 다른 학생들과 비교·분석하여 설명하시오.

10 CHAPTER

# 영유아보육

영유아기의 아동을 위한 보육은 영유아의 전인적 발달을 위해 영유아의 발달에 적합한 보호와 교육서비스를 제공하는 것이다. 보육은 저소득층 및 맞벌이 가정의 아동을 위해 부모의 역할을 대신하는 선별주의에서 출발하여 현재는 보육서비스를 원하는 모든 영유아에게 서비스를 제공하는 보편주의적 아동복지로 변화되었다. 본 장에서는 영유아보육서비스와 방과 후 보호서비스에 대해 살펴본다.

## 제1절 영유아보육서비스

영유아보육서비스는 영유아기 아동에게 직접적으로 행해지는 서비스이지만 서비스의 효과 및 영향 측면에서 보면, 아동뿐 아니라 부모 그리고 사회 및 국가적 측면으로 그 의미를 찾아볼 수 있다. 여기서는 보육의 개념과 목적 및 의의, 발달과 유형, 현황과 과제를 살펴본다.

### 1. 보육의 개념과 의의

#### 1) 보육의 개념

보육은 부모의 보호역할을 보완하는 성격에서 시작됐다. 그러나 점차적으로 부모의 다양한 요구와 필요에 의해 교육이 강조되어 현재는 보호와 교육을 포함하는 의미로 정의되고 있다. 1961년 제정된 「아동복리법」은 1981년에 「아동복지법」으로 전문 개정되었는데, 개정된 「아동복지법」에 의하면 아동복지는 요보호 상태의 아동에 대한 보호만이 아니라 모든 아동의 건전한 육성을 포함하고 있다. 아동의 건전한 육성을 실현하기 위해서는 교육적 개입이 불가능하다.

아동에 대한 교육 기능의 강조는 1990년대 후반에 들어서 더욱 강화되기 시작했는데, 모든 아동은 기본 생활의 유지에 필요한 기초 교육을 받을 권리를 지니고 있으며, 나아가 어려운 여건에 있는 아동은 그의 상황을 극복해 줄 수 있는 보상교육을 받을 권리가 있다. 이러한 관점은 종전의 탁아에서 교육을 포함한 교육적 서비스로 진일보하게 된 것이다.

이러한 보육의 개념 변화는 여성의 취업이 단순한 경제적 필요에서가 아니라 자아실현을 위한 하나의 선택이 되고 있는 사회적 변화와 맥을 같이 한다. 사회적 참여로 사회경제적 위치가 변화된 현대 여성의 다양한 기대와 욕구 및 필요에 의해 아동을 보육하는 어린이집의 역할에 대한 기대도 변화하고 있는 것이다.

이렇게 볼 때 현대의 보육은 아동의 전인적 성장과 발달을 지원하며 아동과 부모를 지향하는 사회적 지원체계의 한 형태라고 개념화할 수 있을 것이다.

### 2) 보육의 의의

보육이 영유아기의 발달에 미치는 영향에 대한 연구들은 지속적으로 이루어져 왔고, 현재는 보육 자체가 영유아의 발달에 긍정적인 영향을 미치는지, 그렇지 않은지를 논쟁하기보다는 어느 정도 축적되고 정리된 연구 결과를 바탕으로 어떻게 하면 더 효과적으로 좋은 보육서비스를 제공할 것인가에 대한 공감이 형성된 단계이다. 이를 아동복지의 측면, 가족복지의 측면, 국가적 측면에서 보육의 의의를 정리하면 다음과 같다.

#### (1) 아동복지 차원에서의 의의

신체적으로 안전하게 보호받음과 동시에 필요한 생리적 욕구를 충족시킬 수 있고, 정서적으로 수용받고, 지지받음으로써 심리정서적 발달을 도모할 수 있으며, 또래와의 관계를 통해 규범이나 규칙을 배우게 되어 사회성 발달을 기대할 수 있다. 이를 통해 아동복지에 기여하게 된다.

#### (2) 가족복지 차원에서의 의의

현대사회의 당면한 문제인 자녀양육 기능을 보충해 줌으로써 부모와 가족을 지지하고 가족의 기능을 도울 수 있으며, 올바른 양육정보를 제공함으로써 부모와 자녀가 함께 성장하며 이를 통해 함께 성숙하는 건강한 가족을 기대할 수 있고, 이는 결국 가족복지에 기여한다.

#### (3) 국가경쟁력 차원에서의 의의

건강한 사회적 역량을 갖춘 아동은 국가 번영의 중요 자원이 된다. 따라서 보육은 가족복지를 넘어 국가의 경쟁력을 위한 미래에 대한 가장 확실한 투자가 된다.

## 2. 보육제도와 유형

### 1) 보육제도

우리나라의 보육사업은 1991년 「영유아보육법」이 제정되면서 그 기틀을 마련하였다(보건복지부, 2004). 보육정책은 시대적 변화와 더불어 지속적으로 변화해 왔다. 「영유아보육법」은 1962년 「아동복리법」에 근원을 둔다. 「아동복리법」은 1981년 「아동복지법」으로 개정되었고 1982년 「유아교육진흥법」을 거쳐 1991년 「영유아보육법」에 이르렀다(표 10-1 참조).

이러한 변화의 과정을 시기별로 정리하면 다음과 같다.

〈표 10-1〉 보육 관련법의 변화

| 보육 관련법 | 시행(연도) | 내용 |
|---|---|---|
| 「아동복리법」 | 1962 | 탁아사업 실시 |
| 「아동복지법」 | 1981 | 전문개정 |
| 「유아교육진흥법」 | 1982 | 새마을유아원으로 변경 |
| 「영유아보육법」 | 1991 | 보육 실시 |

#### (1) 「아동복리법」 제정 이전 시기(~1960)

보육사업은 1921년 태화기독교사회관에서 처음 보육 프로그램을 개설, 빈민 아동을 위한 구제사업 일환의 탁아 프로그램으로 시작되었다.

1960년까지의 시기는 6·25전쟁으로 전쟁고아나 미아 등 요보호아동에 대한 각종 수용보호시설이 주로 외국인 원조에 의해 설치되었고, 이런 시설들을 합리적으로 지도·감독해야 할 행정적 필요가 생김에 따라 1952년 '후생시설운영요령'이 마련되었다. 이에 의하면, 후생시설은 직장을 가진 부모의 자녀를 일시 또는 일정 기간 위탁·보호할 수 있는 시설이라고 정의하고 있다.

#### (2) 「아동복리법」 시기(1962~1982)

본격적으로 보육사업이 시행된 것은 1961년 「아동복리법」이 제정·공포되면서이다. 종래의 구빈사업적 성격을 벗어나 아동의 복리를 증진시키기 위한 사업으로 그 성격이 변화되었다.

이 시기는 급격한 농촌 경제 기반의 쇠퇴, 도시 인구의 급증, 결손가정의 증가, 미혼 및 기혼 여성의 취업 확대의 시기이며 이와 관련하여 부랑아와 기·미아 등의 발생이 급증했다.

#### (3) 유아교육진흥법」 시기(1982~1990)

「유아교육진흥법」은 새 정부의 정책 결정에 따라 탁아의 기능 중 보호보다는 교육에 초점을 두었으며, 이에 따라 시설의 기능은 교육을 중시하였는데 어린이집 설립 목적인 원래의 취지가 무시되어 영유아 복지의 악화를 초래했다.

#### (4) 「영유아보육법」 시기(1991~2001)

「영유아보육법」은 그간의 일관되지 못한 보육서비스에 대한 반성적 자각으로 출발되었다. 즉, 점증하는 보육서비스의 수요에 적극적으로 대응하기 위해서는 독립된 입법과 주관 부서의 일원화가 필요하다는 인식이 제기되었다. 「영유아보육법」은 보육서비스를 조속히 정착·발전시킴으로써 아동의 건전한 보호와 교육 및 보호자의 경제적·사회적 활동의 지원을 통해 가정의 복지 증진을 도모하기 위해 제정되어 새로운 도약과 발전의 전기를 마련하였다.

#### (5) 보육사업 발전기(「영유아보육법」 개정 시기: 2002년~현재)

2004년 1월 29일 「영유아보육법」의 전면 개정과 2005년 1월 시행령의 제정으로 보육서비스의 다양화와 질적 수준 향상, 보육에 대한 공적 책임 강화를 통해 보육사업이 더욱 발전할 수 있는 발전기적 전환기를 맞았다. 2004년 전문 개정된 「영유아보육법」의 시행(2005. 1. 30.)에 따라 보육시설(현, 어린이집) 설치 및 종사자 배치 기준을 대폭 강화함으로써 보육서비스의 질적 수준 향상과 보육의 공공성 강화 등을 통해 보육사업이 획기적으로 발전할 수 있는 계기를 마련하였다.

「영유아보육법」은 1991년 제정된 후 지속적인 개정이 이루어졌는데, 특히, 2004년 전면 개정된 「영유아보육법」의 주요 특성은 다음과 같다.

첫째, 보편주의 보육 이념이 강화되었다. 보육은 요보호아동 중심의 선별주의적 이념으로 시작했지만 「영유아보육법」 개정법 제1조에는 특정한 영유아를 지목하지 않고 모든 영유아를 그 대상에 포함하고 있다.

둘째, 보육의 원칙을 아동의 권리로 천명하고 있다. 개정법 제3조에는 보육이 영유아의 이익을 최우선으로 고려하여 제공한다고 명시하고 있다. 물론 영유아의 보육은 부모와 가족을 지원하고 지지해 주는 효과가 있다. 그러나 그 어떤 것보다 중요시되는 것이 영유아의 복지적 권리라는 것이다.

셋째, 보육의 공공성 강화다. 개정법에는 정부 및 지방자치단체의 적극적인 보육정책 수립의 책임을 부여하고 있다. 개정법 제4조와 제9조 등에서는 보육의 책임을 부모뿐 아니라 국가와 지방단체로 확대함으로써 보편적 보육서비스를 천명하고 있다.

넷째, 보육의 전문성이 강화되었다. 보육의 질을 논할 때는 보육교직원의 전문성을 높이는 것이 가장 시급한 문제이다. 개정법 제21조와 제22조에서는 교사의 국가자격증 제도를 명시하고 있고, 보육과정의 전문성을 높이기 위하여 표준보육과정을 개발하여 보급하도록 명시하고 있다. 이에 따라 표준보육과정이 개발되어 대학 등 어린이집 교사 양성기관에서는 이를 교육하고 있다.

### 2) 보육유형

어린이집은 보육장소에 따라 가정보육, 기관보육으로 나눌 수 있고, 보육운영주체에 따라 국공립어린이집, 법인어린이집, 민간어린이집, 직장어린이집, 부모협동어린이집으로 나누며, 시간에 따라 종일제 보육, 반일제 보육, 시간제 보육, 방과 후 보육으로, 보육목적에 따라 장애아통합보육, 다문화보육, 영아전담보육 등으로 나눌 수 있다.

〈표 10-2〉 보육유형

| 구분 | 유형 |
|---|---|
| 보육장소에 따라 | 가정보육, 기관보육 |
| 운영·설립주체에 따라 | 국공립, 법인, 민간, 가정, 직장, 부모협동 |
| 시간에 따라 | 종일제, 반일제, 시간제, 방과 후 |
| 보육목적에 따라 | 영아전담, 장애아통합, 다문화 |

이들 중 설립주체별 어린이집 유형에 대해 좀 더 알아보면 다음의 〈표 10-3〉과 같다(보건복지부, 2012; 「영유아보육법」 제10조).

〈표 10-3〉 설립주체별 어린이집 유형

| 유형 | 설명 |
|---|---|
| 국공립어린이집 | 국가나 지방자치단체가 설치·운영하는 어린이집 |
| 사회복지법인어린이집 | 「사회복지사업법」에 따른 사회복지법인이 설치·운영하는 어린이집 |
| 법인·단체 등 어린이집 | 법인이나 단체 등이 설치·운영하는 어린이집 |
| 직장어린이집 | 사업주가 사업장의 근로자를 위하여 설치·운영하는 어린이집 |
| 가정어린이집 | 개인이 가정이나 그에 준하는 곳에 설치·운영하는 어린이집 |
| 부모협동어린이집 | 보호자들이 조합을 결성하여 설치·운영하는 어린이집 |
| 민간어린이집 | 위 어린이집에 해당하지 않는 어린이집 |

### 3) 어린이집과 보육아동 현황

이들 어린이집 현황(2012년 12월 현재)은 〈표 10-4〉, 보육아동 현황(2012년 12월 현재)은 다음의 〈표 10-5〉와 같다.

〈표 10-4〉 어린이집 현황(2012년 기준) (단위: 개소)

| 계 | 국공립 | 사회복지 법인 | 법인·단체 등 | 민간 | 가정 | 부모 협동 | 직장 |
|---|---|---|---|---|---|---|---|
| 42,527 | 2,203 | 1,444 | 869 | 14,440 | 22,935 | 113 | 523 |

출처: 보건복지부(2012).

〈표 10-5〉 보육아동 현황(2012년 기준) (단위: 명)

| 구분 | 계 | 국공립 | 사회복지 법인 | 법인·단체 등 | 민간 | 가정 | 부모 협동 | 직장 |
|---|---|---|---|---|---|---|---|---|
| 남 | 769,573 | 77,321 | 59,562 | 26,867 | 397,021 | 191,722 | 1,572 | 15,508 |
| 여 | 717,788 | 72,356 | 53,487 | 25,047 | 371,235 | 179,949 | 1,341 | 14,373 |
| 계 | 1,487,361 | 149,677 | 113,049 | 51,914 | 768,256 | 371,671 | 2,913 | 29,881 |

출처: 보건복지부(2012).

## 3. 보육활동

### 1) 영아보육

영아를 위한 보육활동은 영아의 사랑받고 싶은 욕구, 배우고 싶은 욕구를 모두 충족시켜 주되 안전한 환경 속에서 탐색할 수 있도록 발달에 적합한 질 높은 보육환경이 제공되어야 한다.

영아기는 월령에 따라 발달적으로 커다란 차이가 있기 때문에 발달의 속도나 변화의 양을 고려하여 각 단계마다 적절한 보호와 자극을 제공해서 최적의 발달을 이루도록 도와야 한다. 또한, 만 1세경에는 적극적으로 주위를 탐색하며 흥미 있는 활동을 반복해서 하기를 즐기기 때문에 교육계획을 할 때 새로운 활동보다는 영아가 즐기는 활동을 반복적으로 할 수 있도록 한다.

따라서 무엇보다 영아기 발달에 대한 이해를 바탕으로 연령별 발달에 적합한 보육이 이루어져야 한다.

▲ 감각운동기인 만 2세 영아들을 위한 감각활동

〈표 10-6〉 0세반 연간보육계획안

| 주제 | 소주제 |
| --- | --- |
| 낯설어요 | 엄마와 함께 해요 |
| | 선생님을 만나요 |
| | 선생님을 만져봐요 |
| | 선생님과 놀아요 |
| | 익숙해졌어요 |
| 느껴 보아요 | 씻으며 느껴요 |
| | 입으며 느껴요 |
| | 먹으며 느껴요 |
| | 놀며 느껴요 |
| | 자연을 느껴요 |
| 움직여요 | 누워서 움직여요 |
| | 앉아서 움직여요 |
| | 기어요 |
| | 서고 걸어요 |
| | 잡아 보아요 |
| 놀이는 재미있어요 I | 움직이는 놀잇감 |
| | 구멍이 있는 놀잇감 |
| | 굴러가는 놀잇감 |
| | 까꿍 놀잇감 |
| | 소리가 나는 놀잇감 |
| 놀이는 재미있어요 II | 통·상자놀이 |
| | 헝겊천놀이 |
| | 공놀이 |
| | 악기놀이 |
| | 그릇놀이 |
| 좋아해요 | 마주 봐요 |
| | 안아 줘요 |
| | 같이 해 봐요 |
| | 함께 웃어요 |
| | 사랑해요 |

출처: 중앙육아종합지원센터(2014).

〈표 10-7〉 1세반 연간보육계획안

| 월 | 생활 주제 | 소주제 | 월 | 생활 주제 | 소주제 |
|---|---|---|---|---|---|
| 3 | 새로운 것이 낯설어요 | • 어린이집에 왔어요 1<br>• 어린이집에 왔어요 2<br>• 만나고 친해져요 1<br>• 만나고 친해져요 2 | 9 | 나는 할 수 있어요 | • 즐겁게 할 수 있어요 1<br>• 즐겁게 할 수 있어요 2<br>• 말할 수 있어요 1<br>• 말할 수 있어요 2 |
| 4 | | • 우리 반에 무엇이 있을까요? 1<br>• 우리 반에 무엇이 있을까요? 2<br>• 우리 반에 무엇이 있을까요? 3<br>• 밖으로 나가 보아요 1<br>• 밖으로 나가 보아요 2 | 10 | 움직이는 것이 재미있어요 | • 찾을 수 있어요 1<br>• 찾을 수 있어요 2<br>• 바깥놀이는 재미있어요 1<br>• 바깥놀이는 재미있어요 2<br>• 바깥놀이는 재미있어요 3 |
| 5 | 느낄 수 있어요 | • 만져 보아요 1<br>• 만져 보아요 2<br>• 살펴보아요 1<br>• 살펴보아요 2 | 11 | | • 몸을 움직여요 1<br>• 몸을 움직여요 2<br>• 움직이게 할 수 있어요 1<br>• 움직이게 할 수 있어요 2 |
| 6 | | • 들어 보아요 1<br>• 들어 보아요 2<br>• 맡아 보아요 1<br>• 맡아 보아요 2 | 12 | 좋아하는 놀이를 해요 | • 그림책으로 놀아요 1<br>• 그림책으로 놀아요 2<br>• 춤추고 놀이해요 1<br>• 춤추고 놀이해요 2<br>• 춤추고 놀이해요 3 |
| 7 | | • 맛보아요<br>• 온 몸으로 느껴보아요 1<br>• 온 몸으로 느껴보아요 2<br>• 놀잇감은 재미있어요 1<br>• 놀잇감은 재미있어요 2 | 1 | | • 흉내 내요 1<br>• 흉내 내요 2<br>• 쉬, 응가할 수 있어요 1<br>• 쉬, 응가할 수 있어요 2 |
| 8 | 놀이 할 수 있어요 | • 놀잇감은 재미있어요 3<br>• 놀잇감은 재미있어요 4<br>• 물놀이는 재미있어요<br>• 까꿍놀이는 재미있어요 | 2 | 새로운 것도 좋아요 | • 함께 놀아요 1<br>• 함께 놀아요 2<br>• 선생님이 좋아요 |

출처: 강남구 참사랑어린이집(2014).

### 2) 유아보육

유아는 호기심이 많고 주변 환경에 대해 적극적이 되면서 주도적인 행동을 하게 된다. 이때는 신체적으로도 기본생활을 몸에 익혀 독립적으로 집단생활이 가능하며 신체 활동도 매우 활발하다. 사회적으로는 친구들과 의사소통하면서 점차 조직화된 놀이가 가능해지는 반면, 아직도 자기중심적이어서 분쟁이 잦고 집단 규칙을 일관되게 지키기 어렵다. 또한, 크기, 모양, 색깔, 방향 등의 수·과학적인 간단한 원리를 배울 준비가 되어 있어 활발한 인지 학습이 일어나며, 탐구적인 호기심이 많은 질문을 한다.

▲ 유아들을 위한 탐구활동

그러므로 교사는 이 시기의 다양한 지적 요구와 탐구심에 반응해 주고 그것을 충족시킬 수 있는 환경을 구성해 주어야 한다. 다양한 자료를 다루고 조작하는 등의 상호작용을 통해 활발한 인지적 성장을 이룰 수 있는 학습 환경이 요구된다. 또한, 스스로 선택하고 치우는 것이 가능하도록 조직적인 자료의 배치가 필요하며 각각의 영역 내에서 자료를 가지고 충분히 안정되게 상호작용할 수 있도록 배려해 주어야 한다. 어린이집에서의 환경구성은 신체적, 정서적, 사회적,

인지적 경험을 다양하게 할 수 있도록 구성해야 한다. 자료나 공간의 배치는 그들의 놀이실 행동에 많은 영향을 주게 되므로 잘 조직되어 있는 합리적인 공간이어야 한다. 동적, 정적 공간을 고려하고 지저분한 곳과 깨끗한 곳을 구분하는 것도 공간을 조직하여 배치하는 데 도움을 줄 수 있다.

〈표 10-8〉 4세반 계획안의 예

| 월 | 주제 | 소주제 | 일상생활 활동 | 교육활동 |
|---|---|---|---|---|
| 3 | 어린이집 생활 | • 나는 기린반이에요<br>• 약속을 지켜 안전하게 놀아요<br>• 어린이집은 재미있어요 Ⅰ, Ⅱ<br>• 나도 할 수 있어요 | • 어린이집 돌아보기<br>• 놀이터 돌아보기 | • 입학식, 부모교육<br>• 소방대피 및 안전훈련<br>• 생일잔치 |
| 4 | 봄 | • 새싹이 자라나요<br>• 봄에 볼 수 있어요<br>• 옷차림이 달라졌어요<br>• 꽃들이 아름다워요 | • 텃밭에 씨앗 심기<br>• 어린이집 주변 나무, 꽃 찾아보기 | • 신체검사<br>• 콩나물 기르기<br>• 봄소풍, 학부모 면담 |
| 5 | 나·가족·친구 | • 어린이날<br>• 나는 가족을 사랑해요<br>• 내가 좋아하는 것이 있어요 Ⅰ, Ⅱ, Ⅲ<br>• 친구가 좋아하는 것을 알아보아요 | • 우체국 방문<br>• 가족·친구들에게 편지 써서 우체통에 넣기 | • 가족 운동회<br>• 어린이날 행사<br>• 소방대피 및 안전훈련<br>• 생일잔치 |
| 6 | 동물 | • 내가 좋아하는 동물이 있어요<br>• 동물을 사랑해요<br>• 동물원에는 여러 동물이 있어요 Ⅰ, Ⅱ<br>• 사는 곳이 달라요 | • 동물병원 가 보기<br>• 공원 산책 | • 동물원 견학, 부모 참관 수업<br>• 소방대피 및 안전훈련<br>• 생일잔치 |
| 7 | 건강한 생활 | • 즐겁게 혼자 해요<br>• 우리가 먹는 음식이에요 Ⅰ, Ⅱ<br>• 깨끗이 씻어요<br>• 튼튼해지려면? | • 치과 견학<br>• 과일가게 방문 | • 63빌딩 수족관 견학<br>• 생일잔치<br>• 소방대피 및 안전훈련 |

| 월 | 주제 | 소주제 | 일상생활 활동 | 교육활동 |
|---|---|---|---|---|
| 8 | 여름 | • 물놀이 Ⅰ, Ⅱ<br>• 안전하게 놀이해요<br>• 바다에서 볼 수 있어요<br>• 여행을 떠나요 | • 동네 수족관 방문<br>• 사진관 방문 | • 별자리캠프, 생일잔치<br>• 소방대피 및 안전훈련 |
| 9 | 가을 | • 산과 들이 변했어요<br>• 과일과 채소들이 많아요<br>• 나뭇잎을 모아요<br>• 추석이에요 / 민속놀이를 해요 | • 공원 산책<br>• 나뭇잎 줍기 | • 송편 빚기, 가을 소풍<br>• 민속놀이 한마당, 나뭇잎 줍기<br>• 소방대피 및 안전훈련<br>• 생일잔치 |
| 10 | 우리 동네 | • 가게, 미장원, 병원 놀이를 해요<br>• 어린이집 동네를 돌아보아요<br>• 고마운 분들이 있어요 | • 동네 돌아보기<br>• 시장 돌아보기 | • 예절교육, 시장놀이<br>• 생일잔치<br>• 소방대피 및 안전훈련 |
| 11 | 탈것 | • 여러 가지 탈것이 있어요 Ⅰ, Ⅱ<br>• 내가 좋아하는 탈것이 있어요<br>• 탈것의 모양을 알아보아요<br>• 지켜야 할 약속이 있어요 | • 소방서 방문<br>• 카센터 방문 | • 교통공원 견학, 생일잔치<br>• 아빠 참여 수업<br>• 소방대피 및 안전훈련 |
| 12 | 겨 울 | • 추워요<br>• 겨울철 놀이를 즐겨요 Ⅰ, Ⅱ, Ⅲ, Ⅳ<br>• 크리스마스<br>• 도움을 줄 수 있어요 | • 겨울동산 돌아보기<br>• 시장에서 배추 사 보기 | • 김장하기, 산타잔치<br>• 노인정 방문, 생일잔치<br>• 소방대피 및 안전훈련 |
| 1 | 우리나라 /세계 여러 나라 | • 우리나라 음식과 옷이 있어요<br>• 전통놀이는 재미있어요<br>• 설날이에요<br>• 우리나라와 다른 나라가 있어요 | • 서점 방문<br>• 떡 가게 방문 | • 인형극 관람, 생일잔치<br>• 소방대피 및 안전훈련 |
| 2 | 형· 언니가 되어요 | • 이만큼 자랐어요<br>• 즐거웠던 기린반<br>• 형, 언니가 되어요 Ⅰ, Ⅱ | • 공원 산책<br>• 경찰서 방문 | • 영화 관람, 생일잔치<br>• 졸업 및 수료식<br>• 소방대피 및 안전훈련 |

출처: 중앙육아종합지원센터(2008).

# 제2절 장애아통합보육서비스

## 1. 장애아통합보육의 개념

장애아통합보육은 다양한 교육적 필요와 능력을 가진 아동들이 함께 교육받는 것으로 장애아와 일반 정상아동이 사회적 활동이나 교수 활동에서 의미 있는 상호작용을 하는 것이다. 장애아동은 일반아동과의 상호작용 경험을 통해서 발달적 촉진을 도모할 수 있으며, 일반아동의 측면에서는 장애아동의 다양성에 대한 이해와 장애에 대한 실제적 이해의 기회를 가질 수 있다.

따라서 보육 내용은 일반 보육 속에서 장애아와 일반 유아에게 가능한 정상의 교육환경을 제공하여 장애아에게 적절한 보육서비스가 제공되어야 한다. 또한, 장애영유아들도 일반 영유아들처럼 다음과 같은 발달적 경험이 필요하다.

① 나는 충분히 사랑받고 있다는 정서적인 경험
② 놀이를 통해서 세상과 사람을 인식할 수 있다는 성공적인 경험
③ 가족, 교사, 친구들과의 상호작용은 아주 즐거운 일이라는 행복한 경험

## 2. 장애아통합보육의 현황 및 의의

### 1) 장애아통합보육 현황

장애아통합어린이집은 2012년 기준 전국 836개소이며 76,924명의 아동이 이곳에서 보육서비스를 받고 있는 것으로 조사됐다(보건복지부, 2012).

장애아동이 이용하고 있는 어린이집 현황을 살펴보면, 국공립어린이집에서 197명, 민간어린이집에서 1,734명 등 민간의 의존도가 매우 높은 것으로 조사됐다.

〈표 10-9〉 장애아동 어린이집 재원 현황(2012년 기준) (단위: 개소, 명)

| 총 어린이집 수 | 국공립 | 사회복지 법인 | 법인·단체 등 | 민간 | 가정 | 부모 협동 | 직장 | 총 보육 아동 수 | |
|---|---|---|---|---|---|---|---|---|---|
| 2,741 | 197 | 172 | 108 | 1,734 | 461 | 17 | 52 | 남 | 2,198 |
| | | | | | | | | 여 | 1,265 |
| | | | | | | | | 계 | 3,463 |

출처: 보건복지부(2012).

## 2) 장애아통합보육의 의의

장애아통합보육의 의의를 일반아동 입장, 장애아동 입장, 부모 입장으로 나누어 살펴보면 다음과 같다.

### (1) 일반아동 입장에서 본 장애아통합보육의 의의

통합보육은 일반아동으로 하여금 장애아에 대해 자신이 도울 수 있는 부분을 발견하게 하고, 그 역할을 수행하는 과정에서 자아존중감과 이타심을 발달시킨다. 또한, 장애아에 대한 바른 인식을 심어 주고, 이러한 인식은 장애아를 이해하고 수용할 뿐 아니라, 함께 상호작용하는 기회와 강도를 높여 준다.

### (2) 장애아동 입장에서 본 통합보육의 의의

통합보육 상황에서 모방을 통한 또래와의 상호활동은 장애아의 사회화 과정에 중요한 역할을 한다. 또한, 일반아동과의 상호작용 경험을 통해 문제해결능력을 기르며, 의사소통능력 및 언어 표현력을 향상시킬 수 있다. 무엇보다 부족한 교육시설에 의한 교육기회의 박탈을 극복할 수 있으며, 이러한 계기를 통해 전반적인 발달을 기대할 수 있다.

### (3) 부모의 입장에서 본 통합보육의 의의

장애아의 부모들은 일반아동을 위한 환경 속에서 성공적으로 기능하는 자신의 자녀들을 통해 장애아에 대한 긍정적인 태도를 갖게 되며, 장애아의 성취를 특수한 사회가 아니라 현실 속에서 파악할 수 있다. 그리고 부모 자신의 자아인식이 증진되는 효과를 얻을 수 있다. 또한, 일반아동의 부모들은 자녀에게 인간 성장과 발달의 차이를 가르칠 수 있으며, 장애아 가족의 요구에 대한 관심이 증가한다(이소희, 2005).

## 3. 장애아통합보육활동

서울시(2005)에서 제시한 활동들을 보면, 감각 통합에 어려움을 가지고 있는 장애 영유아에게 부드러운 접촉과 다양한 감각적 자극을 제공함으로 감각활동을 강화하기 위한 놀이를 제공해 줄 수 있다. 교육인적자원부(2007)에서 발행한 유아를 위한 장애 이해 및 통합교육활동 자료를 살펴보면, 장애유아의 사회적 통합이라는 궁극적 목적을 달성하기 위해 다양성 존중하기, 자신과 타인 존중하기, 다양한 친구들과 상호작용하기, 우정과 협력을 촉진하는 학급문화 만들기 등의 목표를 구현하고자 '모두 특별해요', '친구가 돼요', '함께 놀아요'라는 주제로 다양한 활동을 하게 된다.

〈표 10-10〉 모두 특별해요

| 번호 | 활동명 | 활동 유형 | 활동 내용 | 교육과정 관련 요소 |
|---|---|---|---|---|
| 1 | 오늘의 주인공은 누구일까요? | 주의집중 및 전이활동 | 매일의 활동으로 오늘의 주인공을 정하고 특별하게 대해 줌으로써 모든 유아들이 소외되지 않고 서로에게 관심을 갖도록 돕는 활동 | • 유사성 찾기<br>• 다른 점 존중하기<br>• 자신과 타인 존중하기<br>• 우정 형성하기 |
| 2 | 내 손에 비밀이 있어요 | 자유선택 (과학) | 손의 지문과 손바닥 등을 관찰하고 서로의 독특한 특성에 대해 이야기함으로써 우리가 모두 세상에 단 하나뿐인 특별한 존재임을 알도록 돕는 활동 | • 다른 점 존중하기<br>• 자신과 타인 존중하기 |
| 3 | 단 하나뿐 | 노래 율동 | 나와 내 친구가 이 세상에 단 하나뿐인 특별한 존재라는 내용의 노래를 통해 친구의 소중함을 생각하게 하는 활동 | • 다른 점 존중하기<br>• 자신과 타인 존중하기<br>• 다양한 친구와 상호작용하기<br>• 우정 형성하기 |
| 4 | 다양한 모습으로 우리 반을 꾸며요 | 자유선택 (조형) | 각자 자신을 표현한 작품들을 모아서 교실을 꾸며 봄으로써 서로 다른 개성을 가진 친구들이 우리 반을 이루고 있다는 것을 느끼게 하는 활동 | • 유사성 찾기<br>• 다른 점 존중하기<br>• 공동체 의식 높이기<br>• 자신과 타인 존중하기 |
| 5 | 우리가 달라도 | 동화 | 각자 다른 능력과 특징을 가진 사람들이 모여 서로 다른 방법으로 공동체에 기여할 수 있다는 것을 깨닫게 도와주는 동화 | • 다른 점 존중하기<br>• 공동체 의식 높이기<br>• 자신과 타인 존중하기<br>• 다른 사람의 느낌 이해하기 |
| 6 | 특별한 나 특별한 나의 몸 | 동화 | 사람들은 다양한 외모와 신체를 갖고 있고 이들은 모두 가치 있다는 내용의 동화 | • 유사성 찾기<br>• 다른 점 존중하기<br>• 다른 사람의 느낌 이해하기<br>• 장애 이해하기 |
| 7 | 너에 대해 알고 싶어 (나의 책) | 자유선택 (언어) 주의집중 전이활동 | 나의 책을 만들고 동시에 친구가 만든 나의 책을 함께 보면서 서로의 비슷한 점과 다른 점을 발견해 내는 활동 | • 자신과 타인 존중하기<br>• 다른 사람의 느낌 이해하기<br>• 다양한 친구와 상호작용하기<br>• 우정 형성하기 |
| 8 | 어떤 도구가 필요할까요? | 자유선택 (수·조작) | 장애를 무엇을 할 수 없는 상태로 이해하는 대신 특별한 도구를 사용하여 여러 가지 일들을 할 수 있는 것으로 이해하도록 돕는 활동 | • 유사성 찾기<br>• 다른 점 존중하기<br>• 장애 이해하기<br>• 문제 해결력 증진하기 |

| 번호 | 활동명 | 활동 유형 | 활동 내용 | 교육과정 관련 요소 |
|---|---|---|---|---|
| 9 | 말 전달놀이 | 게임 | 상대방에 따라 다른 방법으로 의사소통을 해야 한다는 것을 알고 다양한 방법으로 말을 전달해 보는 활동 | • 다른 점 존중하기<br>• 다양한 사람과 의사소통하기<br>• 다양한 친구와 상호작용하기<br>• 문제 해결력 증진하기 |
| 10 | 내 친구 은찬이 | 동화 | 자폐성 장애를 가진 친구에 대해 이야기할 수 있도록 손 인형과 이야기 자료를 이용하여 자폐성 장애의 특징을 소개하는 활동 | • 유사성 찾기<br>• 다른 점 존중하기<br>• 장애 이해하기<br>• 우정 형성하기<br>• 문제 해결력 증진하기 |

출처: 교육인적자원부(2007).

〈표 10-11〉 친구가 되어요

| 번호 | 활동명 | 활동 유형 | 활동 내용 | 교육과정 관련 요소 |
|---|---|---|---|---|
| 1 | 친구가 되어요 | 자유선택 (언어) | 친구의 좋은 점과 친구를 대하는 태도에 대해 이야기를 해 봄으로써 또래로부터 고립되는 유아들이 자연스럽게 수용될 수 있게 하는 활동 | • 공동체 의식 높이기<br>• 자신과 타인 존중하기<br>• 다른 사람의 느낌 이해하기<br>• 또래 관련 사회적 기술 학습하기<br>• 문제 해결력 증진하기 |
| 2 | 친구 | 동시 | 친구를 기쁘게 하는 일과 슬프게 하는 일들을 생각해 보고 다른 사람의 느낌에 대한 민감성을 키우는 활동 | • 유사성 찾기<br>• 자신과 타인 존중하기<br>• 다른 사람의 느낌 이해하기<br>• 또래 관련 사회적 기술 학습하기<br>• 우정 형성하기 |
| 3 | 기쁨나무 만들어요 | 자유선택 (언어) | 친구를 기쁘게 하는 말들과 슬프거나 화나게 하는 말들을 알아보고 친구에게 하고 싶은 말을 적어 우리 반 기쁨 나무를 만들어 보는 활동 | • 공동체 의식 높이기<br>• 자신과 타인 존중하기<br>• 다른 사람의 느낌 이해하기 |
| 4 | 도와줄 수 있어요 | 이야기 나누기 | 사람은 누구나 다른 능력을 갖고 있기 때문에 서로 도울 수 있는 기회가 있으며 다른 사람을 돕는 것은 언제나 좋은 일이라는 것을 알게 하는 활동 | • 자신과 타인 존중하기<br>• 다른 사람의 느낌 이해하기<br>• 또래 관련 사회적 기술 학습하기<br>• 장애 이해하기<br>• 다양한 친구와 상호작용하기 |

| 번호 | 활동명 | 활동 유형 | 활동 내용 | 교육과정 관련 요소 |
|---|---|---|---|---|
| 5 | 기다릴 수 있어요 | 노래 | 서로 다른 친구들이 함께 놀고 활동할 때 때로는 참고 기다려 주는 것이 필요하다는 것을 배우는 활동 | • 다른 사람의 느낌 이해하기<br>• 또래 관련 사회적 기술 학습하기<br>• 문제 해결력 증진하기 |

출처: 교육인적자원부(2007).

〈표 10-12〉 함께 놀아요

| 번호 | 활동명 | 활동유형 | 활동 내용 | 교육과정 관련 요소 |
|---|---|---|---|---|
| 1 | 함께 놀아요 | 이야기 나누기 | 친구들과 놀고 싶거나 함께 놀자고 말하는 친구가 있을 때 어떻게 해야 하는지에 대한 구체적인 방법을 함께 이야기해 보는 활동 | • 다른 사람의 느낌 이해하기<br>• 또래 관련 사회적 기술 학습하기<br>• 다양한 친구와 상호작용하기<br>• 우정 형성하기<br>• 문제 해결력 증진하기 |
| 2 | 여러 가지 방법으로 놀아요 | 이야기 나누기 | 일반적인 방법으로 놀이를 하기 어려운 친구가 있을 때 어떻게 문제를 해결하고 함께 놀 수 있는지 구체적인 방법에 대해 생각해 보는 활동 | • 다양한 친구와 상호작용하기<br>• 우정 형성하기<br>• 문제 해결력 증진하기 |
| 3 | 사라진 친구를 찾아요 | 게임 | 보자기로 친구를 숨겨 놓고 누가 사라졌는지 알아맞히는 활동 | • 다양한 친구와 상호작용하기<br>• 우정 형성하기<br>• 문제 해결력 증진하기 |
| 4 | 같이 놀자고 말해요 | 이야기 나누기 | 장애를 가진 친구와 놀이를 하기 위해 어떻게 해야 하는지 이야기하고 구체적인 방법을 연습하는 활동 | • 다양한 친구와 상호작용하기<br>• 우정 형성하기<br>• 문제 해결력 증진하기 |
| 5 | 달라도 똑같아요 | 노래 | 다양한 능력과 신체적 조건을 가진 친구들과 여러 가지 상호작용을 하면서 함께 놀면 즐겁다는 것을 알게 하는 활동 | • 유사성 찾기<br>• 다른 점 존중하기<br>• 다양한 친구와 상호작용하기<br>• 우정 형성하기 |

출처: 교육인적자원부(2007).

# 제3절 방과 후 아동보육서비스

## 1. 방과 후 아동보육서비스의 개념과 의의

방과 후 보육은 초등학생을 대상으로 방과 후 및 방학 중의 기간 동안 아동을 보호하고 초등학교 정규 수업 외에 이루어지는 교육활동을 의미한다. 방과 후 어린이집은 초등학생을 대상으로 방과 후 보육서비스를 제공하는 시설을 말하며, 어린이집으로서의 역할보다는 맞벌이부부 등 아동을 맡길 곳이 없는 가정을 우선적으로 하여 보육함을 목적으로 한다(여성가족부, 2006). 2012년 기준 어린이집의 방과 후 프로그램을 이용하고 있는 아동은 총 644개소의 5,374명인 것으로 조사됐다.

학령기의 아동은 영유아기와는 다른 발달 특성을 가진다. 학령기 아동은 신체적 활동과 지적 호기심이 왕성한 시기이면서 학교에서의 학습과제 수행과 사회적 기술을 습득해야 하는 중요한 시기이다. 아동기를 일컬어 'gang stage'라고 할 정도로 아동기는 영유아기보다 또래 친구들의 비중이 더 커지게 되고 이들과의 상호작용을 통해 아동은 사회적 규범과 규칙, 질서 등을 내면화하게 된다. 따라서 이 시기의 발달단계별 아동의 특성 및 생활환경, 교육환경을 잘 이해하고 이를 고려한 교육의 기회가 제공되도록 해야 한다.

〈표 10-13〉 방과 후 보육아동 현황(2012년 기준)

(단위: 개소, 명)

| 총 어린이집 수 | 국공립 | 사회복지법인 | 법인·단체 등 | 민간 | 가정 | 부모협동 | 직장 | 총 보육아동 수 | |
|---|---|---|---|---|---|---|---|---|---|
| 644 | 33 | 118 | 18 | 417 | 46 | 2 | 10 | 남 | 2,938 |
| | | | | | | | | 여 | 2,436 |
| | | | | | | | | 계 | 5,374 |

출처: 보건복지부(2012).

## 2. 방과 후 아동보육프로그램

방과 후 보육으로 이루어지는 아동보육 서비스의 프로그램 예시는 다음과 같다.

〈표 10-14〉 연간계획안

<table>
<tr><th>월별</th><th colspan="2">프로그램명</th><th>운영 장소</th></tr>
<tr><td rowspan="5">1월</td><td colspan="2">동계캠프(눈꽃 세상에 도전)</td><td>강원 평창</td></tr>
<tr><td colspan="2" rowspan="2">청소년 운영위원회</td><td>운영위원회실</td></tr>
<tr><td>발대식</td></tr>
<tr><td colspan="2">청소년자원봉사활동</td><td>수련관</td></tr>
<tr><td>인증</td><td>몸치 박치</td><td>어울림터</td></tr>
<tr><td rowspan="3">2월</td><td colspan="2">요리 프로그램</td><td>요리교실</td></tr>
<tr><td colspan="2">청소년 관련단체 회의</td><td>사무실</td></tr>
<tr><td>인증</td><td>요물딱 조물딱</td><td>요리교실</td></tr>
<tr><td rowspan="7">3월</td><td colspan="2">요리 프로그램</td><td>요리교실</td></tr>
<tr><td colspan="2">드림 시네마 영화상영</td><td>직동통나무집</td></tr>
<tr><td colspan="2">상설문화교실 운영</td><td>수련관 관련 교실</td></tr>
<tr><td colspan="2">숲체험 교실운영</td><td>숲체험 공방 및 수련관 주변</td></tr>
<tr><td colspan="2">청운위, 자체 동아리회의 간담회</td><td>어울림터</td></tr>
<tr><td colspan="2">CA활동</td><td>수련관 및 학교파견</td></tr>
<tr><td colspan="2">국제성취포상제 운영</td><td>다목적실</td></tr>
<tr><td rowspan="4">4월</td><td colspan="2">드림 시네마 영화상영</td><td>직동통나무집</td></tr>
<tr><td colspan="2">토요문화강좌</td><td>수련관 관련 교실</td></tr>
<tr><td colspan="2">공공 청소년 프로그램</td><td>수련관 관련 교실</td></tr>
<tr><td colspan="2">행복드림(Dream)체험활동 1기</td><td>경기 수원</td></tr>
<tr><td rowspan="6">5월</td><td colspan="2">가족캠프(우리 가족 이야깃거리)</td><td>경기 가평</td></tr>
<tr><td colspan="2">어린이날 행사</td><td>수련관</td></tr>
<tr><td colspan="2">드림 시네마 영화상영</td><td>직동통나무집</td></tr>
<tr><td colspan="2">문화존 사업(1, 2회차)</td><td>행복로 미디어 루프</td></tr>
<tr><td colspan="2">청소년자원봉사활동</td><td>행복로 미디어 루프</td></tr>
<tr><td colspan="2">행복드림(Dream)체험활동 2기</td><td>서울</td></tr>
</table>

| 월별 | 프로그램명 | | 운영 장소 |
|---|---|---|---|
| 6월 | 행복드림(Dream)체험활동 3기 | | 충남 천안 |
| | 선플누리단 | | 행복로 미디어 루프 |
| | 드림 시네마 영화상영 | | 직동통나무집 |
| | 문화존사업(3, 4회차) | | 행복로 미디어 루프 |
| | 청소년자원봉사활동 | | 행복로 미디어 루프 |
| | 청운위, 자체 동아리회의 간담회 | | 어울림터 |
| 7월 | 행복드림(Dream)체험활동 4기 | | 경기 화성 |
| | 드림 시네마 영화상영 | | 직동통나무집 |
| | 청소년자원봉사활동 | | 한울관 |
| | 하계문화교실 운영 | | 수련관 내 관련 교실 |
| | 하계캠프 | | 경기 가평 |
| 8월 | 인증 | 수상안전제로 | 수련관 수영장 |
| | 드림 시네마 영화상영 | | 직동통나무집 |
| | 청운위, 자체 동아리 워크숍 운영 | | 강원 인제 |
| | 청소년자원봉사활동 | | 수련관 |
| 9월 | 행복드림(Dream)체험활동 5기 | | 강원도 인제 |
| | 상설문화교실운영 | | 수련관 관련 교실 |
| | 토요문화강좌 | | 수련관 관련 교실 |
| | 드림 시네마 영화상영 | | 직동통나무집 |
| | 문화존사업(5, 6회차) | | 행복로 미디어 루프 |
| | 선플누리단 | | 행복로 미디어 루프 |
| | 청운위, 자체 동아리회의 간담회 | | 어울림터 |
| 10월 | 드림 시네마 영화상영 | | 직동통나무집 |
| | 문화존사업(7회차) | | 행복로 미디어 루프 |
| | 행복드림(Dream)체험활동 6기 | | 경기 파주 |
| | 동아리축제 | | 한울관 |
| 11월 | 드림 시네마 영화상영 | | 직동통나무집 |
| | 가족과 함께하는 체험여행 | | 경기 양주 |
| 12월 | 청운위, 자체 동아리회의 간담회 | | 어울림터 |
| | 요리교실 | | 요리실 |
| | 동계문화교실 운영 | | 수련관 관련 교실 |

출처: 의정부청소년수련관(2014).

〈표 10-15〉 청소년 인증 프로그램

| 인증번호 | 프로그램명 | 운영기간 | 장소 | 참가대상 |
|---|---|---|---|---|
| 제903호 | 수상안전사고 Zero | 1월 / 7월 | 청소년수련관 실내수영장 | 9세~12세 청소년 15명 |
| 제1116호 | 장애청소년들의 '꿈을 위한 아름다운 도전' | 3월 | 청소년수련관 | 발달장애청소년 10명 |
| 제1529호 | '요물딱 조물딱' 신나는 요리세상 | 1월 | 청소년수련관 | 초등학생 20명 |

출처: 의정부청소년수련관(2014).

〈표 10-16〉 창의적 체험활동 '행복드림(Dream)'

교과서 위주의 학습에서 벗어나 새로운 지식과 가치를 창출하고
더불어 살 줄 아는 능력이 요구되는 시대를 반영하여
역사적인 문화유산 탐방 및 자연의 소중한 가치를 일깨워 주는 체험활동으로
자율적으로 탐구하는 주체적 청소년 육성에 기여하고자 함

▎운영방침
- 창의적이고 안전한 체험활동 운영
- 문화제 탐방, 안보체험, 생태체험 등 다양한 현장 체험 위주
- 6회로 운영하며 전문적인 체험활동 사업운영자와 연계하여 운영

▎운영개요
- 행 사 명: 창의적 체험활동 '행복드림(Dream)'
- 운영기간: 2014년 4월 / 6월 / 7월 / 8월 / 9월 / 11월(6회 운영)
- 장　　소: 문화탐방 3회, 체험활동 3회(농촌, 병영, 낙농업)
- 참가대상: 초등학교 5~6학년(4회차 160명)
  중, 고등학생(2회차 80명)
- 참 가 비: 20,000원
- 담 당 자: 이○○

▎운영방법
- 창의적 체험거리를 제공하여 더욱 질 높은 프로그램 운영
- 안보 역사 지역탐방으로 안보의식 고취
- 자연에서 얻는 즐거움을 체험을 통해 얻을 수 있도록 운영

▎기대효과
- 다양한 현장체험 활동을 통한 자율적 체험학습 능력을 키우고 우리 역사에 대한 자긍심을 고취시킴
- 학교교육 주 5일제 전면시행으로 인한 대체 프로그램 운영

출처: 의정부청소년수련관(2014).

〈표 10-17〉 어린이날 행사

| 어린이날을 맞이하여 청소년들의 잔치를 수련관 내에서 운영하여<br>수영장 및 헬스장을 무료로 개방하고 체험활동을 할 수 있는 공간을 마련하여<br>기관 홍보 및 창의적 체험활동을 지원하고자 함 |
|---|
| ▍운영방침<br>• 가족 단위 프로그램으로 운영<br>• 전통놀이 소개<br>• 모든 연령층이 즐길 수 있는 체험부스 운영<br>▍운영개요<br>• 행 사 명: '어릴 적에 어릴 적에'<br>• 일 시: 2014년 5월 5일(월)<br>• 장 소: 청소년수련관 한울관<br>• 참가대상: 청소년수련관 방문 어린이 및 가족<br>• 프로그램: 수영장, 헬스장 운영, 영화 상영, 체험부스 운영<br>• 담 당 자: 각 담당자<br>▍운영방법<br>• 수련관 체험부스 운영: 쿠키 만들기, 전통놀이 체험, 나무 만들기<br>• 수영장, 헬스장 무료 개방(9:00~18:00)<br>• 가족 단위 영화상영(한울관) 2편 2회 상영<br>▍기대효과<br>• 어린이날 행사로 기관 홍보<br>• 청소년의 창의적 활동 지원<br>• 가족 공감대 형성 |

출처: 의정부청소년수련관(2014).

〈표 10-18〉 숲 체험활동 '숲속의 힐링'

| 수련관 대표 프로그램으로서 관내외 청소년들에게<br>자연의 소중함과 환경 파괴의 심각성을 일깨우며,<br>사계절 모두 전문 숲 해설가와 함께 하여 교육적 의미를 부여하고,<br>재미있고 유익한 자연체험활동의 기회를 제공하고자 함 |
|---|
| ❙ 운영방침<br>• 환경과 숲의 중요성을 알 수 있도록 하는 체험교육의 기회 제공<br>• 단체 및 개인 접수자별 맞춤형 체험 프로그램과 테마별 프로그램 운영<br>• 찾아가는 숲 체험 교실 운영<br>• 겨울철 숲 체험 프로그램 운영<br><br>❙ 운영개요<br>• 행 사 명: 숲체험 활동 '숲속의 힐링'<br>• 운영기간: 2014년 1~12월<br>• 장　　소: 직동근린공원, 청소년수련관<br>• 참가대상: 7세~청소년, 성인<br>• 협력기관: 종로시니어클럽(숲 해설 전문기관)<br>• 담 당 자: 이○○<br><br>❙ 운영방법<br>• 체험활동 프로그램<br>– 단체참가: 15인 이상 단체 접수 시 맞춤형 프로그램 운영(공휴일 제외)<br>– 개인참가: 개인 접수자가 15인 이상일 때 운영<br>• 관내뿐 아니라 관외 청소년들도 참여할 수 있도록 적극참여 유도<br>• 직동수련원을 찾는 가족 단위 참가자들도 프로그램 참여기회 제공<br><br>❙ 기대효과<br>• 지역 숲 탐방을 통한 정체성 확보 및 지역공동체의식의 회복<br>• 지역 특성을 살린 특성화 프로그램으로 운영 |

출처: 의정부청소년수련관(2010).

## 토론 및 토의

1. 건강가정지원센터에 대해 조사해서 발표하시오.

    1) 주요업무　　2) 직원 인터뷰　　3) 기타 사항(예: 이용자 인터뷰)

2. 육아종합지원센터에 대해 조사해서 발표하시오.

    1) 주요업무　　2) 직원 인터뷰　　3) 기타 사항(예: 이용자 인터뷰)

3. 어린이집에 대해 조사해서 발표하시오.

    1) 주요업무　　2) 직원 인터뷰　　3) 기타 사항(예: 이용자 인터뷰)

| 시설 | 방문 날짜 | 시설의 주요 업무 | 직원 인터뷰 | 기타 사항 |
| --- | --- | --- | --- | --- |
| 건강가정 지원센터 | | | | |
| 육아종합 지원센터 | | | | |
| 어린이집 | | | | |

11
CHAPTER

# 다양한 가족과 아동·가족 지원

가정은 아동에게 있어 최초의 교육 장소이며 사회이다. 평범한 가정이 아닌 제대로 기능하지 못하는 가정환경에 처한 아동들에 대해 알아보고 국가와 지역 사회가 이들을 위해 어떠한 정책을 펼치고 어떠한 노력을 해야 하는지에 대해 생각해 볼 필요가 있다.

본 장에서는 빈곤가정아동, 미혼모가정아동, 한부모가정아동, 다문화가정아동, 재혼가정아동, 중독가정아동, 조손가정아동 등의 아동에게 어떤 실천적 접근이 필요한지에 대해 알아본다.

## 제1절 빈곤가정아동

### 1. 빈곤가정이란?

빈곤은 아동의 생활환경과 밀접한 관련이 있기 때문에 빈곤문제는 그 자체로 아동에게 있어 양육환경의 결손이나 결함을 초래하여 아동의 신체발달 및 인지발달을 저해하고 정서장애나 행동장애를 유발한다. 또한, 빈곤은 자녀세대로의 대물림 현상을 야기하기 때문에 국가적 개입이 요구되는 부분이다.

빈곤은 부모의 소득과 관련이 있다. 부모의 소득이 최저생계비에 미치지 못하는 저임금 근로자일 경우 빈곤가정이 된다. 전체 근로자임금 가운데 가장 중간에 해당하는 소득을 중위소득이라 하며, 이 중위소득의 3분의 2 이하를 받는 근로자를 저임금 근로자라고 한다. 중위소득이 100만 원일 때 67만 원 이하를 버는 사람들이 저임금 근로자가 된다.

빈곤은 절대빈곤과 상대빈곤으로 나누어 볼 수 있다. 한국보건사회연구원(2008)에 따르면 국내 18세 미만 아동 1,090만 명 중 최저생계비 이하 소득으로 살아가는

▲ Rowntree
(1872~1954)

절대빈곤가구에 속한 이들은 54만 5,913명(5.0%)에 달한다. 또한, 아동이 있는 가구 중 8.4%가 중위소득의 절반 이하인 상대빈곤가구다. 빈곤선은 생활을 유지하는 데 필요한 최소한도의 수입 수준으로서 영국의 사회사업가 Rowntree가 제시한 개념이다. Rowntree는 1899년 자신이 살고 있던 요크시의 빈곤을 조사했는데 이것은 1899년 찰스 부스의 런던 빈민층 연구와 더불어 빈곤에 관한 근대적 연구의 시발로 평가된다.

### 1) 절대적 빈곤

절대적 빈곤(absolute poverty)이란 최소한의 인간다운 생활에 필요한 자원이 부족한 상태로 정의할 수 있다. 즉, 생필품을 구할 수 있는 경제적 능력 여부가 빈곤 여부이다. 이처럼 절대적 빈곤은 빈곤선(poverty line)[45]이라는 절대적 최저수준에 따라 정의된다. 인간으로서 최저한의 생활을 하는 데 필요한 생계비에 미달되는 상태로서 인간의 기본 욕구(basic human needs)가 달성되지 않은 빈곤상태이다.

### 2) 상대적 빈곤

상대적 빈곤(relative poverty)은 특정 사회의 전반적인 생활수준과 관련이 있으며 상대적 박탈과 불평등과 관련이 있다. 즉, 그 사회의 평균 소득수준과 대비하여 상대적으로 소득이 낮은 계층을 빈곤층으로 정의한다. 따라서 사회의 구성원 대다수가 누리는 생활수준에 따라 빈곤선이 달라진다. 또한, 절대적 빈곤이 생존과 관련이 있다면 상대적 빈곤은 생활수준과 관련이 있는 개념이다.

45) 빈곤선(poverty line, poverty threshold, 빈곤소득선)이란 해당 국가에서 적절한 생활수준을 수행하는 데 필요한 최소 소득수준이다. 영국의 Rowntree가 제시한 개념이다.

### 3) 주관적 빈곤

주관적 빈곤(subject poverty)이란 자신이 충분히 갖고 있지 않다고 느끼는 것을 말하는데 위에서 서술한 2가지 개념인 절대적 빈곤과 상대적 빈곤은 제3자의 판단에 의한 객관적인 수준이 결정되는 반면, 주관적 빈곤의 개념은 주관적 수준에서 결정된다. 사람마다 서로 다른 정의를 내리기 때문에 일치된 수준을 정의하기 어렵다.

**최저생계비**란 국민이 건강하고 문화적인 생활을 유지하기 위해 소요되는 최소한의 비용을 의미한다(보건복지부, 2014).

**차상위계층**이란 연간 총 소득이 최저 생계비의 100~120% 이하에 해당되는 계층을 의미한다.

**기초생활수급대상자**란 총 소득이 최저생계비 이하인 가구를 의미한다. 기초생활수급대상자의 경우에는 정부에서 생계급여, 주거급여, 의료급여, 교육급여, 해산급여, 장제급여, 자활급여를 지원받는다.

〈2019년 최저생계비 금액 및 차상위계층〉

| 가구 규모 | 1인가구 | 2인가구 | 3인가구 | 4인가구 |
|---|---|---|---|---|
| 기초생활수급자 | 1,024,205 | 1,743,917 | 2,256,019 | 2,768,122 |
| 차상위계층 | 1,229,046 | 2,092,700 | 2,707,223 | 3,321,746 |

## 2. 빈곤가정이 겪는 문제점

### 1) 아동의 발달에 미치는 영향

아동기에 겪게 되는 빈곤은 잔인하리만큼 그들의 삶의 모든 측면에 영향을 미친다. 빈곤은 아동에게 있어 가장 기본적인 욕구를 해결하는 데 걸림돌이 된다. 먹을 것과 입을 것이 없거나, 집이 불결하거나 유해하며, 교육을 제대로 받을 수 없다거나, 충분한 의료혜택을 받지 못하게 되어 아동의 신체발달, 인지발달에 부정적 영향을 미친다. 이렇게 빈곤 자체도 문제가 되지만 더욱이 빈곤은 수많은 병리현상을 낳는다. 즉, 빈곤한 가정의 아동은 흡연, 음주, 학교폭력 등에 더 많이 노출되어 있다(Noel & Whyte, 2007).

### 2) 빈곤의 대물림

빈곤은 아동으로 하여금 교육의 기회를 박탈하게 하는 주(主)원인이 된다. 이것은 아동이 직업인으로서 성장하거나 적응할 수 없게 함으로써 저임금직종과 비정규직종에 근무하게 되어 다시금 빈곤을 대물림하게 된다는 것에 큰 문제가 있다.

# 3. 빈곤가정아동을 위한 교육적 접근

## 1) 일자리 창출과 비정규직의 정규직화

빈곤은 아동에게 신체적 발육부진, 인지적 발달지체, 학업부진, 학교중퇴, 과잉행동장애, 반사회적 행동 등의 문제를 야기할 수 있으므로 사회와 국가가 시급하게 개입해야 할 문제다. 빈곤을 해결하기 위해서는 가족의 소득을 향상시켜야 한다. 즉, 일자리 창출이 필요하다.

OECD에 따르면 저임금 일자리 비중을 국가별로 비교해 본 결과, 우리나라가 25.6%(2007년 기준)로 가장 높았다.

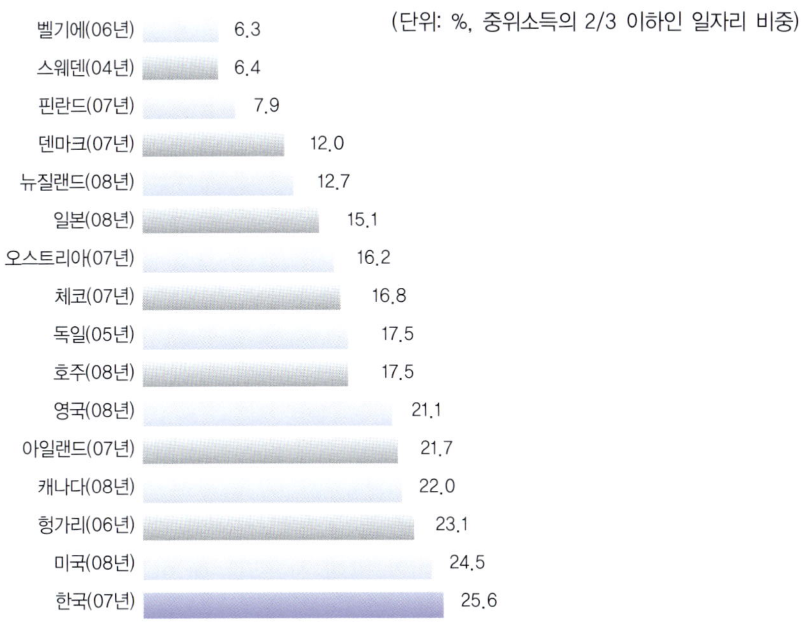


[그림 11-1] OECD국가 저임금 일자리 비중

출처: 한국일보(2010. 4. 10). 이영태 기자; OECD(2007).

우리나라 일자리 4개 중 1개는 저임금 근로자들이 채우고 있다는 의미다. 저임금 일자리 비중이 가장 낮은 나라는 벨기에와 스웨덴으로 각각 6.3%, 6.4%밖에 되지 않는다. 우리나라에 저임금 일자리가 이렇게 많은 이유가 무엇일까? 그 이유는 정규직과 비정규직 임금격차가 다른 나라보다 크기 때문이다. 빈곤가족 소득의 향상을 위해 일자리 창출과 더불어 비정규직의 정규직화가 필요하다.

### 2) 심리상담과 멘토링

빈곤은 아동을 다양한 환경적 위험에 노출하고 이는 아동으로 하여금 비행으로 이끄는 실마리가 된다. 이러한 아동의 다양한 문제를 간과하면 청소년기에 더 큰 문제를 일으킬 수 있다. 그러므로 아동의 심리적 욕구를 충족시킬 수 있도록 상담 프로그램을 실시하고 멘토(mentor)를 설정하여 지속적으로 지지하고 지원하는 사회적 시스템을 만들어 가는 것이 필요하다.

# 제2절 미혼모가정아동

## 1. 미혼모가정이란?

미혼부모란 법적으로 혼인을 하지 않은 상태에서 부모가 된 것을 말하고, 미혼부모가정아동이란 미혼의 부모에 의해 양육되고 있는 아동이다. 미혼부모라는 용어보다는 흔히 미혼모라는 용어가 많이 사용되는데 이는 혼인 전 임신사실을 알린 대부분의 경우 미혼부들이 연락을 끊어버리기 때문이다. 미혼모시설에 입소한 미혼모들의 연령별 비율은 21~25세가 45.8%로 가장 많고, 16~20세가 31.5%, 26~30세가 14.3%로 나타났는데, 이러한 결과는 20대 초반 혹은 10대 후

반기의 청소년기·청년초기 아동·청소년들의 성에 대한 호기심과 무지함으로 인해 미혼모가 발생했다는 것을 알 수 있다.

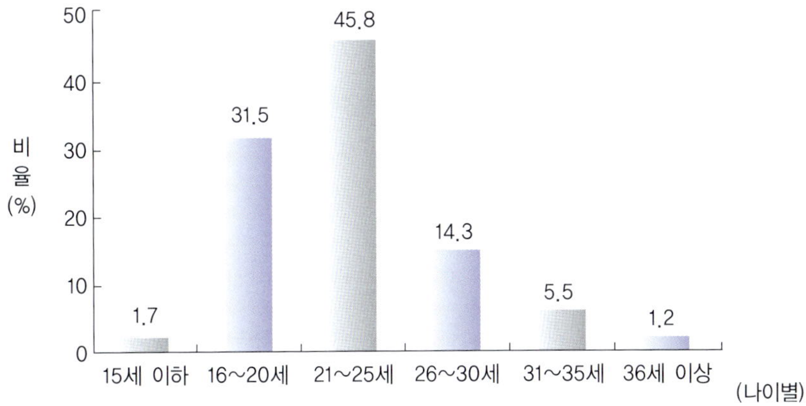


[그림 11-2] 미혼모 현황 조사결과

출처: 보건복지부(2009a).

미혼부모의 나이가 대부분 청소년, 청년초기라는 것은 이들이 자녀를 양육해야 하는 입장에 있으면서도 본인 역시 사랑받고 보호받아야 할 청소년이며 누군가의 인생을 책임지고 가정을 이끌어 나가기에는 미성숙한 인간이라는 데 큰 문제가 있다. 미혼부모가정의 아동을 위한 사업은 미혼부모와 아동 모두를 대상으로 해야 한다는 특성이 있다.

## 2. 미혼모가정이 겪는 문제점

### 1) 경제적 문제

미혼부모는 출산을 위해 학업을 포기했거나 가출을 한 경우가 대부분이어서 경제적 능력이 없는 경우가 많다. 이 때문에 기본적으로 미혼부모 본인과 자녀가 살 집을 마련하거나 자녀를 출산하고 양육하는 데 필요한 것들을 충족하기 어렵다.

### 2) 의료적 문제

영아기는 신체성장의 급등기이며 태내 발달 시 영아기의 영양부족은 아기의 뇌 발달, 신체발달에 치명적인 영향을 미치게 되므로 부적절한 산전관리나 영양부족 등으로 미숙아, 조산아, 장애아, 영아사망의 위험이 크다. 따라서 미혼부모와 임산부에 대해서는 특별한 사회적 주의와 더불어 의료상의 문제가 발생할 수 있다.

### 3) 심리정서적 문제

미혼모의 경우 순결을 미덕으로 생각하는 사회적 인식 때문에 미혼모를 문란한 여성으로 매도하여 가족 내에서도 단절되는 경우가 많다. 어린 나이에 이를 견디지 못하고 신생아를 유기하거나(주사랑공동체교회[46] 베이비박스, 사진 참조), 살해하는 일이 발생하기도 한다. 이로 말미암아 평생 죄책감과 자괴감으로 미혼부모는 한 인간으로서 전 생애적 관점에서의 발달과업을 수행하기가 어렵다.

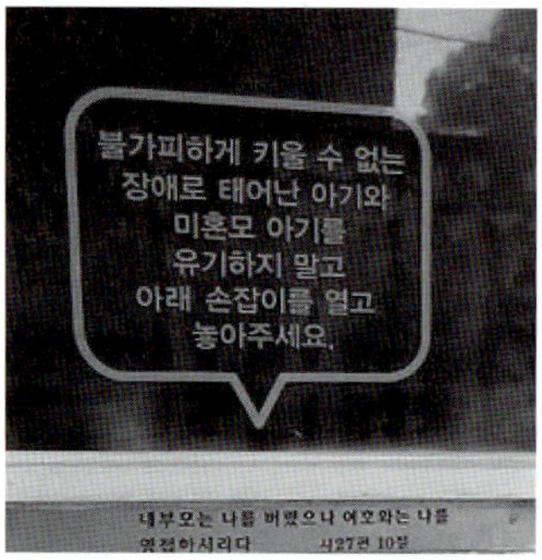

▲ 주사랑공동체교회의 베이비박스

46) 참고로, 2억 9백만 원 상당의 기초생활수급비 부정수급 혐의를 받는 주사랑공동체 이종락 목사 부부가 기소 의견으로 검찰에 넘겨진 것이 확인됐다. 서울 금천경찰서는 최근 이종락 목사 부부를 기초생활수급비 부정수급 혐의로 검찰에 송치했다고 밝혔다. 이종락 목사 측은 "법적 무지에서 비롯된 행정 실수"라고 해명했지만, 주사랑공동체 이사회 회의록에는 이종락 목사가 최소 1년 전부터 기초생활수급 자격요건이 되지 않는다는 것을 알고 있었다는 정황이 드러나기도 했다(CBS노컷뉴스, 2019. 10. 1). 그러나 이에 관한 판단은 독자가 하기 바란다.

## 3. 미혼모가정아동을 위한 교육적 접근

### 1) 경제적 지원

미혼모들에게 가장 필요한 도움에 대해 조사한 결과, 아동을 양육하기로 결정한 경우에 경제적 지원(43.8%)이 가장 필요하며, 가족의 이해(24.7%), 아동무료보육(13.7%) 등이 필요하다고 응답하였다.

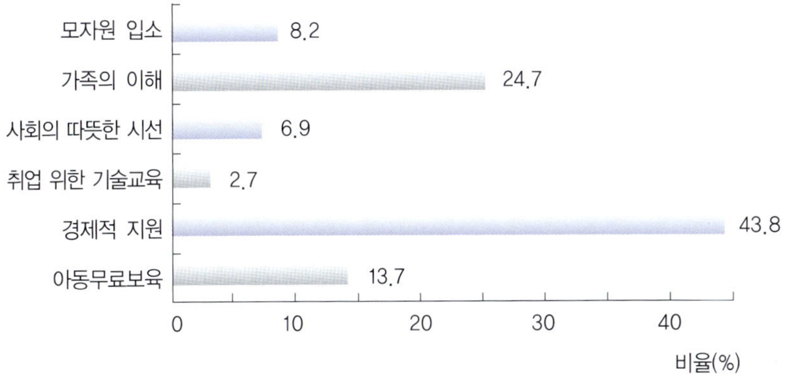


[그림 11-3] 양육 시 필요한 도움

출처: 보건복지부(2009b).

### 2) 심리상담 및 멘토링

보건복지부 조사(2009b)에 의하면, 미혼모들이 임신과 출산을 겪으면서 가장 어려웠던 점으로 마음의 혼란(35.6%)을 들고 있다. 따라서 건강한 자녀교육을 위한 심리상담 및 멘토링이 절실하다.

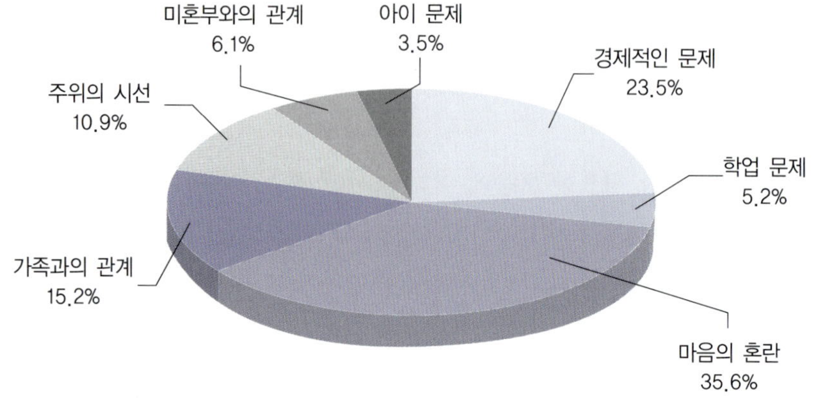


**[그림 11-4]** 임신과 출산을 겪으면서 가장 어려웠던 점

출처: 보건복지부(2009b).

## 제3절 한부모가정아동

### 1. 한부모가정이란?

한부모가족(single parent family)은 사별, 이혼 등의 이유로 해체된 가족을 지칭한다. 한부모가족은 편부모가족, 편부모가정, 편부모가구 등 각기 다른 여러 가지 명칭으로 불리다가 '한국여성민우회'라는 민간단체를 중심으로 한부모가정이라는 명칭을 사용하게 되었다. 「한부모가족지원법」(2007)에 의하면, 한부모는 자녀를 양육하는 자로서, 배우자와 사별 또는 이혼하거나 배우자로부터 유기된 자, 정신 또는 신체의 장애로 장기간 노동능력을 상실한 배우자를 가진 자, 사실혼관계에 있는 미혼자로 규정된다. 따라서 한부모가정이란 여러 가지 사유(이혼, 별거, 사별, 유기, 미혼모의 발생 등을 이유)로 부모 중 한 사람과 18세 미만의 미혼 자녀들로 구성된 가정을 말한다.

### 1) 한부모가정의 가족 형태별 분포

한부모가정의 현황을 살펴보면 소폭이지만 지속적인 증가 추세에 있다(통계청, 2008). 2세대 가구 중 '부부 + 자녀'가구는 감소한 반면, '한부모 + 자녀'가구는 증가하고 있고(표 11-1 참조), 결혼을 선택으로 간주하는 젊은 층의 가치관의 변화에 의해 혼인율은 감소하는 반면, 이혼에 대한 가치관은 허용적인 방향으로 변화되면서 상승하고 있다. 또한, 조이혼율(2.6%)은 2000년대 초반에 비해 다소 감소하는 경향을 보이기는 하지만 지속적으로 증가하는 추세이며 조혼인율(6.8%)은 2000년대 초반에 다소 증가하는 경향을 보이지만 지속적인 측면에서는 감소하고 있다.

〈표 11-1〉 가족의 형태별 분포[47] (단위: %)

| 연도 | 혈연가구 수 (천 가구) | 핵가족 | | | 직계가족 | | 기타 가족 |
|---|---|---|---|---|---|---|---|
| | | 부부 | 부부와 미혼자녀 | 편부(모)와 미혼자녀 | 부부와 양(편)친 | 부부와 양(편)친과 자녀 | |
| 1990 | 10,167 | 9.3 | 58.0 | 8.7 | 0.9 | 9.3 | 13.8 |
| 1995 | 11,131 | 12.6 | 58.6 | 8.6 | 1.1 | 8.0 | 11.2 |
| 2000 | 11,928 | 14.8 | 57.8 | 9.4 | 1.2 | 6.8 | 10.1 |
| 2005 | 12,491 | 18.1 | 53.6 | 11.0 | 1.2 | 5.7 | 10.4 |

출처: 통계청(2008).

### 2) 한부모가족복지시설 현황

한부모가족복지시설은 2008년 11월 현재 모부자 보호시설 42개, 모자자립시설 3개, 모자일시보호시설 14개, 미혼모자시설 26개, 공동생활가정 19개 등 전국 104개 시설이 있다.

47) 1990년대와 비교하여 부부와 미혼자녀가족의 비율은 감소하고 있는 반면, 편부모와 미혼가족의 비율은 2005년도에 증가하고 있음을 볼 수 있다.

〈표 11-2〉 한부모가족복지시설 현황

(단위: 시설 수)

| 시·도 | 계 | 모부자 보호시설 | | 모자 자립시설 | | 모자일시 보호시설 | | 미혼 모자시설 | | 공동 생활가정 | |
|---|---|---|---|---|---|---|---|---|---|---|---|
| | | 시설수 | 시설명 | 시설수 | 시설명 | 시설수 | 시설명 | 시설수 | 시설명 | 시설수 | 시설명 |
| 계 | 104 | 42 | | 3 | | 14 | | 26 | | 19 | |
| 서울 | 17 | 6 | 성심, 해방, 영락, 동광, 창신, 평화 | – | – | 2 | 사인힐 (구, 자매) 서울 모자의집 | 5 | 구세군여자관 애란원 성심의 어머니집 열린집 아름뜰 | 4 | 애란모자의집 달빛둥지 애란세움터* 디딤돌 |
| 부산 | 10 | 6 | 은애, 다비다, 안나, 청학, 한나, 마리아 | – | – | 1 | 성현 여성의집 | 2 | 마리아모성원 사랑샘 | 1 | 마리아 모성의집 |
| 대구 | 10 | 5 | 소망, 목련, 자용모자 기독교가정 복지관 본마을빌라 | – | – | 3 | 여성회관 태평상담실 자비의쉼터, 대구가톨릭 여성의집 | 1 | 대구혜림원 | 1 | 잉아터 |
| 인천 | 5 | 2 | 융신, 아담채** | – | – | 1 | 은혜주택(구, 여성의쉼터) | 1 | 인천자모원 | 1 | 스텔라의집 |
| 광주 | 5 | 1 | 인애 | – | – | – | – | 2 | 우리집 인애복지원 | 2 | 평안의집 편한집* |
| 대전 | 5 | 1 | 루시 | – | – | 1 | 대전 여성의집 | 2 | 아침뜰 대전자모원 | 1 | 대전클로버 |
| 울산 | 4 | 1 | 보리수마을 | – | – | 1 | 여성의쉼터 | 1 | 물푸레 | 1 | 물푸레 |
| 경기 | 12 | 2 | 새소망빌라 세림주택 | 1 | 늘푸른빌라 | 1 | 가톨릭 여성의집 | 5 | 에스더의집 생명의집 새싹들의집 고운뜰 늘푸른집 | 3 | 천사의집 로뎀의집 모성의집 |
| 강원 | 3 | 1 | 성은모자원 | – | – | – | – | 1 | 마리아의집 | 1 | 요셉의집 |
| 충북 | 3 | 1 | 성가마을 | 1 | 상록수 | – | – | 1 | 자모원 | | – |
| 충남 | 4 | 2 | 세화주택, 에벤에셀 | – | – | 1 | 테레사의집 | | | 1 | 새소망의집 |
| 전북 | 7 | 4 | 원광, 신광, 성애, 이산 | 1 | 신광자립원 | 1 | 삼성 여성쉼터 | 1 | 기쁨누리 | | |
| 전남 | 5 | 2 | 목포태화 함평자광 | – | – | – | – | 2 | 성모의집 어린엄마둥지 | 1 | 살로메나눔터 |

| 시·도 | 계 | 모부자 보호시설 | | 모자 자립시설 | | 모자일시 보호시설 | | 미혼 모자시설 | | 공동 생활가정 | |
|---|---|---|---|---|---|---|---|---|---|---|---|
| | | 시설수 | 시설명 | 시설수 | 시설명 | 시설수 | 시설명 | 시설수 | 시설명 | 시설수 | 시설명 |
| 경북 | 6 | 5 | 포항, 안동, 상록, 영신, 경주애가원 | – | – | – | – | 1 | 샤론의집 | | – |
| 경남 | 4 | 2 | 희망 통영신애원 | – | – | 1 | 창원 여성의집 | – | – | 1 | 생명터 |
| 제주 | 4 | 1 | 제주모자원 | – | – | 1 | 한빛 여성의쉼터 | 1 | 애서원 | 1 | 아기사랑 엄마의집 |

* 미혼모 공동생활가정
** 부자보호시설
출처: 보건복지부(2008).

## 2. 한부모가정이 겪는 문제점

한부모가족은 그 발생 배경 때문에 부모와 자녀 모두 정서적·행동적·사회적인 어려움을 겪게 된다. 이혼한 부모의 상당수는 불안감, 배신감, 상실감, 분노감, 좌절감, 실패감, 우울감, 낮은 자존감 등 정서적인 어려움을 겪는다. 또한, 신체적인 건강악화와 일상생활의 리듬이 파괴되기도 한다. 즉, 한부모가족은 가족해체라는 가족구조의 변화로 심리적·정서적·신체적인 어려움과 더불어 사회적 편견과 차별을 겪게 된다.

한부모가족은 빈곤 등의 경제적인 어려움, 자녀양육과 훈육의 부재에서 오는 자녀의 일탈과 부적응 등의 심리적인 어려움이 있으며 이들 문제들이 복합적으로 나타나는 이중의 어려움을 겪게 된다. 이는 부모가 자녀에게 소홀해지고 양육의 질이 낮아진 것과 관련이 있으며 이러한 문제들은 개인이나 가족 차원에서 감당하기 어려운 심각한 문제들로 발전하게 된다. 특히, 이혼을 통해 한부모가정이 된 경우 자녀들은 심한 심리적 갈등을 겪는다. 이혼 초기에 유아기를 맞이한 아이들은 부모에게 분노감을 나타내거나 적개심을 보이고 갈등을 겪는다.

심리적 어려움에 초점을 둔 연구들과는 달리 일부 연구들은 한부모가족이 겪는 경제적 어려움에 초점을 두고 있다. 그러나 무엇보다 한부모가족의 자녀들은 발달적 어려움, 학업성취에서의 어려움, 또래와의 관계의 어려움, 정서적·행동적 어려움을 겪을 수 있고, 이는 아동으로 하여금 낮은 자존감을 갖게 한다(Heise & Shek, 2008).

이러한 문제들과 더불어 한부모가정의 아버지가 겪는 어려움과 어머니가 겪는 어려움은 다른 결과를 보이고 있는데(이진숙·최원석, 2011)[48] 여기서는 한부모가정의 어머니가 겪는 문제와 아버지가 겪는 문제를 나누어 알아본다.

### 1) 한부모 모자가정

한부모 모자가정은 전체 한부모가정의 75%를 차지한다(Turner & Welch, 2011). 한부모 모자가정의 가장 큰 문제는 경제적인 문제이다. 특히 어머니의 경우 낮은 임금 때문에 경제적으로 한부모 부자가정의 경우보다 훨씬 어려움을 겪게 된다. 두 번째는 정서적인 문제이다. 어머니의 경우 아버지의 부재로 인한 가족 내에서의 역할과 지위변화에 적응해야 하는데 자녀가 아들일 경우 남성성의 부재로 남아의 성역할 모델의 결핍을 겪게 된다. 또한, 결혼에 실패했다는 것에 대한 분노와 좌절 그리고 사회적 편견이 우울증으로 악화될 수 있다. 따라서 한부모 모자가정을 위해서는 경제적 어려움을 최소화할 수 있는 물품지원 등의 서비스와 함께 사회적 편견 및 정서적 불안을 해소할 수 있는 상담 프로그램 등이 필요하다.

48) 2006년 한국복지패널 1차 조사 자료를 분석하여 한부모 475명을 대상으로 한부모의 사회적 서비스 욕구에 관한 성별 분석을 하였다.

### 2) 한부모 부자가정

한부모 부자가정은 경제적인 문제보다 생계부양자와 보호자로서의 부모역할을 동시에 감당하는 것을 가장 어려워한다. 자녀가 딸일 경우 어머니의 부재로 어려움을 겪을 수 있다. 또한, 심리적으로 결혼에 실패했다는 본인의 처지에 대한 좌절과 상대가 떠나간 것에 인간에 대한 배신감과 분노를 가질 수 있다. 따라서 한부모 부자가정을 위해서는 가사 역할 수행상의 문제 해결을 위한 지원이 필요하다.

## 3. 한부모가정아동을 위한 교육적 접근

### 1) 심리상담 및 부모교육 정보지원

한부모가정의 아동들은 부모의 이혼이나 별거 등으로 거주지의 변화, 경제적 여건의 변화 등을 겪을 수 있다. 또한, 이혼과정에서 겪게 되는 폭언이나 인신공격에 의해 아동은 심리적 외상(trauma)을 겪게 될 수 있다. 따라서 아동에 대한 심리상담을 해 주어야 한다. 부모에 대해서도 실패가 아닌 새로운 시작이라는 생각을 할 수 있도록 심리적 치료가 필요하다. 또한, 부모역할에 대한 정보를 얻을 수 있도록 부모교육 등의 프로그램을 지원해 주어야 한다.

### 2) 경제적 지원

한부모가족의 많은 경우가 차상위계층으로 「한부모가족지원법」에 의해 보호받고 있는데 자녀학비나 양육비지원 등을 받고 있어도 생계지원 측면이 많이 부족하다. 또한, 영구임대주택이 지원되고 있는데 대기기간이 길고 주택이 너무 협소하여 자녀가 여러 명 있는 경우 생활에 매우 큰 어려움이 있다.

## 제4절 다문화가정아동

### 1. 다문화가정아동이란?

다문화가족(multi ethnic family)이란 서로 다른 국적과 문화의 남녀가 이룬 가정이나 그런 사람들이 포함된 가족이며 다문화가정아동이란 다문화가정에서 양육되는 아동을 의미한다.

우리나라는 단일민족국가를 강조하여 왔지만 국제결혼의 증가로 빠르게 다문화사회로 진입하고 있다. 최근에는 결혼에 의한 다문화가정과 더불어 북한이탈주민 역시 크게 증가하고 있는 추세이다.[49]

〈표 11-3〉 체류외국인 현황(2018. 12. 31. 기준) (단위: 명)

| 합계 | 장기체류 | 단기체류 | 불법체류 |
|---|---|---|---|
| 2,367,607 | 1,687,733 | 679,874 | 355,126 |

출처: 법무부(www.moj.go.kr).

▲ 다문화가정 합동결혼식

49) 2019년 6월 말까지 탈북 입국자는 546명으로 지난해 같은 기간 487명과 비슷한 수준이다. 지난 2012년 김정은 북한 국무위원장 집권 이후 연 1,000~1,500명가량의 탈북주민이 국내로 입국하고 있다. 2019년 6월 현재 총입국자는 33,251명이다. 그중 10대 청소년 북한이탈주민은 약 8,000명으로 24%에 달한다.

2012년도 현재 어린이집을 이용하고 있는 다문화아동의 수는 52,120명에 이른다.

〈표 11-4〉 다문화아동 어린이집 재원 현황(2012년 기준) (단위: 명)

| 총 이용 아동 수 | | 국공립 | 사회복지 법인 | 법인·단체 등 | 민간 | 가정 | 부모 협동 | 직장 |
|---|---|---|---|---|---|---|---|---|
| 남 | 26,639 | 3,255 | 3,048 | 1,504 | 13,770 | 4,941 | 8 | 113 |
| 여 | 25,481 | 3,076 | 2,917 | 1,385 | 13,235 | 4,753 | 5 | 110 |
| 계 | 52,120 | 6,331 | 5,965 | 2,889 | 27,005 | 9,694 | 13 | 223 |

출처: 보건복지부(2012).

통계청(2010)의 다문화인구동태에 의하면 다문화가족은 2008년 20만 명에서 2011년 36만 명으로 크게 증가했다고 보고하고 있다. 또한, 1990년대 중반부터 증가하기 시작한 국제결혼은 2000년 이후 급증하여 2010년 전체 혼인의 10.8%, 이혼의 12.3%를 차지하는 것으로 나타났다(그림 11-5, 11-6 참조).

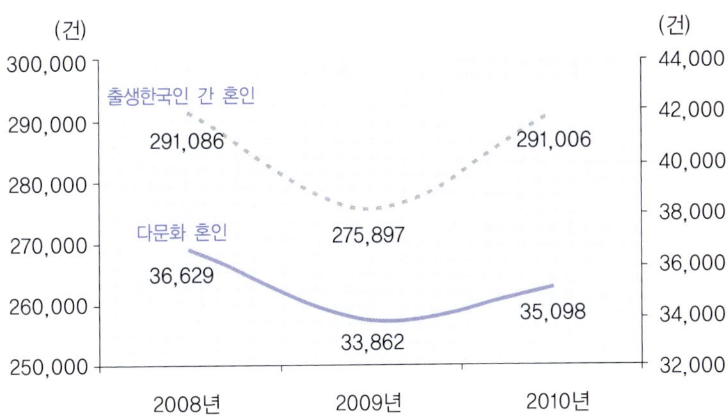


[그림 11-5] 다문화 혼인추이

출처: 통계청(2010).

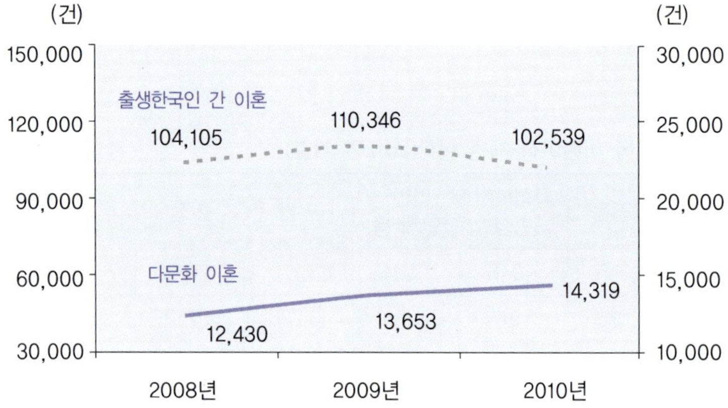


**[그림 11-6]** 다문화 이혼추이

출처: 통계청(2010).

다문화가정에 대한 관계법령은 「다문화가족지원법」, 「재한외국인 처우기본법」, 「북한이탈주민의 보호 및 정착지원에 관한 법률」, 「외국인 근로자의 고용 등에 관한 법률」 등이 있다(이현심 외, 2011).

## 2. 다문화가정이 겪는 문제점

### 1) 아동의 문제

#### (1) 자아정체감과 심리적 문제

다문화가정아동은 정체감의 혼란을 가질 수 있다. 아동 본인은 한국인이라고 생각하지만 유아교육기관이나 학교에서는 외국인으로 생각하고 대하기 때문에 이에 따른 따돌림이나 부당한 대우 등으로 심리적 어려움을 겪는다.

#### (2) 언어 및 학습문제

다문화가정아동의 부모 중 아버지가 외국인일 경우보다 어머니가 외국인일 경우 아동은 언어습득 및 학교적응에 더 큰 어려움을 겪는다. 우리나라에서는 통상적으로 어머니가 양육과 학교교육을 담당하는 경향이 많기 때문이다. 특히 외국인인 어머니가 한국말을 전혀 하지 못할 경우에 아동은 언어습득 및 학교학습 적응에 어려움을 겪을 수 있다.

### 2) 부모의 문제

#### (1) 언어 및 자녀양육

다문화가정의 가장 큰 문제는 언어문제이다. 언어가 원활하지 못할 경우 자녀와의 의사소통이 원활하지 못할 수도 있고 학령기 자녀의 학습을 도와주기 어려우며 아동양육에 대한 정보를 공유하거나 문제를 해결하는 데도 어려움을 겪을 수 있다.

#### (2) 언어와 부부갈등

언어에 어려움이 있을 경우 부부간에도 의사소통이 원활하지 못하여 배우자를 무시하게 되거나 가정폭력으로 이어져서 심할 경우 가정이 해체되기도 한다.

# 3. 다문화가정아동을 위한 교육적 접근

## 1) 다문화가족지원센터 활성화

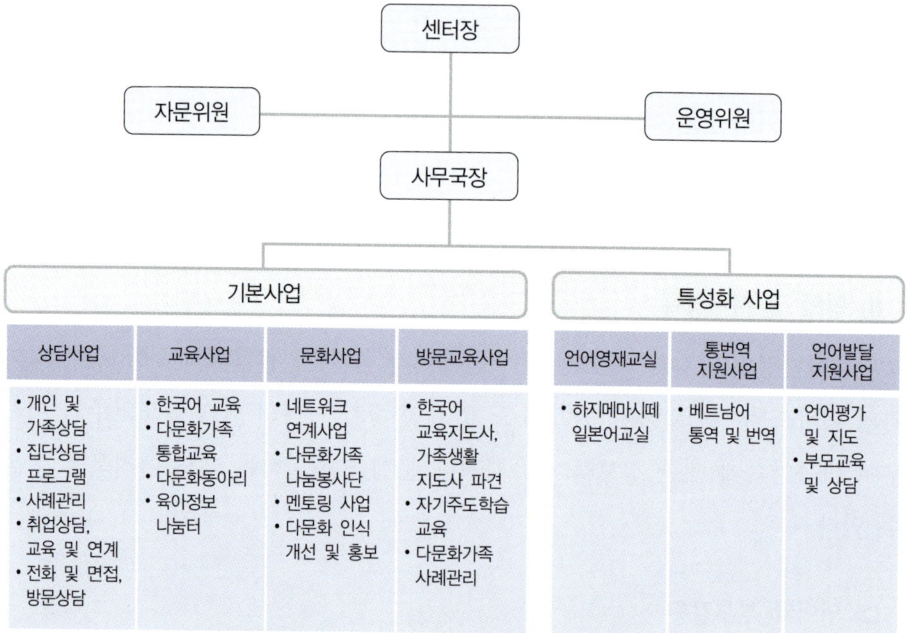


[그림 11-7] 다문화가족지원센터 조직도

출처: 금천구 다문화가족지원센터(http://geumcheongu.liveinkorea.kr).

다문화가족을 위한 다문화가족지원센터가 2008년 80개소에서 2013년 현재 210개소 이상으로 늘었으며 이들 센터에서는 다문화가족 대상 한국어 교육, 가족교육·상담, 다문화사회이해 교육, 취·창업 교육, 지역사회·민간자원 활용 프로그램 등을 운영하고 있다. 이러한 프로그램들을 다문화가족이 쉽게 접근하고 이용할 수 있는지 확인하고 보완하도록 해야 한다.

### 2) 다문화가정에 대한 자국인 교육

다문화가정에 대한 한국인의 인식 변화가 필요하다. 외국인에게 왜 우리의 세금을 쓰냐고 화를 내는 사람도 있다. 다문화가정의 아동은 외국인이 아니라 우리나라에서 태어나 우리나라에서 살아갈 우리나라의 역군들이다. 따라서 그들을 있는 그대로 인정하고 이해하며 수용하고 존중해 주어야 하며 그들이 한국사회에 잘 적응할 수 있도록 도와야 한다. 이를 위해 편견을 극복할 수 있는 반편견교육을 영유아교육기관뿐 아니라 학령기 및 청소년기의 학생들과 성인들에게도 실행하여야 한다.

## 제5절 중독가정아동

### 1. 중독가정이란?

중독(addiction)이란 술이나 마약 따위를 계속적으로 지나치게 복용하여 그것이 없이는 생활이나 활동을 하지 못하는 상태이며, 약물의 사용에 대한 강박적 집착, 해로운 결과가 있으리라는 것을 뻔히 알면서도 사용하는 강박적 사용, 사용을 중단하였다가도 또 다시 사용하게 되는 재발 등의 3가지의 주요 특징이 있다(서울대학교교육연구소, 1999). 약물중독(medicinal poisoning)은 크게 3가지로 분류된다. 첫째는 중추신경흥분제에 의한 것으로 카페인, 니코틴, 코카인이 이에 속한다. 둘째는 중추신경억제제에 의한 것으로 알코올, 각종 흡입제(본드, 부탄가스, 신나), 수면제 등이 이에 속한다. 셋째는 환각제로서 대마초 등이 여기에 속한다.

중독은 크게 음주(drinking), 흡연(smoking), 약물(drug), 인터넷 중독(internet

addiction)의 4가지로 분류할 수 있다. 여기서는 부모의 알코올중독과 아동의 약물, 인터넷 중독의 원인과 교육적 접근을 알아본다.

## 2. 중독가정이 겪는 문제점

### 1) 부모의 중독

#### (1) 알코올중독의 원인과 문제점

국내에서 알코올중독은 우리나라의 관대한 음주문화 때문에 질병이라는 인식이 부족하다. 알코올중독은 습관적으로 음주함으로써 음주에 대한 조절능력을 상실하고 건강, 직업, 가족, 대인관계, 법적인 측면 등 주요 생활기능에 장애를 일으키며 가족이 해체되거나 병들게 한다. 그러나 중독자들은 본인이 단지 술을 좋아한다고만 인식하고 있어 회복이 어렵고 재발이 반복되는 특성이 있으며, 무엇보다도 심리사회적 문제에 대한 적절한 대처방식이 발달되어 있지 않아 스트레스 상황이나 우울과 같은 불안한 상태가 되면 이전에 학습된 음주행위를 다시 하게 된다(Demirbas et al., 2012). 현명선 등(2013)의 연구에서는 알코올중독이 지지자원의 결핍, 낮은 경제적 수준, 교육수준, 직업의 유무와 관련이 있는 것으로 나타났다.

알코올중독자들이 본인을 둘러싸고 있는 열악한 제반환경에서 입은 자존감의 손상에 대한 대응방안으로 음주를 선택하는 경향이 있다는 것을 고려할 때, 이들에게 가정으로부터 따뜻한 지지를 받고 국가로부터 경제적 자활의 기회와 지원 및 심리적으로 자존감을 회복할 수 있는 복합적 과정을 고려한 가족치료 프로그램 적용이 필요하다.

#### (2) 도박중독의 원인과 문제점

도박이란 불확실한 미래의 특정한 결과를 기대하며 어떤 것을 지불하는 것이다. DSM-V에서는 이를 충동조절장애로 분류하고 있다. 병적인 도박중독은 정신적으로 문제가 발생할 뿐만 아니라 가정, 사회, 경제 그리고 법적인 측면에서도 문제가 되며, 가족과의 갈등이나 심한 경우 가족해체의 결과를 가져온다.

중독환자와 함께 살게 되면 아동은 스트레스를 받게 되고 다른 사람을 신뢰하지 못하며 무기력하거나 과잉반응을 보이는 등 인간관계에서 어려움을 겪게 된다.

## 2) 아동의 중독

### (1) 약물중독의 원인과 문제점

우리나라는 약물 오남용이 빈번하게 일어나고 있지만 이에 대한 연구는 극히 부족하다. 최근에는 영유아와 임산부 수백 명의 목숨을 앗아간 가습기살균제 사태가 발생하기도 했다. 최근 이수훈(2013)의 영유아기 아동의 중독 연구에서는 13~24개월에서 소아 중독이 가장 많이 일어났으며 연령이 증가할수록 빈도가 줄어들다가 만 5세에서 만 6세경에 다시 빈도가 증가하는 양봉(bimodal distribution)[50] 형태를 보인다고 보고하고 있다. 개인 위생용품과 감기약에 의한 중독이 가장 많았으며, 실리카겔을 포함한 방습제에 의한 중독이 다른 나라의 연구 결과에 비해 많았다고 보고하고 있다.

영유아기의 아동들은 가습기 살균 피해처럼 수동적 약물중독 현상을 보이지만 학령기의 아동들은 또래의 압력에 의해 약물을 스스로 선택하게 되는데 약물의 부작용에 대한 무지와 약물에 대한 자기주장을 제대로 내세우지 못하고 자신감이 떨어져 있거나 불안, 불만이 많거나 참을성이 없고 환경적으로는 결핍되어

50) 확률분포에서 봉이 2개인 경우, 2개의 최빈수(mode)를 가지고 있는 도수분포를 말한다. 예를 들어, 남녀의 수가 동일한 집단의 키 분포는 양봉 분포이다. 양 끝 중 하나가 더 많은 점수를 가지고 있어 분포가 비대칭적이면 그 분포는 편향(skewed)되어 있다고 부른다. 박사들의 지능지수와 같은 분포는 대체로 낮은 점수가 거의 없으므로 편향되어 있을 것이다.

있다. 특히 부모의 폭력, 음주, 외도, 가정불화 등의 요인이 있을 때 약물을 남용하게 된다. 따라서 교육현장에서는 아동의 가정환경에 대한 면밀한 상담과 관찰이 필요하고 아동의 문제에 있어 다면적 접근이 필요하다.

▲ 수동적 약물중독의 예

주: 가습기살균제피해자와 가족들이 환경보건시민센터 회원들과 함께 서울 세종로 광화문광장 이순신장군 동상 앞에서 '가습기살균제 피해구제법안 국회통과를 촉구'하는 기자회견을 갖고 있다.

출처: 베이비뉴스(2014. 1. 2). 이기태 기자.

### (2) 컴퓨터 게임중독의 원인과 문제점

10대 아동의 90%가 게임을 한다. 게임이 아동의 24시간 중 많은 시간을 차지하는 현대사회에서 게임을 하지 못하게 할 수는 없다. 어려서부터 습관적으로 게임에 대한 통제 능력을 키워 주는 것이 더 바람직한 방법일 수 있다. 게임중독의 문제점은 너무도 심한 자극에 지속적으로 노출된 경험으로 인해 덜 자극적인 경험에 집중하지 못하고 둔감해진다는 것이다. 가상과 현실의 구분 또한 어려워진다. 이는 다른 중독 증세와 동일하다. 또 다른 문제점으로는 게임 같은 지나친 자극에 중독된 아동은 자기효능감이나, 생활만족도, 의사소통능력, 충동억제능력, 공감능력, 자율성, 타인과의 관계 등에서 전반적으로 부적 연관성을 가지는 것으로 보고되고 있다. 게임중독에 대한 최근 연구(전윤지·김경근, 2013)

에서 부모 학력이 높을수록 아동들의 게임 목적의 컴퓨터 사용은 줄어드는 반면, 학습 목적 컴퓨터 사용은 늘어나는 결과를 보였다. 마찬가지로 부모의 양육태도가 수용적이고 자율적인 양상을 보일수록 아동들은 게임 목적의 컴퓨터 사용을 줄이는 반면, 학습 목적 컴퓨터 사용을 늘리는 경향이 있었다. 학습 목적 컴퓨터 사용은 학업성취에 정적 효과를 발휘하지만 오락 목적 컴퓨터 사용은 학업성취에 부적 영향을 미치므로 이와 같은 아동의 가정배경에 따른 컴퓨터 이용 행태의 차이는 궁극적으로 계층 간 교육 격차를 한층 심화시킨다.

## 3. 중독가정아동을 위한 교육적 접근

부모들은 자녀들에게 옳고 그름에 대해 교육하는 역할을 담당해야 하는데 이러한 생활지도는 좋은 부모-자녀관계를 바탕으로 해야 효과적이다. 지나치게 일방적 지시와 지도만을 강요하거나 행동 하나하나를 감독하거나 통제하고자 할 때 어려움이 발생하게 된다. 부모는 평소 자녀와 좋은 관계를 유지하고, 생활 속에서 부모가 먼저 모범을 보이며, 자녀의 욕구가 수용되는 가정환경을 조성해 주어야 한다. 자녀의 친구관계를 파악하고 또래로부터 압력을 받았을 때 이를 거절할 수 있는 내적 역량도 키워 주어야 한다.

사회적으로는 건강한 가정의 중요성을 부모가 인식할 수 있도록 부모교육 프로그램을 개발하고 실시하며, 지역사회를 중심으로 부모의 역할이 얼마나 중요한 영향을 미치는지를 교육해야 한다. 행복한 학교생활을 위한 방안 모색, 정기적으로 게임 및 약물 실태조사, 예방교육 프로그램 개발과 실시 등으로 아동중독을 예방해 가야 할 것이다.

# 제6절 조손가정아동

## 1. 조손가정이란?

조손가족이란 손자녀가 부모로부터 직접 양육받을 수 없는 상황에서 조부모에게 양육되고 있는 가족을 지칭하며 조손가정아동이란 조부모와 아동으로 이루어진 가정에서 양육되고 있는 아동을 의미한다. 부모와 자녀 중심의 핵가족은 경제논리에 따라 불황에 의한 실업 사태가 증가할 경우, 부모가 새로운 직장을 찾거나 혹은 경제기반을 마련하기 위해 불가피하게 가족 해체가 일어나고, 이혼이나 별거의 상황이 벌어진다. 실제 우리나라에서도 IMF를 전후하여 엄청난 수의 가정이 해체된 것으로 알려져 있다. 조손가족은 이혼 등의 요인과 맞물려 지속적으로 증가하고 있는 추세이다. 2005년 인구주택총조사 시 우리나라의 조손가구는 58,101가구로, 1995년 조사 시의 35,194가구, 2000년 조사 시의 45,224가구인 점을 비교할 때 10년 사이 65.1%나 증가했다.

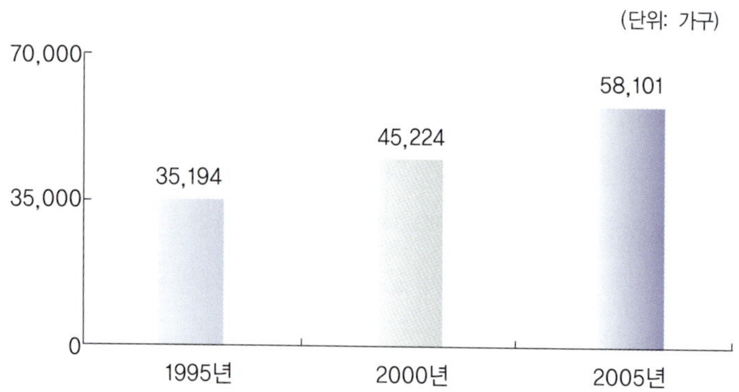


[그림 11-8] 조손가족 수 증가 추세

출처: 여성가족부(2007).

조손가족의 증가의 요인으로는 부모의 사망이나 이혼, 가출, 경제적 결핍, 맞벌이 등이 그 원인이 된다.

## 2. 조손가정의 문제점

### 1) 아동 측면

#### (1) 신체발달과 건강

조손가정에서 조부모에 의해 양육되고 있는 아동의 경우 건강상의 문제가 있을 수 있다. 충분한 영양을 고려한 균형 잡힌 식단을 제공받기 어려울 수 있기 때문이다. 한 연구에 의하면(여성가족부, 2007), 조손가정아동 중 6개월 이상 만성질환을 앓고 있는 아동의 경우는 4.3%, 크고 작은 잔병에 시달리는 경우는 4.2%로 집계되었고 장애아는 3.1%로 조사되었다.

#### (2) 심리정서발달과 문제행동

조손가정아동이 겪게 되는 문제로 두 번째는 심리정서적인 측면에서 세심한 배려를 받기가 어려울 수 있다는 것이다. 조부모에게 양육되는 아동은 이미 가족해체라는 비정상적인 상황의 경험에 의해 정서적으로 불안하고, 조부모로부터 적절한 훈육을 받지 못하는 사례가 많으며, 조손가정의 조부모들이 흔히 경험하는 일상생활에서의 양육스트레스나 손자녀와 본인의 불확실한 미래에 대한 불안 등과 같은 부정적인 정서가 아동에게 부정적인 영향을 미치게 되어, 결국 아동은 학교적응이나 왕따, 폭력, 비행 등 행동상, 정서상 많은 문제에 노출되어 있다.

### 2) 조부모 측면

#### (1) 건강

조손가정의 조부모들은 건강상의 어려움을 겪고 있다. 한 연구에서(여성가족부, 2007) 6개월 이상의 만성질환을 앓고 있다는 응답은 52.7%, 크고 작은 잔병이 많다는 응답은 20.0%로, 72.7%의 응답 조부모가 질병을 앓고 있었고 연령이 올라갈수록 질병에 더 많이 노출되어 있다.

#### (2) 소득

조손가정의 조부모들은 수입이 매우 적어서 빈곤가정이 가지는 문제를 가지는 경우가 대부분이다. 대부분의 조부모가 경제활동 연령을 넘어 선 노인으로서 조손가족 10가구 중 6가구 정도(57.7%)가 정부나 공공기관의 지원금에 전적으로 의존하고 있으며, 조부모가 경제활동을 통해 가계수입을 책임지는 경우는 29.8% (본인: 16.5%, 배우자: 13.3%)이다. 조손가족의 생계비는 결국 조부모의 연령이 높을수록 정부나 공공기관의 의존도가 높아진다.

## 3. 조손가정아동을 위한 실천적 접근

### 1) 경제적 지원

아동기에서 영양의 결핍은 어른이 한 끼를 굶는 것과는 비교할 수 없을 만큼의 부정적인 영향을 초래한다. 조손가정아동이 절대적 빈곤에 의해 신체적인 결핍뿐만 아니라 심리정서적인 결핍을 경험하지 않도록 아동수당, 양육수당 등을 통해 경제적으로 지원하여 양육부담을 덜어 줘야 한다.

### 2) 심리상담 및 양육정보지원

조손가정의 아동은 부모에 대한 그리움, 미움, 분노 등 부모를 향한 복잡한 감정과 함께 본인은 왜 부모와 함께 살지 못하는지에 대한 정신적 혼란 때문에 대상을 알 수 없는 원망과 분노의 감정을 가지게 된다. 이러한 부정적 감정을 잘 해소하지 못한다면 공격성 등 부정적 행동으로 이어질 수 있고 성장하면서 비행 등으로 연결된다. 따라서 이러한 감정을 솔직히 표현하고 감당할 수 있는 심리상담과 함께 아동이 혼자가 아니라는 생각을 심어 주기 위해 사회적으로 저명한 사람과 1대1 멘토를 정해 주는 등의 지원을 해 준다.

조손가정의 조부모들은 심리적으로 우울하고 스트레스를 겪는다. 미래에 대한 불안과 손자녀에 대한 걱정으로 삶에 대한 만족도가 낮을뿐더러 손자녀를 어떻게 키워야 할지 매우 어려워한다. 따라서 정서·심리적인 상담과 더불어 아동을 양육하고 훈육하는 것과 관련된 정보를 줄 수 있는 양육참여 프로그램을 제공하여 부모로서 필요한 양육기술을 습득하도록 한다.

### 3) 가사도우미 및 학습도우미 파견

조손가정의 가사를 책임지는 사람이 너무 연로하여 아동에게 적절한 양육을 해 줄 수 없으므로 가사를 담당하는 도우미를 파견해 준다. 또한, 보통의 평범한 가정에서는 부모가 아동의 학습을 도와주지만 조손가정은 이 점이 어려우므로 학습도우미를 파견해 준다.

## 토론 및 토의

1. 빈곤가족의 생활 안정을 위한 정책을 제시하여 토론하시오.

2. 비정규직의 정규직화에 대한 의견을 제시하여 토론하시오.

3. 아동에게 게임에 대한 통제능력을 키워 주는 방법을 제시해 보시오.

4. 불법체류자를 억제하기 위한 정책을 제시해 보시오.

5. 북한이탈주민 아동의 국내 부적응 사례를 조사하고, 그 대안을 제시해 보시오.

12
CHAPTER

# 가정위탁과 입양

아동은 건강한 부모와 함께 정상적으로 기능하는 안전한 가정에서 행복하게 성장해야 한다. 만약 아동이 부모와 불가피하게 분리되어야 할 상황이 발생할 경우 국가와 사회는 그 아동을 안전하게 보호해 주어야 한다. 왜냐하면, 모든 아동은 건강한 가정에서 행복하게 성장할 권리가 있기 때문이다. 그러나 현실적으로 아동이 속한 가정이 정상적으로 기능하는 것이 불가능하다면, 대체가정으로서의 위탁이나 입양이 그 대안으로 제기될 수 있다.

최근 보호가 필요한 아동에게 시설보다는 가정에서 양육하는 것이 더 바람직하다는 공감대가 형성되면서 가정위탁이나 입양이 아동복지를 실현하는 중요한 서비스로 등장하고 있다. 헤이그 국제아동입양협약[51)]에서는 아동의 보호는 원가정 보호가 원칙이며, 다음으로 국내입양이 우선 고려되어야 하고, 아동의 이익을 보장하기 위해 해외입양이 차선책으로 고려되어야 하며, 시설보호가 가장 마지막 방안이 되어야 한다고 밝히고 있다. 이처럼 아동이 출생한 가정이 안전하고 건강하게 기능하도록 지지와 지원을 해 주는 것이 가장 중요하며, 차선책으로서 위탁이나 입양이 고려되어야 한다.

## 제1절 가정위탁서비스

### 1. 가정위탁의 정의

가정위탁이란 보호대상아동의 보호를 위하여 성범죄, 가정폭력, 아동학대, 정

51) 우리나라는 2013년 5월 24일 헤이그 국제아동입약협약에 서명함으로써 국제사회에서 '아동인권 선진국'으로 인정받게 됐다. 동시에 국제입양이 아동매매나 약취의 수단으로 활용되지 않도록 한다는 협약의 취지에 맞도록 법, 체계 전반을 손질할 의무도 함께 지게 됐다. 헤이그 국제아동입양협약은 국제입양되는 아동의 안전과 권리보호를 위해 국제입양의 절차와 요건을 규정한 국제 조약으로 1993년에 체결되고 1995년에 발효되어 전 세계적으로 90개국이 가입한 상태이다.

신질환 등의 전력이 없는 보건복지부령으로 정하는 기준에 적합한 가정에 보호대상아동을 일정 기간 위탁하는 것을 말한다(「아동복지법」 제3조 제6호). 가정위탁은 보호대상아동(요보호아동)을 보호·양육하기를 희망하는 가정에 위탁 양육함으로써 아동에게 일시적이라도 가정경험을 제공한다는 데 의의가 있으며, 아동이 가정적인 분위기에서 건전한 사회인으로 자랄 수 있도록 가정 경험을 제공한다는 데 그 목적이 있다. 특히 2세 미만 영아의 경우 가정보호를 우선 시행한다.

그러나 가정위탁보호는 호적에 아동을 입적시켜 자신의 자녀로 키우는 입양과는 달리 주민등록만 옮겨 동거인의 자격으로 아동을 돌보게 되어 원가정으로 이른 시일 내에 복귀한다는 전제가 요구되며, 원가정으로 복귀하지 못할 경우 아동이 장기간 여러 기관을 전전하게 되는 심각한 상황이 초래될 수 있다.

가정위탁에는 자원봉사 차원으로 무상으로 아이들을 돌보는 무료위탁보호, 사회기관으로부터 양육비를 받는 유료위탁보호, 위탁기간 중 아동이 노동력을 제공하고 직업훈련을 통해 자립하게 되는 고용위탁보호, 요보호아동을 양자로 삼기 위한 입양위탁보호, 심신장애아동을 대상으로 치료와 재활서비스를 제공하는 전문위탁보호 등이 있다.

## 2. 위탁아동 현황

우리나라에서는 매년 보호대상아동[52]이 7,000명 규모로 발생하고 있으며, 2012년 말 현재 3만 4,000명의 아이들이 부모와 함께 살지 못하고 아동양육시설, 공동생활가정, 위탁가정에서 살고 있다. 이 중 아동양육시설에 2,272명, 가정위탁으로

52) 보호대상아동이란 보호자가 없거나 보호자로부터 이탈된 아동 또는 보호자가 아동을 학대하는 경우 등 그 보호자가 아동을 양육하기에 적당하지 아니하거나 양육할 능력이 없는 경우의 아동을 말한다(「아동복지법」 제3조). 여기서 아동이란 18세 미만인 사람을 말한다(「아동복지법」 제3조).

2,289명, 공동생활가정에 775명이 살고 있다(그림 12-1 참조). 한편, 보건복지부에서는 보호대상아동의 가정보호 강화를 위한 적극적인 정책을 수립하고 추진할 것이라고 밝히고 있다. 따라서 보호대상아동을 위한 앞으로의 정책이 가정위탁 방향으로 나아갈 것으로 보인다.

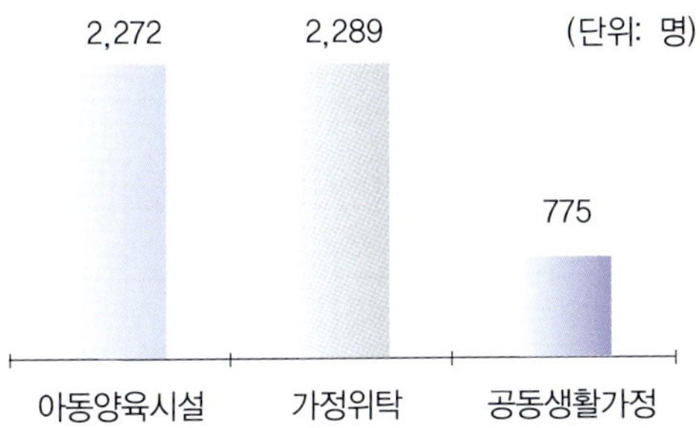


[그림 12-1] 2012년 신규 보호대상아동의 보호조치 현황

출처: 보건복지부(2012).

### 1) 가정위탁아동의 연도별 현황

가정위탁아동 현황을 보면, 2008년 16,454건에서 2011년 15,486건으로 크게 차이가 없다(표 12-1 참조). 이는 가정위탁보호는 일시적인 가정위탁을 거쳐 원가정으로 되돌아가는 것이 목적인데, 아동이 장기간 위탁가정에서 지내게 되는 사례가 많아 좋은 효과를 거두지 못하고 있다는 것을 방증(傍證)한다. 왜 이러한 현상이 발생할까? 일정 기간 내에 원가정에서 아동을 다시 받아들일 상황이 되지 못하는 경우가 많기 때문이다.

〈표 12-1〉 가정위탁아동 현황

| 연도 | 2008 | 2009 | 2010 | 2011 |
|---|---|---|---|---|
| 건 | 16,454 | 16,608 | 16,359 | 15,486 |

출처: 보건복지부(2012).

### 2) 가정위탁의 유형별 위탁가정 현황

가정위탁의 유형별 위탁가정의 현황을 보면, 〈표 12-2〉에서 보는 바와 같이 2011년 현재 대리양육이 7,463가정, 친인척위탁이 3,351가정, 일반가정이 816가정으로 대리양육위탁이 가장 많이 이용되고 있다.

〈표 12-2〉 위탁가정 현황

| 연도 | 대리양육가정 | | 친인척위탁가정 | | 일반위탁가정 | | 계 | |
|---|---|---|---|---|---|---|---|---|
| | 세대수 | 아동 수 | 세대수 | 아동 수 | 세대수 | 아동 수 | 세대수 | 아동 수 |
| 2011 | 7,463 | 10,205 | 3,351 | 4,260 | 816 | 1,021 | 11,630 | 15,486 |
| 2010 | 7,849 | 10,865 | 3,365 | 4,371 | 906 | 1,123 | 12,120 | 16,359 |
| 2009 | 7,809 | 10,947 | 3,438 | 4,503 | 923 | 1,158 | 12,170 | 16,608 |

출처: 보건복지부(2012).

## 3. 가정위탁의 절차

### 1) 위탁가정의 선정 기준

위탁가정의 선정 기준을 살펴보면 다음과 같다(보건복지부, 2013).

① 위탁아동을 양육하기에 적합한 수준의 소득이 있어야 한다.

② 위탁아동에 대하여 종교의 자유를 인정하고 건전한 사회구성원으로 자랄 수 있도록 양육과 교육을 할 수 있어야 한다.

* 종교시설(교회, 사찰 등의 본당과 부속 건물을 말함)을 주거지로 삼아 생활하는 종교인은 가정위탁보호의 취지와 맞지 않으므로 위탁부모가 될 수 없음

③ 위탁부모의 나이가 25세 이상(부부의 경우 부부 모두 해당)으로서 위탁아동과의 나이 차이가 60세 미만이어야 한다.

* 다만, 시·도지사, 시장·군수·구청장이 위탁아동을 건전하게 양육하기에 위탁가정의 환경이 적합하다고 인정하는 경우에는 가능함

④ 자녀가 없거나 자녀의 수가 위탁아동을 포함하여 4명 이내이어야 한다(18세 이상 친자녀 제외).

⑤ 가정에 성범죄, 가정폭력, 아동학대, 정신질환 등의 전력이 있는 사람이 없어야 한다.

* 본인의 동의를 받아 가정위탁보호를 희망하는 사람이 거주하는 소재지 관할 경찰관서의 장에게 범죄경력 조회를 요청하고 회신결과를 반영하여 위탁가정 선정(「아동복지법 시행령」 제20조)

### 위탁가정 선정 시 추가 검토사항

- 위탁아동을 자기 자녀처럼 양육하기에 필요한 성품·경험·지식을 갖춘 자를 위탁부모로 선정
  - 혼인관계를 유지하고 자신의 아이를 키워 본 경험이 있는 자를 우선하되, 시장·군수·구청장, 가정위탁지원센터의 장이 위탁아동을 건강하게 양육하기에 적합하다고 인정하는 경우에는 양육 경험이 없는 자도 선정 가능
- 가정이 화목하고 정신적·신체적으로 위탁아동을 양육함에 현저한 장애가 없을 것
- 위탁아동을 건강하게 부양하기에 어려움이 없을 정도의 재산이 있을 것
  - 경제적인 목적이 아닌 선의의 동기로 위탁아동양육을 결정한 것에 대한 확인이 필요함
  - 기초생활수급자는 충분한 재산이 있다고 볼 수 없음
- 위탁가정으로 적합한지 여부를 가정조사 시 이웃 등을 통해 확인
  - 공립아동상담소 또는 이웃주민의 추천 등
- 위탁부모가 될 자가 대한민국 국민이 아닌 경우, 해당 국가의 법에 따라 위탁부모가 될 자격이 있을 것

출처: 보건복지부(2013).

### 2) 가정위탁의 선정 절차

#### (1) 위탁아동보호 신청

요보호아동이나 위탁보호가 필요하다고 판단되는 경우 관할 아동거주지 읍·면·동에 위탁보호를 신청한다.

#### (2) 아동 및 위탁가정의 환경조사 실시

위탁아동 및 위탁가정의 환경조사를 실시하여 아동보호신청서, 가정조사서 등을 작성하여 시·군·구에 제출한다.

#### (3) 위탁가정 결정 및 통보

시·군·구에서는 가정현황조사 결과를 토대로 위탁보호 결정을 통보한다.

#### (4) 사례관리

결정된 아동을 기초생활수급자로 책정하고 아동카드에 기재하여 위탁보호자, 가정위탁지원센터, 시·군·구에 통보하고 관리하도록 한다.

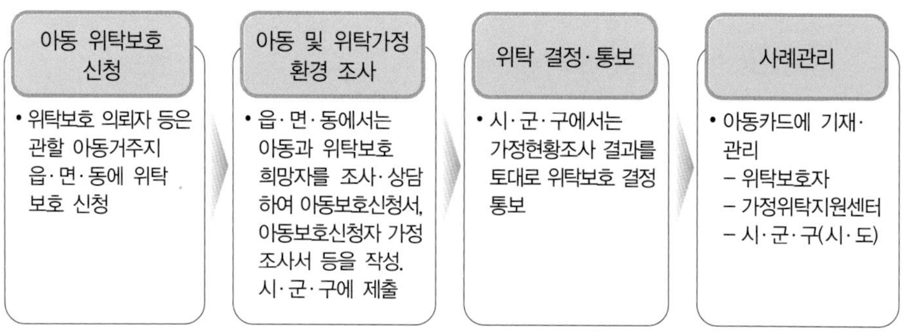


[그림 12-2] 선정 절차

출처: 보건복지부(2012).

### 3) 위탁가정 아동 지원정책

관련 법률인 「아동복지법」 제4조(국가와 지방자치단체의 책무)[53]에 따른 위탁가정아동을 위한 보건복지부(국토해양부 포함)의 지원정책은 다음과 같다.

#### (1) 양육보조금 지원

아이를 보호하고 있는 위탁가정에 지원되며 아동 1인당 월 12만 원 이상의 양육보조금이 지원된다. 지방이양사업으로 지역마다 지원 금액에 차이가 있을 수 있다.

#### (2) 국민기초생활수급자 책정·지원

부양능력이 있는 부양의무자가 존재하지만, 실질적인 가족관계의 단절로 볼 수 있는 경우 「국민기초생활 보장법」에 따른 수급자로 지정하여 급여가 지급된다.

#### (3) 자립지원정착금 및 대학진학자금

위탁아동을 위하여 자립지원정착금을 아동 1인당 3백만 원 이상 지급할 것과 대학등록금, 전세자금 등 아동 1인당 3백만 원 이상을 지급하도록 권고하고 있으나 양육보조금과 마찬가지로 지역마다 지원 금액이 다를 수 있다.

---

53) 「아동복지법」 제4조(국가와 지방자치단체의 책무)

① 국가와 지방자치단체는 아동의 안전·건강 및 복지 증진을 위하여 아동과 그 보호자 및 가정을 지원하기 위한 정책을 수립·시행하여야 한다.

② 국가와 지방자치단체는 보호대상아동 및 지원대상아동의 권익을 증진하기 위한 정책을 수립·시행하여야 한다.

③ 국가와 지방자치단체는 장애아동의 권익을 보호하기 위하여 필요한 시책을 강구하여야 한다.

④ 국가와 지방자치단체는 아동이 자신 또는 부모의 성별, 연령, 종교, 사회적 신분, 재산, 장애 유무, 출생지역 또는 인종 등에 따른 어떠한 종류의 차별도 받지 아니하도록 필요한 시책을 강구하여야 한다.

⑤ 국가와 지방자치단체는 「아동의 권리에 관한 협약」에서 규정한 아동의 권리 및 복지 증진 등을 위하여 필요한 시책을 수립·시행하고, 이에 필요한 교육과 홍보를 하여야 한다.

⑥ 국가와 지방자치단체는 아동의 보호자가 아동을 행복하고 안전하게 양육하기 위하여 필요한 교육을 지원하여야 한다.

#### (4) 전세자금 지원(국토해양부)

가구당 월평균 소득이 2012년도 도시근로자 가구당 월평균 이하로서 무주택인 대리양육·친인척위탁가정을 대상으로 임차전용면적 85㎡ 이하인 주택, 혹은 일반주택 전세자금 및 공공임대주택 임대보증금을 지원한다. 지원 절차는 시장·군수·구청장이 지원대상의 신청을 받아 지원대상가정을 선정하여 대한토지주택공사에 전세자금 지원대상으로 추천한다.

| 구분 | 읍·면·동 | 시·군·구 | 가정위탁지원센터 |
|---|---|---|---|
| 가정위탁 보호 신청 | • 요보호아동의 발생<br>• 가정위탁보호의 신청·접수·상담<br>• 수급권 신청 | • 가정위탁보호의 신청·접수 | • 가정위탁아동상담<br>• 위탁부모 발굴 및 교육 |
| 가정위탁 보호 결정 | 일반위탁<br>• 보호대상아동 조사서, 아동카드, 동의서를 작성하여 시·군·구에 제출<br>친인척/대리양육<br>• 가정위탁보호(대리양육) 신청서, 가정위탁보호(대리양육) 신청인 가정조사서, 보호대상아동 조사서를 작성하여 시·군·구에 제출 | 일반위탁<br>• 가정위탁보호 결정<br>• 가정위탁지원센터 위탁가정 연계 의뢰<br>• 수급자 책정<br>• 가정위탁지원센터에 책정 및 통보<br>친인척/대리양육<br>• 가정위탁 책정 및 통보<br>• 가정위탁아동 지원 | 일반위탁<br>• 위탁가정을 상담하여 적합한 가정 연계 후 가정위탁보호(대리양육) 신청서, 가정위탁보호(대리양육) 신청인 가정 조사서, 일반위탁부모 추천서를 작성하여 시·군·구청 제출 |
| 사례관리 | • 사례관리 및 복지서비스 제공 등 업무지원<br>– 위탁아동, 위탁가정, 친가정 상담 | • 위탁아동 지원 | • 사례관리<br>– 위탁아동, 위탁가정, 친가정 관리<br>– 위탁부모 교육<br>– 위탁아동 및 위탁가정 상담 지원 |
| 가정위탁 보호 종결 | | • 위탁종결<br>– 귀가조치(친가정 복귀 등)<br>– 가정위탁 종결(해지), 가정위탁지원센터 통보 | • 재배치 사정<br>• 아동 귀가 신청서 제출<br>• 사후관리 |

[그림 12-3] 가정위탁보호 시 기관별 역할

출처: 보건복지부(2013).

〈표 12-3〉 가정위탁지원센터 종사자 자격기준

| 유형 | 자격기준 |
|---|---|
| 가정위탁지원센터의 장 | 다음 각 목의 어느 하나에 해당하는 사람으로 한다.<br>가. 「사회복지사업법」에 의한 사회복지사 1급 자격이 있는 사람<br>나. 학대아동보호사업과 관련된 기관에서 3년 이상 근무한 경력이 있는 사람<br>다. 7급 이상 공무원으로서 국가나 지방자치단체에서 사회복지사업에 관한 행정업무에 5년 이상 종사한 경력이 있는 사람<br>라. 「의료법」에 따른 의사·한의사 또는 치과의사 면허 취득 후 3년 이상의 진료 경력자<br>마. 「정신보건법」에 따른 정신보건전문요원 자격취득 후 사회복지 업무에 5년 이상 종사한 경력이 있는 사람<br>바. 「영유아보육법」에 따른 보육교사 1급 자격 취득 후 아동과 관련된 사회복지 업무에 5년 이상 종사한 경력이 있는 사람<br>사. 유치원, 초등학교 또는 중등학교 교사 자격증 취득 후 사회복지사업에 5년 이상 종사한 경력이 있는 사람 |
| 상담원 | 가정위탁지원센터의 상담원은 다음 각 목의 어느 하나에 해당하는 사람으로서 보건복지부장관이 고시하는 비영리법인에서 개설·운영하는 별표 16의 교육과정을 수료한 사람으로 한다. 다만, 대학에서 교과목의 일부를 이수한 경우에는 해당 이수과목에 대한 교육을 면제할 수 있다.<br>가. 「사회복지사업법」에 따른 사회복지사 1급 자격이 있는 사람<br>나. 대학 또는 이와 같은 수준 이상의 학력이 있다고 교육부장관이 인정하는 학교에서 심리학과(복지심리학과를 포함한다) 또는 보건복지부령으로 정하는 아동복지 또는 사회복지 관련 교과목을 이수하고 졸업한 사람<br>※ 상담원은 보건복지부장관이 인정하는 교육기관에서 「아동복지법 시행령」 별표 16 "가정위탁센터 상담원의 교육과정"에 대한 100시간의 교육과정을 이수하여야 상담원 자격 획득<br>※ 가정위탁지원센터 종사자는 한국보건복지인력개발원과 중앙가정위탁지원센터에서 실시하는 가정위탁보호 실무과정 및 상담원 교육에 필수적 참여(센터는 소요예산 확보하여 지원) |
| 임상심리치료 전문인력 | 임상심리사 자격이 있거나 놀이치료, 미술치료, 음악치료, 심리상담 등 전문적인 치료를 할 수 있는 등 아동의 심리치료를 할 수 있는 사람으로 한다. |
| 자립지원 전담요원 | 다음 각 목의 어느 하나에 해당하는 사람으로 한다.<br>가. 「근로자직업능력개발법」에 따른 직업능력개발훈련교사 자격이 있는 사람<br>나. 「사회복지사업법」에 따른 사회복지사 2급 이상의 자격이 있는 사람<br>다. 초등학교 또는 중등학교 교사 자격이 있는 사람<br>라. 대학 또는 이와 같은 수준 이상의 학력이 있다고 교육부장관이 인정하는 학교 졸업자(다른 법령에서 이와 같은 수준 이상의 학력이 인정된 사람을 포함)로서 아동복지 또는 사회복지 관련 학과를 졸업하고 1년 이상 아동복지 업무에 종사한 경력이 있는 사람 |

〈표 12-4〉 전국 가정위탁지원센터 현황

| 기관명 | | 주소 | 연락처 | 홈페이지 | 운영법인 |
|---|---|---|---|---|---|
| 중앙 | 가정위탁 지원센터 | 서울특별시 마포구 토정로 174, 세이브더칠드런 2층 | 전화: 02)790-2966<br>팩스: 02)790-7266 | fostercare.or.kr | 세이브더 칠드런코리아 |
| 서울 | 가정위탁 지원센터 | 서울특별시 양천구 화곡로3길 27-3 어린이재단 1층 | 전화: 02)325-9080<br>팩스: 02)325-2664 | seoul-foster.or.kr | 초록우산 어린이재단 |
| 부산 | 가정위탁 지원센터 | 부산광역시 수영구 수영로 685 영동빌딩 9층 | 전화: 051)758-8801<br>팩스: 051)752-8810 | busan.sc.or.kr | 세이브더 칠드런코리아 |
| 대구 | 가정위탁 지원센터 | 대구광역시 서구 평리로 198 4층 | 전화: 053)656-2510<br>팩스: 053)626-2510 | dgfoster.or.kr | (사)한국수양 부모협회 |
| 인천 | 가정위탁 지원센터 | 인천광역시 남구 길파로 7 5층 | 전화: 032)866-1226<br>팩스: 032)866-8227 | icfoster.or.kr | 초록우산 어린이재단 |
| 광주 | 가정위탁 지원센터 | 광주광역시 서구 대남대로 452, 한림빌딩 5층 | 전화: 062)351-1206<br>팩스: 062)351-2206 | www.gjw.or.kr/ foster | 초록우산 어린이재단 |
| 대전 | 가정위탁 지원센터 | 대전광역시 중구 보문로 246 대림빌딩 804호 | 전화: 042)242-5240<br>팩스: 042)252-5280 | djfoster.or.kr | (사)한국수양 부모협회 |
| 울산 | 가정위탁 지원센터 | 울산광역시 남구 북부순환도로 22, 2층 | 전화: 052)286-1548<br>팩스: 052)286-4675 | goodneighbors.kr/ ulsan | 굿네이버스 |
| 경기 | 가정위탁 지원센터 | 경기도 수원시 영통구 영통록 214번길 9, 서린프라자빌딩 7층 | 전화: 031)234-3979<br>팩스: 031)234-2353 | ggfoster.or.kr | 초록우산 어린이재단 |
| 경기 북부 | 가정위탁 지원센터 | 경기도 의정부시 평화로 635, 304호 | 전화: 031)821-9117<br>팩스: 031)840-2828 | kgfoster.or.kr | (사)한국수양 부모협회 |
| 강원 | 가정위탁 지원센터 | 강원도 원주시 라옹정길 51-1 그린빌딩 3층 | 전화: 033)766-1406<br>팩스: 033)766-1407 | foster-gangwon.or.kr | 초록우산 어린이재단 |
| 충북 | 가정위탁 지원센터 | 충청북도 청주시 상당구 원봉로 95, 프리벨빌딩 3층 | 전화: 043)250-1226<br>팩스: 043)254-1226 | cbfoster.or.kr | 초록우산 어린이재단 |
| 충남 | 가정위탁 지원센터 | 충청남도 천안시 서북구 서부 16길 12, 선영새마을금고 3층 | 전화: 041)577-1226<br>팩스: 041)578-7175 | fosterservice.or.kr | 초록우산 어린이재단 |
| 전북 | 가정위탁 지원센터 | 전라북도 전주시 덕진구 전주천동로 483 전북사회복지회관 2층 | 전화: 063)276-2600<br>팩스: 063)276-2602 | jbfoster.or.kr | 초록우산 어린이재단 |
| 전남 | 가정위탁 지원센터 | 전라남도 목포시 옥암로 108, 바다빌딩 5층 | 전화: 061)279-1226<br>팩스: 061)279-7733 | jnfoster.or.kr | 초록우산 어린이재단 |
| 경북 | 가정위탁 지원센터 | 경상북도 경산시 경산로 139, 2층 | 전화: 053)813-3953<br>팩스: 053)812-3953 | gbfoster.or.kr | (사)한국수양 부모협회 |
| 경남 | 가정위탁 지원센터 | 경상남도 창원시 의창구 원이대로 271, 6층 한마음타워 | 전화: 055)237-1226<br>팩스: 055)237-9399 | knfoster.or.kr | 초록우산 어린이재단 |
| 제주 | 가정위탁 지원센터 | 제주특별자치도 제주시 연삼로 22, 3층 | 전화: 064)747-3273<br>팩스: 064)747-3272 | jeju-foster.or.kr | (사)제주상담 센터 |

출처: 보건복지부(2013).

# 제2절 입양서비스

## 1. 입양의 정의 및 목적

입양이란 혈연관계가 아닌 일반인 사이에서 법률적으로 친자관계를 맺는 것을 말한다. 가정법원의 입양허가를 통해 입양이 성립되면 친생부모에 대한 모든 권리와 의무는 소멸하고, 입양부모에게 입양아동에 관한 모든 권리와 의무가 이양된다. 입양서비스는 생물학적 부모가 양육하기 곤란한 아동에게 영구적으로 새로운 가정과 부모를 제공해 주는 과정이다. 그리하여 입양된 자녀는 생물학적 부모와의 사이에서 얻어지는 것과 같은 모든 권리와 의무를 법적 절차를 통해 맺어진 입양가정 속에서 갖게 된다.

아동은 가능한 한 원가정에서 보호받고 성장해야 하지만, 아동이 출생한 가정에서 보호받을 수 없는 경우 대리서비스로 가정위탁과 입양이 제2차 방어선이 된다. 입양서비스의 목적은 요보호아동이 안정적인 가정환경에서 건전하게 성장할 수 있도록 지원함으로써 아동의 복지 증진을 도모하는 것이다.

## 2. 입양의 유형

### 1) 국내입양과 국외입양

국내입양은 아동이 태어난 나라에서 생물학적 부모가 아닌 다른 사람의 자녀로 입양되는 것을 말하고, 국외입양은 아동이 태어난 나라가 아닌 다른 나라로 입양되는 것을 말한다. 국외입양은 아동이 위탁 등 어떠한 적절한 방법으로도 태어난 나라에서 양육될 수 없는 경우에 사용되는 아동양육의 대체수단이며, 국내입양의 경우와 대등한 보호와 기준을 향유하도록 보장하여야 한다.

우리나라에서는 2007년부터 국내입양 활성화를 위해 국가 및 지자체, 입양기관에 국내입양을 최우선적으로 추진해야 하는 의무를 부여한 국내입양우선추진제의 법적 근거 신설(「입양특례법」 제7조)을 통해 국내입양을 장려하고 있다. 이에 힘입어 2013년도 보건복지부 자료에 의하면, 2005년도 이전에는 국내입양이 67,607명(30%)이고 국외입양이 157,146명(70%)으로 국제입양이 훨씬 많았으나, 2012년도에는 국내입양이 1,125명(60%), 국외입양이 755명(40%)으로 국내입양이 크게 늘어나고 있는 추세이다.[54)]

### 2) 공개입양과 비밀입양

공개입양은 입양아동과 주위의 모든 사람에게 자녀를 입양한 사실을 밝히는 형태이며, 비밀입양은 주위에 알리지 않고 마치 부모 본인이 직접 출산한 것처럼 하는 입양의 형태이다. 우리나라는 공개입양을 꺼리고 비밀입양을 해 왔으나, 최근에는 연예인들이 공개입양을 하면서 '가슴으로 낳은 자녀'라는 용어를 사용하면서 일반인들의 공개입양도 크게 늘어가는 추세이다.

### 3) 독립입양과 기관입양

독립입양은 기관을 통하지 않고 친부모와 입양부모 간의 협의에 의해 이루어진 입양의 형태이며, 기관입양은 입양기관을 통해 이루어진 형태를 말한다.

54) 「입양특례법」에 의해 절차를 갖추어 국내입양한 가정에 아동의 연령이 만 13세가 될 때까지 월 15만 원의 입양아동양육수당이 지원되고 있다(법 제35조). 장애아동의 경우 양육보조금(중증 627천 원, 경증 551천 원)과 의료비(연 260만 원 한도)가 지원되고 있다.

〈표 12-5〉 입양기관 현황 (2012년 말 현재)

| 업무 | 기관명 | 전화번호 | 주소 | 비고 |
|---|---|---|---|---|
| 국내외 입양 기관 (4개) | 홀트아동복지회 | 02-331-7037 | 서울 마포구 양화로 19 | 전문기관 |
| | 동방사회복지회 | 02-312-0116 | 서울 서대문구 창천동 493 | 〃 |
| | 대한사회복지회 | 02-552-1017 | 서울 강남구 역삼동 718-35 | 〃 |
| | 한국사회봉사회 | 02-908-9191 | 서울 도봉구 쌍문동 533-3 | 〃 (사후관리만 진행) |
| 국내 입양 기관 (17개) | 성가정입양원 | 02-764-4741 | 서울 성북구 성북2동 산 9-15 | 전문기관 |
| | 서울아동복지센터 | 02-2040-4252 | 서울 강남구 수서동 산 4-1 | 지정기관 |
| | 부산아동보호종합센터 | 051-240-6362 | 부산 서구 아미동2가 125-1 | 〃 |
| | 동방부산상담소 | 051-469-5586 | 부산 중구 대창동1가 23 | 〃 |
| | 대구아동복지센터 | 053-473-3771 | 대구 남구 봉덕2동 920 | 〃 |
| | 해성보육원 | 032-875-3240 | 인천 남구 용현4동 183-6 | 〃 |
| | 광주영아일시보호소 | 062-222-1095 | 광주 동구 소태동 446-3 | 〃 |
| | 울산양육원 | 052-277-5636 | 울산 울주군 언양읍 송대리 산 6-2 | 〃 |
| | 동방안양상담소 | 031-466-7569 | 경기 안양시 동안구 비산2동 570-9 | 〃 |
| | 대한의정부상담소 | 031-877-2849 | 경기 의정부시 녹양동 318-5 | 〃 |
| | 자비아동입양위탁소 | 033-642-3555 | 강원 강릉시 포남 1동1156 | 〃 |
| | 꽃동네천사의집 | 043-879-0285 | 충북 음성군 맹동면 인곡리 산 1-45 | 〃 |
| | 홍성사회복지관 | 041-631-3691 | 충남 홍성군 홍성읍 오관리 701-1 | 〃 |
| | 전주영아원 | 063-222-1559 | 전주 완산구 중화산동 2가 623-2 | 〃 |
| | 이화영아원 | 061-332-1964 | 전남 나주시 보산동 127-1 | 〃 |
| | 임마누엘영아원 | 054-434-2821 | 경북 김천시 교동 591 | 〃 |
| | 홍익아동복지센터 | 064-755-0844 | 제주시 도련1동 2043-1 | 〃 |

출처: 보건복지부(2013).

## 3. 입양의 절차

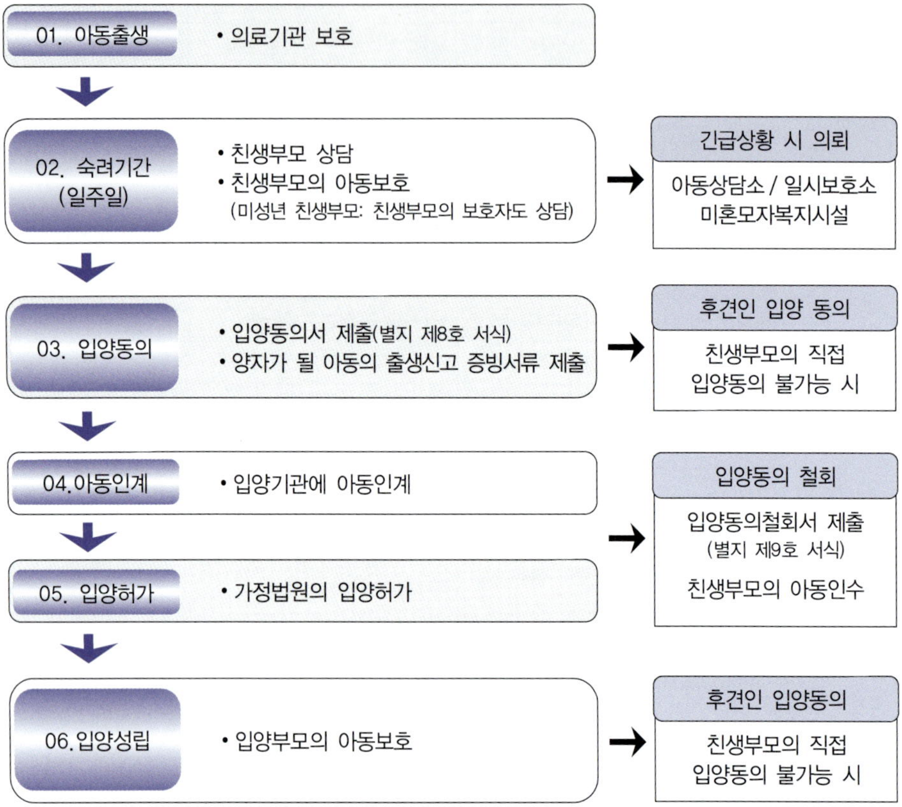


**[그림 12-4]** 국내입양 절차(친생부모 입장)

출처: 보건복지부(2014).

## 4. 입양 현황

### 1) 입양아동 유형

보건복지부(2012)의 입양아동 유형 자료에 의하면, 입양아동 1,125명 중 미혼모(부)아동(혼외자 포함) 1,048명, 빈곤가정아동 34명, 유기아동 19명, 한부모가정

아동 7명 등의 순으로 나타났다.[55] 그리고 이들의 보호 유형은 시설보호 462명, 위탁보호 663명의 형태로 보호되는 것으로 나타났다.

〈표 12-6〉 입양신청자 수 및 입양아동 유형 (단위: 명)

| 구분 | 입양 신청자 | 입양아동 유형 | | | | | | 보호 유형 | |
|---|---|---|---|---|---|---|---|---|---|
| | | 계 | 미혼모(부) 아동 (혼외자 포함) | 유기 아동 | 빈곤 가정 아동 | 한부모 가정 아동 | 기타 | 시설보호 아동 | 위탁보호 아동 |
| 계 | 1,599 | 1,125 | 1,048 | 19 | 34 | 7 | 17 | 462 | 663 |

출처: 보건복지부(2012).

### 2) 입양아동의 건강상태 및 연령별 현황

보건복지부(2012)의 입양아동 유형 자료에 의하면, 입양아동 1,125명 중 장애아가 4.6%(52명)를 차지하였다. 한편, 연령은 3월 미만 66.6%(749명), 3월~1세 미만 23.1%(260명), 1~3세 미만 8.4%(94명), 3세 이상 2.0%(22명) 순으로 나타났다.

---

55) 「입양특례법」 제9조(양자가 될 자격)
이 법에 따라 양자가 될 사람은 요보호아동으로서 다음 각 호의 어느 하나에 해당하는 사람이어야 한다.
1. 보호자로부터 이탈된 사람으로서 특별시장·광역시장·도지사 및 특별자치도지사(이하 "시·도지사"라 한다) 또는 시장·군수·구청장(자치구의 구청장을 말한다. 이하 같다)이 부양의무자를 확인할 수 없어 「국민기초생활 보장법」에 따른 보장시설(이하 "보장시설"이라 한다)에 보호의뢰한 사람
2. 부모(부모가 사망이나 그 밖의 사유로 동의할 수 없는 경우에는 다른 직계존속을 말한다) 또는 후견인이 입양에 동의하여 보장시설 또는 제20조에 따른 입양기관에 보호의뢰한 사람
3. 법원에 의하여 친권상실의 선고를 받은 사람의 자녀로서 시·도지사 또는 시장·군수·구청장이 보장시설에 보호의뢰한 사람
4. 그 밖에 부양의무자를 알 수 없는 경우로서 시·도지사 또는 시장·군수·구청장이 보장시설에 보호의뢰한 사람

〈표 12-7〉 입양아동의 건강상태, 성 및 연령별 현황 (단위: 명)

| 구분 | 계 | 성 | | 연령별 | | | |
|---|---|---|---|---|---|---|---|
| | | 남 | 여 | 3월 미만 | 3월~1세 미만 | 1~3세 미만 | 3세 이상 |
| | 1,125 | 410 | 715 | 749 | 260 | 94 | 22 |
| 비장애 | 1,013 | 394 | 679 | 722 | 243 | 87 | 21 |
| 장애 | 52 | 16 | 38 | 27 | 17 | 7 | 1 |

출처: 보건복지부(2012).

### 3) 양부모의 소득별 친자 유무 및 직업 현황

양부모의 친자 유무를 살펴본 결과, 친자가 없는 경우 698명이었고, 친자가 있는 경우도 427명에 이르렀다. 직업별로는 회사원 499명, 자영업 276명, 공무원 112명, 의·약사 및 판·검사가 12명이었다.[56)]

56) 「입양특례법」 제10조(양친이 될 자격 등)

① 이 법에 따라 양친이 될 사람은 다음 각 호의 요건을 모두 갖추어야 한다.

1. 양자를 부양하기에 충분한 재산이 있을 것
2. 양자에 대하여 종교의 자유를 인정하고 사회의 구성원으로서 그에 상응하는 양육과 교육을 할 수 있을 것
3. 양친이 될 사람이 아동학대·가정폭력·성폭력·마약 등의 범죄나 알코올 등 약물중독의 경력이 없을 것
4. 양친이 될 사람이 대한민국 국민이 아닌 경우 해당 국가의 법에 따라 양친이 될 수 있는 자격이 있을 것
5. 그 밖에 양자가 될 사람의 복지를 위하여 보건복지부령으로 정하는 필요한 요건을 갖출 것

② 양친이 될 사람은 양자가 될 아동이 복리에 반하는 직업이나 그 밖에 인권침해의 우려가 있는 직업에 종사하지 아니하도록 하여야 한다.

③ 양친이 되려는 사람은 입양의 성립 전에 입양기관 등으로부터 보건복지부령으로 정하는 소정의 교육을 마쳐야 한다.

〈표 12-8〉 양부모의 소득별 친자유무 및 직업 현황 (단위: 명)

| 구분 | 계 | 친자 유무 | | 직업별 | | | | | |
|---|---|---|---|---|---|---|---|---|---|
| | | 유 | 무 | 자영업 (농/상업) | 회사원 | 공무원 (교사/군인 등) | 사회사업 종사자 | 의·약사 판·검사 | 기타 |
| | 1,125 | 427 | 698 | 276 | 499 | 112 | 5 | 12 | 221 |
| 최저생계비 이하 | 1 | – | 1 | – | 1 | – | – | – | – |
| 차상위 120% 이하 | 23 | 15 | 8 | – | 4 | 1 | – | – | 18 |
| 전년도 도시근로자 가구당 월평균 소득 이하 | 293 | 116 | 166 | 53 | 130 | 27 | 2 | 2 | 79 |
| 전년도 도시근로자 가구당 월평균 소득 120% 이하 | 195 | 80 | 115 | 38 | 105 | 27 | – | – | 25 |
| 전년도 도시근로자 가구당 월평균 소득 120% 초과 | 613 | 216 | 397 | 185 | 259 | 57 | 3 | 10 | 99 |

출처: 보건복지부(2012).

### 4) 국가별 입양 현황

우리나라의 국제입양 현황을 보면, 국내외적으로 크게 비난이 제기되고 있어 전체적으로 줄어들고 있는 추세인데, 1970년대 6,000명이 넘던 국제입양이 2011년 916명으로 크게 줄어든 것을 볼 수 있다(표 12-9 참조). 미국이 압도적으로 많고 스웨덴, 캐나다 순으로 입양이 이루어지는 것을 볼 수 있다.

〈표 12-9〉 국가별 입양 현황(1976~2011)

(단위: 명)

| 연도별 | 계 | 미국 | 프랑스 | 덴마크 | 스웨덴 | 노르웨이 | 네덜란드 | 벨기에 |
|---|---|---|---|---|---|---|---|---|
| 1976 | 6,597 | 4,008 | 376 | 419 | 266 | 247 | 300 | 388 |
| 1977 | 6,159 | 3,711 | 571 | 460 | 355 | 302 | 282 | 269 |
| 1978 | 5,917 | 2,942 | 972 | 417 | 312 | 269 | 348 | 364 |
| 1981 | 4,628 | 2,684 | 484 | 402 | 279 | 246 | 198 | 93 |
| 1982 | 6,434 | 3,862 | 827 | 483 | 315 | 285 | 257 | 93 |
| 1990 | 2,962 | 2,315 | 161 | 136 | 88 | 124 | 5 | 24 |
| 1991 | 2,197 | 1,744 | 89 | 115 | 83 | 91 | 8 | 9 |
| 1999 | 2,409 | 1,786 | 107 | 65 | 136 | 128 | 65 | – |
| 2008 | 1,250 | 988 | 8 | 20 | 76 | 45 | – | – |
| 2009 | 1,125 | 850 | 8 | 21 | 84 | 40 | – | – |
| 2010 | 1,013 | 775 | 6 | 21 | 74 | 43 | – | – |
| 2011 | 916 | 707 | 4 | 16 | 60 | 33 | – | – |
| 계 | 164,612 | 110,554 | 11,183 | 8,760 | 9,515 | 6,411 | 4,099 | 3,697 |
| 연도별 | 호주 | 독일 | 캐나다 | 스위스 | 이탈리아 | 룩셈부르크 | 영국 | 기타 |
| 1976 | 5 | 194 | 107 | 171 | 94 | – | 18 | 4 |
| 1977 | 26 | 119 | 7 | 53 | – | – | 1 | 3 |
| 1978 | 60 | 121 | 48 | 8 | 43 | – | 13 | – |
| 1981 | 25 | 140 | 77 | – | – | – | – | – |
| 1982 | 67 | 144 | 98 | 1 | – | – | 2 | – |
| 1990 | 62 | 16 | 9 | – | – | 21 | 1 | – |
| 1991 | 32 | 10 | 2 | – | – | 14 | – | – |
| 1999 | 73 | – | 17 | – | – | 32 | – | – |
| 2008 | 18 | – | 78 | – | 1 | 16 | – | – |
| 2009 | 34 | – | 67 | – | 4 | 17 | – | – |
| 2010 | 18 | – | 60 | – | 4 | 12 | – | – |
| 2011 | 21 | – | 54 | – | 6 | 15 | – | – |
| 계 | 3,432 | 2,352 | 2,362 | 1,111 | 397 | 605 | 72 | 62 |

출처: 보건복지부(2012).

〈표 12-10〉 입양 관련 질문과 답변

| 질문 | 답변 |
|---|---|
| 1. 장애입양아동 의료비 지원이 등록된 장애 유형에만 지원되는지 여부 | 당해 아동의 장애와 직접 관련 없는 진료 상담·재활 및 치료에 소요되는 비용도 가능 |
| 2. 장애등급을 가진 입양아동의 언어치료 등에 소요되는 비용도 지원대상인지 여부 | 입양아동의 언어·심리·정서 치료에 소요되는 비용도 포함 |
| 3. ADHD를 가진 입양아동의 경우, 장애아동 입양양육보조금 및 의료비 지원대상이 되는지 여부 | ADHD의 경우 선천적 요인뿐만 아니라 환경적인 요인 등 복합적 원인에 의해 발생하는 것으로 알려져 있어 지원대상에서 제외<br>– 단, 입양아동 심리치료비(월 20만 원 이내)를 지원을 받을 수 있도록 안내 |
| 4. 장애입양아동의 의료비 지원 항목으로 장애인보조기구 구입비용도 포함되는지 여부 | 「장애인복지법 시행규칙」 제21조 제6항을 준용, 의료비 지원에 보조기구도 포함되는 것으로 해석되는바, 지원 한도 내에서 지급 가능<br>– 단, 보조기구에 대한 의료비 청구금액이 연간의료비 지원 한도액의 50%를 넘을 경우에는 50%에 해당하는 금액까지만 지원 |
| 5. 입양가정의 양부모와 입양아동의 주민등록지가 상이할 경우 지급방법 및 절차 | 입양가정의 양부모와 입양아동의 주민등록지가 상이할 경우 아동이 거주하는 시·군·구에서 양부모 계좌로 지급 |

출처: 보건복지부(2013).

## 토론 및 토의

1. 개정된 「입양특례법」에 의하면 청소년도 출산 후에 아이를 호적에 올려야 입양이 가능하다. 다음의 사례를 읽고 이러한 입양 및 「입양특례법」의 문제점을 조사하여 토론하고, 그 대안을 제시해 보시오.

1) 국제입양

> 지난해 10월 한국에서 입양한 3살 아들을 때려 숨지게 한 브라이언 패트릭 오캘러핸(36)은 1급살인 및 아동학대 혐의로 체포됐다.
>
> 출처: 뉴시스통신(2014).

토론 및 토의

2) 입양절차

'개정 「입양특례법」' 신생아 유기 부채질

지난 1일 신생아를 대형마트에 유기한 40대 여성이 아이를 낳은 직후 입양을 시도했으나 입양절차가 까다로워 결국 고심 끝에 버린 것으로 드러나면서 개정된 「입양특례법」이 되레 유기를 부채질하고 있다는 지적이 제기되고 있다.
「입양특례법」은 성장 입양인들의 뿌리 찾기와 아동인권보호 목적과 종전의 입양될 아동에 대한 출생신고가 허위로 이뤄지는 것을 방지하기 위해 개정됐다.
하지만 개정된 「입양특례법」 시행 이후 출생신고 의무조항과 가정법원 허가제, 입양숙려제 등 복잡해진 입양절차로 유기되는 아이가 늘고 있다.
광주의 한 입양관계기관 관계자는 "법이 개정된 이후 미혼모들이 출생신고를 해야 하고 7일 이상 아이를 데리고 있어야 한다는 점에 부담을 많이 느낀다."라며 "입양하는 쪽에서도 신고제가 아닌 허가제로 바뀌면서 절차가 복잡해지는 등 부작용이 있는 것이 사실이다."라고 말했다.
또 다른 전문가는 "아이의 출생신고를 한다고 해도 입양이 완료되면 가족관계등록부에서 아동 관련 기록은 삭제되는데 이 정보를 알도록 해야 한다."라며 "미혼모의 경우 정확한 정보가 전달되지 않아 극단적인 선택을 하는 경우가 많으므로 홍보가 필요하다."라고 밝혔다.

출처: 매일경제(2013). 조시영 기자.

토론 및 토의

2. 국내입양과 국외입양의 문제점과 대안을 제시해 보시오.

13
CHAPTER

# 아동복지의 과제와 전망

아동복지정책은 아동이 처한 시대적 상황, 경제수준, 욕구 등이 전반적으로 반영되어 결정되는 주요한 사회적 지표이다. 최근 심각한 사회문제로 대두하고 있는 낮은 출산율과 증가하는 가족해체 등의 여러 사회현상은 아동복지에 대한 기존의 접근 방법에 한계가 있음을 의미하므로 기존의 복지 패러다임의 변화가 필요하다.

최근까지 우리나라의 아동복지정책은 이러한 접근 방법 중 어디까지나 예방보다는 치료 지향적이고, 가정보호보다는 시설보호 중심이며, 제도적 접근보다 보완적 접근이 우선시되었다고 볼 수 있다. 그러다가 국민의 복지의식이 향상되고 복지 욕구가 증대함에 따라 기존의 구호 중심적이고 선별주의적 접근원칙은 점차 포괄적이고 보편주의적 원칙으로 변화하고 있다.

따라서 우리나라의 아동복지정책도 예방 지향적 복지와 가정보호복지, 제도적 복지를 강조하는 방향으로 나아가고 있다. 하지만 아직도 우리나라의 아동복지 수준은 아동과 그들 가족의 다양한 욕구를 수용하기에는 미흡한 수준이며, 복지의 다양한 영역에 걸쳐 체계적이고 전문적인 서비스와 이를 뒷받침하는 정책이 수립되어야 한다.

## 제1절 아동복지의 과제

### 1. 부모에 대한 교육의 강화

“문제 아동에는 문제 부모가 있다.”라는 말에서 무엇이 느껴지는가? 이 말은 자녀의 발달에 부모의 역할이 얼마나 큰 영향을 미치는지를 바로 보여 준다. 오늘날 사회가 급속히 변화되면서 부모역할을 제대로 수행하기가 매우 어려워지고 있다. 또 대중매체에서 쏟아지는 육아 정보의 홍수 속에서 그렇게 할 수 없는 부모는 불안해하거나 자신감을 상실하고 있다. 우리 사회는 부모 됨을 자연스럽게 생각하는 문화적 풍토를 가지고 있으나, 가족을 사적인 영역으로 인식하여 부모 됨을 준비하는 사람이 많지 않다. 그러나 자녀발달에 미치는 부모의 영향력을 고려해 볼 때 가족체계의 건강과 부모-자녀의 삶의 질을 높이려면 부모역할도 다른 교육과 마찬가지로 교육과 학습을 통해서 준비해야 한다.

각종 사회단체나 교육단체를 통하여 아동의 기본적인 욕구에 관한 교육과 부모-자녀 간의 상호작용 등에 대한 훈련을 강화하고, 가정의 기본적인 욕구를 해결하는 데 도움이 되도록 전문기관의 서비스를 효과적으로 이용할 수 있는 체계적인 부모교육 프로그램이 개발되어야 한다. 그동안 우리나라 부모교육의 대부분은 중산층 부모와 자녀로 구성된 가족을 전형적인 대상으로 하여 이루어진 경향이 강하였다. 그러나 다양한 가족구조가 증가하고 사회경제적 여건의 제약으로 말미암은 부모역할 수행이 어려운 경우도 있으므로 이러한 집단의 특성을 고려하여 부모교육의 내용을 구성하고 부모교육의 참가를 증진하는 방안을 마련하여야 할 것이다(공계순 외, 2013).

## 2. 보육서비스의 다양화와 질적 향상

아동의 조기교육에 대한 관심과 여성의 사회진출에 따라 증가하는 보육서비스를 보육 수요자의 욕구에 맞도록 발전시켜야 한다. 현재 민간에 맡겨져 있는 보육사업이 공공성을 확보하려면 정부의 전폭적인 지원과 대책이 필요하다. 여성들의 취업형태를 반영하여 야간·공휴일·24시간 보육서비스 등이 확대되어야 하며, 영아전담어린이집과 장애아어린이집이 확충되어야 한다. 초등학교 학생들이 방과 후 방임되는 것을 막을 수 있도록 방과 후 보육서비스도 확충되어야 한다.

보육의 질적 수준을 향상하기 위해서는 물리적 환경과 프로그램의 질을 향상하도록 해야 한다. 서비스의 질은 보육인력에 따라 좌우되는 정도가 높기 때문에 보육교사의 양성과 관리가 제대로 이루어질 수 있도록 하여야 하고, 근무여건의 개선을 통해서 전문성을 발휘할 수 있는 인력을 확보해야 한다.

## 3. 아동양육보호시설의 소규모화와 전문화된 서비스

요보호아동을 주로 보호하는 방식이었던 아동양육보호시설이 소규모화되고 주거형태도 개선되어서 가정적인 분위기를 형성할 수 있도록 하여야 한다. 즉, 소숙사제도나 그룹홈(자활꿈터)을 활성화해야 한다. 특히 그룹홈은 가정위탁보호와 시설보호의 중간 형태로 소규모이고, 지역사회 내에 있으면서 가정적 보호가 가능하며, 아동에게 가정과 비슷한 분위기에서 전문적인 서비스를 제공할 수 있다는 이점이 있다. 소숙사제도나 그룹홈의 활성화를 위해서는 정부의 재정적 지원이 뒷받침되어야 한다.

시설에서 보호하는 아동에게는 의식주 해결의 단순보호 차원을 벗어나서 아동의 다양한 욕구를 충족할 수 있는 프로그램과 서비스가 필요하다. 시설아동의 사회심리적 문제는 상당 부분 시설입소 이전의 상황에서 비롯된 것으로 과거의 경험에서 오는 부정적인 영향을 최소화하는 프로그램이 필요하다. 아동에게 전문화된 서비스를 제공하기 위해서는 입소시설이 더욱 기능적으로 조정·통합될 필요가 있다. 현재 입소하는 아동의 70% 이상이 연고자가 있으므로 가족과의 재결합을 촉진할 수 있는 프로그램과 가족에 대한 서비스도 제공할 수 있어야 한다. 시설아동이 퇴소 후 자립할 수 있도록 사회적응 및 진로에 대해 준비를 할 수 있어야 하며, 퇴소 후의 자립에 대해서 지원하는 제도가 활성화되어야 한다. 아동과 가족에게 전문적인 서비스를 제공하기 위해서 인력의 전문성을 높이도록 해야 한다.

## 4. 장애아동의 조기진단과 조기치료

아동의 신체와 정서장애에 대해서 조기에 발견하고 치료할 수 있는 체계의 확립이 필요하다. 출생 전부터 장애를 예방할 수 있도록 모자보건사업이 강화되어야 하며, 영유아기에 건강진단과 성장발달 스크리닝을 통해서 장애를 조기에 발견할 수 있도록 해야 한다. 장애진단 때에는 조기에 의료, 교육적 재활서비스를 비롯한 각종 서비스를 받을 수 있도록 제도적으로 보장하여야 한다.

행동과 정서장애아동에 대한 정신건강 서비스의 개발과 이용을 활성화할 수 있는 대책이 필요하다. 불안정한 가정환경과 경쟁적인 학교생활 등으로 분노나 공격적 행동과 같은 문제행동과 신경증이나 열등감 같은 정서장애를 가진 아동이 증가하고 있다. 아동정신건강의 중요성에 대한 사회적 인식이 고양되어 정서장애 문제를 사전에 예방할 수 있도록 해야 하며, 지역사회정신보건센터를 비롯하여 정신건강 관련 기관에서 아동의 정신건강에 관한 서비스를 더욱 활성화하도록 하여야 한다.

## 5. 가정위탁과 입양의 활성화와 사후관리

모든 아동은 가능한 자신의 가정에서 보호를 받으며 성장해야 하지만, 그렇지 못할 경우는 가정과 유사한 환경을 제공할 수 있는 가정위탁이나 영구적인 가정을 마련해 주는 입양을 고려해야 한다. 가정위탁과 입양이 활성화되기 위해서는 사회구성원들의 인식제고가 필요하다. 가정위탁사업에 대해 잘 모르는 경우가 많기 때문에 위탁가정을 개발하기 위해서는 적극적인 홍보가 필요하며, 국내입양에 대해서도 부정적인 태도를 불식할 수 있도록 다양한 홍보활동을 해야 한다. 국내입양을 활성화하기 위하여 입양가정에 대해 입양수수료를 비롯한 정부의 지원책이 확대되어야 할 것이며, 현재 위탁가정에 지원되는 양육수당은 매우 부족하므로 상향 조정해야 할 것이다.

아동이 일시적으로 다른 가정에서 서비스를 받는 과정과 영구적으로 새로운 가정을 갖게 된 후에도 아동과 가족에게 필요한 서비스를 제공할 수 있도록 관리를 잘하여야 한다. 위탁부모가 중도에 탈락하여 아동이 위탁가정을 자주 옮기는 사태가 발생하거나 위탁부모로부터 학대나 방임을 겪는 등 부적절한 보호를 받지 않도록 관리해야 하며, 위탁부모가 부모로서 해야 할 역할을 잘 수행할 수 있도록 도와주는 전문 프로그램을 시행해야 한다. 국내입양은 서비스를 제공하는 체계를 확립해야 하고, 국외입양 아동에 대해서도 정체감 형성에 도움을 줄 수 있는 사후관리가 필요하다.

## 6. 아동학대에 대한 대책의 강화

아동학대는 아동의 권리를 침해하는 가장 대표적인 문제다. 아동학대를 예방하고 학대발생 시 신고할 수 있도록 대중과 신고의무자의 인식변화를 위한 홍보와 교육활동이 이루어져야 한다. 특히 신고의무자의 의무 불이행에 관한 제재를 명확히 할 필요가 있다. 아동학대 개념에 대한 구체성이 아직 부족하므로 아동학대의 여부를 판별할 수 있는 표준화된 척도가 개발되어야 한다. 아동보호전문기관은 인구수와 비교할 때 적으며, 기관 내 전문인력의 업무가 과중한 상태로 기관의 수와 인력이 확충되어야 한다. 아동보호서비스를 제공하는 과정에서 관련 기관들이 협력하고 서비스를 통합할 수 있도록 연계성을 확보하도록 해야 한다. 가해자와 피해자 모두 적합한 치료와 서비스를 받을 수 있도록 가해자 치료명령제가 도입되어야 하며, 아동에게 필요한 전문적인 서비스를 줄 수 있도록 사회복지사의 전문능력을 향상할 수 있는 교육과 훈련의 기회가 제공되어야 한다.

## 7. 아동을 위한 건전한 생활환경과 여가시설의 확충

급속한 산업화의 과정에서 우리 아동들은 자연환경과 마음껏 뛰어놀 수 있는 놀이장소를 잃어버렸으며, 각종 사고와 위험에 노출되어 있다. 아동들이 놀 수 있는 지역의 공간이 없어진다는 것은 단순한 물리적인 공간의 축소만이 아니라 민주적인 사회공동체를 경험할 기회를 박탈당하는 것이다. 아동을 위한 놀이기구나 시설 또한, 안전성이 제대로 갖추어지지 않아서 신체적으로 위협이 되거나 심하면 사망을 초래하기도 한다. 오늘날 아동들이 즐겨 이용하는 인터넷이나 전자게임은 아동에게 무차별적으로 해로운 정보를 전달하고 있어서 그 폐해가 심각하다.

모든 아동이 건전하지 못한 매체와 해로운 환경으로부터 보호받을 수 있도록 가정, 학교, 지역사회 및 국가가 노력을 기울여야 할 것이다. 또 아동이 건전하게 성장·발달할 수 있는 공간과 시설을 확충해 나가야 할 것이다.

## 8. 북한이탈과 결혼이민자가정 아동에 대한 관심과 지원

북한 지역을 이탈하여 남한으로 오는 아동이 증가하는 추세이다. 그런데 이들은 남한의 학교에서 수업이나 교우관계에서 어려움을 겪고 있으며, 아동들이 부모가 적응하는 속도를 능가하여 적응하기 때문에 부모의 권위가 제대로 서지 않고, 부모 자신도 적응해야 하는 과정에 있기에 부모로서 해야 할 역할을 제대로 하기 어렵다고 한다. 따라서 남한 사회에서 이들이 정착하고 적응하는 과정에서 아동과 가족 단위에서 야기될 수 있는 문제에 대하여 관심을 가지고 적절한 개입과 지원을 해야 한다.

또한, 최근 국제결혼이 증가하면서 결혼이민자 가족과 자녀에 대한 사회적 지원이 강화되어야 할 필요성이 증대하고 있다. 결혼이민자 가족은 상당수가 경제적으로 취약한 위치에 있으며, 가족관계에서 어려움을 경험할 수 있다. 아동은 이에 영향을 받을 뿐만 아니라 언어발달이 지체되고 학교생활의 적응에 어려움이 있을 수 있으며, 자아정체감 혼란 등을 경험할 수 있다. 따라서 결혼이민자 가족에 대해 사회적 인식의 개선과 더불어 결혼이민자 가족에 대한 포괄적인 지원체계를 구축하고, 아동들에 대해 학교, 가정, 지역사회를 중심으로 언어발달과 학습, 심리사회적 서비스 등을 지원할 수 있도록 해야 한다.

## 9. 학교사회사업의 제도화

학교는 아동이 많은 시간을 보내는 학습과 생활의 공간이다. 오늘날 학교폭력, 비행, 약물남용, 이성 문제 등 학교를 중심으로 한 아동의 문제가 심각해지고 있어서 학교사회사업을 교육제도 안에서 해결해야 할 필요성이 커지고 있다. 현재 학교와 학생들의 문제에 대한 접근 방편으로 상담제도를 시행하고 있다. 그러나 진로지도 차원이거나 학생 개인에 대한 상담 수준을 벗어나지 못하여서 학생들의 문제에 포괄적으로 접근하지 못하고 있다고 평가되고 있다.

학교사회사업은 학생들이 학교생활을 잘할 수 있도록 심리정서적 문제를 가진 학생, 학습부진을 보이는 학생, 가정환경의 문제를 가진 학생, 비행 학생 등을 일차적 대상으로 하여 이들의 문제를 해결하기 위해 학교와 가족, 지역사회가 협력해서 하는 활동이다. 현재 우리나라의 학교사회사업은 일부 지역사회복지관을 중심으로 학교와 연계하거나 지역사회복지관의 사회복지사가 학교에 파견되어 서비스를 제공하는 형태가 주를 이루고 있다. 그런데 이러한 방법은 학교의 행정적인 배려와 교사들의 협조 없이는 성공적으로 이루어지기 어렵다는 한계를 갖고 있다. 그러므로 학교사회사업은 치료적 차원뿐만 아니라 예방적 차원에서 광범위한 학생들의 문제에 개입하여 학생들의 총체적인 삶을 향상하고 학교가 전인교육을 실현하도록 도와주는 것으로 제도화되어야 한다(공계순 외, 2013).

고양교육지원청과 고양시청은 지난 2013년부터 협력사업으로 관내 초·중 12개교에 사회복지사를 배치하여, 아동·청소년의 교육적 성취제고와 학교폭력 예방, 위기개입 등 교육복지우선지원사업 맞춤형 통합사례관리를 진행했다. 본 사업은 학교체계와 학교교육과정과 함께하는 사업으로 교사의 참여가 사업의 완성도를 좌우하게 된다. 고양교육지원청 교육장과 교육시장은 보편적 교육복지 구현을 추구하며 창조적 교육도시로의 실천을 추구하여 교육 공동체 안에서 더 이상 위기학생이 발생하지 않도록 하기 위해, 학교 내 사회복지사들의 사각지대 학생 발굴로 위기학생들의 맞춤지원과 학생 복지의 활성화를 적극 지원할 예정이다(수도권일보, 2014. 2. 13). 그러므로 담임교사를 통한 사각지대 학생 발굴 및 적절한 지원이 이루어질 수 있도록 전 교직원의 원활한 의사소통과 높은 참여율을 유도하는 학교장의 리더십도 중요한 요소이며, 특히 사회복지사들의 지역사회 연계도 큰 몫을 한다.

## 제2절 아동복지의 전망

세계적으로 지난 20세기는 아동의 처우에서 많은 변화가 일어났다. 아동기에 대한 관심과 아동의 권리에 대한 인식이 증가하였으며, 아동양육환경의 변화로 파생된 문제에 대해 사회적으로 대처하려는 노력이 있었다. 우리나라도 1961년 「아동복리법」을 만든 이래 요보호아동의 구호에서 시작하여 2002년 UN 아동특별총회에 참가하여 '아동이 살기 좋은 세상(A world fit for children)'이라는 포괄적인 목적에 동의한 일에 이르기까지 아동복지는 사회복지 분야의 주요 영역이 되었다.

또한, 아동에 관한 각종 사회지표의 단순비교를 보면 보건, 영양, 교육 등 여러 측면에 걸쳐 우리나라 아동의 상태는 짧은 기간 내에 많이 좋아졌으며, 다른 나라보다 상당한 수준에 이른 것으로 나타난다. 그러나 우리나라의 아동복지는 급변하는 가족과 아동을 둘러싼 환경과 그로 말미암아 생기는 아동과 가족의 욕구에 대해 국가의 정책이나 실천현장의 서비스가 제대로 대응하지 못했다는 평가를 받고 있다. 아동복지의 향상을 위한 적절한 사회적 대책을 마련하기 위해서는 아동의 권리와 아동복지실천을 위한 조건과 원칙에 비추어 우리나라 아동의 실제는 어떠하며, 급변하는 아동과 가족을 둘러싼 환경의 변화 속에서 아동이 직면할 상황은 어떠한지를 고려하는 것이 중요하다.

## 1. 아동복지에 대한 새로운 인식

오늘날 아동복지의 개념은 종전의 자선적인 접근과는 달리 사회발전에 호응하는 이념과 목적을 가진 것으로 아동복지사업의 수행을 위해 전문적인 원칙과 지식 및 기술을 확립해야 할 것이다. 아동복지는 이념적으로 아동이 그들의 잠재능력을 실현하며 건전한 성장과 발전을 도모할 수 있도록 사회가 보장해 주는 것이다. 아동복지는 아동의 기본권을 보장하는 것뿐만 아니라 우리 사회를 이끌어 갈 미래의 인적자원을 개발하는 미래지향적인 목적도 포함하고 있다. 아동복지는 보건과 교육 등을 포함한 다학문적인 접근이 필요하나 실천적인 면에서 사회복지의 한 분야로서 사회복지사의 적극적인 활동이 필요하다. 아동에 대한 이해와 전문적인 개입방법에 대한 지식의 습득과 훈련을 통하여 아동복지 전문가가 사업을 수행하여야 한다(공계순 외, 2013).

## 2. 아동의 권리에 대한 인식과 실제적 보장의 강화

아동복지는 아동이 한 독립된 인간으로서 인간다운 생활을 영위할 권리가 있으며 사회와 국가는 이러한 권리를 보장해 주어야 할 의무가 있다는 데서 출발한다. 무엇보다도 사회구성원들이 이념적으로 아동의 권리를 인정하는 것이 아동복지를 이루기 위한 필수조건이 된다. 그러나 우리 사회에서는 아동을 독립된 인격체로, 권리의 주체로 인정하기보다는 성인과 비교해서 상대적으로 열등하여 보호받아야 할 존재이거나 부모가 원하면 어떻게든 할 수 있는 존재로 인식하는 경향이 강하다.

아동의 건전한 성장과 발달을 위해서 보장되어야 하는 권리는 매우 광범위한 영역에 걸쳐있으며, 이 권리는 가정을 포함하여 아동이 일상적으로 생활하는 환경뿐만 아니라 아동에게 영향을 미치는 사회의 여러 체계에서 구체적으로 실현되어야만 한다. 따라서 모든 사회구성원이 아동권리의 소중함을 알고, 우리 사회의 아동권리침해 실태와 문제점을 인식하며, 아동의 권리를 옹호할 수 있도록 교육하고 계몽하는 것이 필요하다.

아동의 권리를 실현하기 위해서는 국가가 정책적으로 아동의 권리를 보장해 주는 법적 장치를 마련하고, 아동복지정책 및 서비스의 대상과 종류, 정책을 집행할 행정체계, 재원 등을 아동의 권리를 실현하는 데 초점을 맞추어 정책의 틀을 잡도록 해야 할 것이다. 국가는 아동권리 중심의 아동복지서비스 제공과 서비스 제공 조직의 활용에 대해서 실질적인 국가책임을 법적으로 명시하고, 중앙정부와 지방자치단체가 아동권리 증진의 책임을 게을리 이행할 경우에 통제할 수 있는 제도를 도입하여 공공의 책임을 다할 수 있도록 하여야 할 것이다.

## 3. 지역사회 중심의 재가복지 강화

최근까지 우리나라 아동복지는 요보호아동을 대상으로 한 생활시설 중심의 서비스에 중점을 두어 왔으나 이제는 지역사회를 거점으로 하여 재가아동서비스를 강화하여야 한다. 오늘날 아동복지의 대상은 모든 아동이며, 아동은 책임을 다하는 부모와 안정된 가정 속에서 성장하는 것이 가장 바람직하다. 따라서 국가와 사회는 아동양육의 기본 단위인 가정이 제대로 기능을 수행할 수 있도록 지원하고, 아동이 가정을 이탈하지 않도록 예방하거나 불가피하게 가정이 없을 때는 가정을 만들어 주어야 한다. 또한, 아동이 출생가정이나 대리가정에서 생활하면서 서비스를 이용할 수 있으려면 지역사회 단위에서 가족과 아동에게 여러 가지 서비스를 제공할 수 있는 시스템이 확립되어야 한다. 우리나라는 아동을 위한 문화시설이나 사회복지 전문서비스기관이 대도시에 편중된 편이므로 앞으로 사회복지기관이나 인력이 지역적으로 균형 있게 발전되어야 한다.

## 4. 충족되지 않은 욕구의 확인과 새로운 욕구의 예측

아동복지를 향상하기 위해서는 현재 충족되지 못한 욕구를 확인하고, 또 미래의 새로운 욕구를 예측해야 한다. 현재 추진되고 있는 정책이나 프로그램에 대해 정확하게 조사하고 평가하여 어떤 프로그램과 서비스가 어떤 아동과 가족에게 문제를 개선하는 데 얼마나 효과적인가를 알 수 있어야 하며, 평가의 결과를 새로운 정책이나 프로그램의 개발에 반영하도록 해야 한다. 또한, 급속하게 변화하는 사회 속에서 달라질 아동의 욕구나 문제를 정확하게 예측하여 이에 대한 대책을 사전에 준비할 수 있도록 해야 한다.

앞으로 가족해체의 가속화와 함께 가족의 유형은 이전보다 다양해지고 아동도 가족구조의 변화에 따라 새로운 욕구를 갖게 될 것이며, 주양육자인 여성의 사회진출이 증가함에 따라 아동보육서비스에 대한 요구도 증가할 것이다. 서구 10대들의 문제를 보면 아마도 청소년 폭력이나 약물오용의 문제도 심각해질 것이다. 북한이탈가족을 비롯하여 이주노동자 가정이나 결혼이주여성으로 이루어진 다문화가정에서 야기되는 아동의 욕구도 사회적 관심사로 떠오르고 있다.

## 5. 아동복지실천을 위한 다양한 방법의 개발과 활용

선진국들도 아동복지에 관한 제도나 실천방법에 많은 변화가 있었으며, 앞으로 발생하는 다양한 욕구에 대응하기 위해서는 새로운 실천방법이 끊임없이 연구·개발되고 활용되어야 한다. 불우아동에 대한 의식주 해결의 차원을 벗어나서 모든 아동이 건전하게 성장·발달하도록 가정생활, 건강, 교육, 오락, 특수보호 등에 걸쳐 종합적으로 고려한 프로그램이나 서비스를 제공하도록 해야 한다.

가정 외의 보호를 받는 아동에 대해서는 큰 규모의 시설보호보다는 가정 단위의 소숙사나 그룹홈이 심리사회적 적응에 더욱 바람직하다는 것은 널리 알려진 사실이며, 단순보호의 차원을 넘어서 전문적인 사회복지실천방법을 활용하여 원가족에서의 부정적인 경험을 극복하는 데 도움이 되도록 하여야 한다. 이전에 우리 사회에서 널리 인식되지 못하고 다루어지지 않았던 아동학대와 같은 문제에서 가해자나 가족과 아동에 대한 접근에서 제도적으로나 임상적인 실천방법은 서구의 경험을 참고로 하되 우리 현실사회에서의 적용은 비판적인 평가를 토대로 이루어져야 할 것이다.

## 6. 아동복지의 효과적인 전달체계 구축

아동복지 전달체계의 조직과 기능이 개선되어야 하며, 이 조직체계에서 일하는 아동복지 종사자들의 자질이 향상되도록 하여야 한다. 아동복지전달체계는 공적 서비스체계와 민간서비스체계로 나눌 수 있다. 우선 중앙정부에서부터 지방에 이르기까지 공적 서비스 전달체계가 효과적인 아동복지를 위한 정책서비스 전달체계가 될 수 있도록 개선되어야 한다. 현재 아동복지정책을 수립하고 실행하는 주무부서는 분산되어 있어서 인력과 예산이 과도하게 들고 정책의 일관성이 부족한 면이 있다. 따라서 정부부처 간의 연계기능을 향상하거나 업무를 통합할 필요가 있으며, 다양한 정부부처에서 운영하는 모든 아동 관련 정책과 프로그램을 조정할 권한을 가진 상설 중앙기구의 설립도 검토해 보아야 한다.

공적 전달체계와 민간 전달체계 간의 역할 분담이 적절히 이루어져야 하며, 서로 간의 협력관계 속에서 발전해야 한다. 공공이어야 하는 아동복지 분야가 지나치게 민간의 책임으로 전가되거나 민간 분야의 자율성을 공연히 통제하여 효율성이 떨어지는 문제는 없어야 한다. 일반적으로 모든 아동이 광범위한 대상에 포함되는 보편적인 사업인 경우와 민간기관이 할 수 없는 사업일 경우는 공공 부분에서 추진되어야 하며, 그와 반대의 경우는 민간운영이 좋을 것이다.

아동에 대한 전문적인 지식과 기술을 갖춘 아동복지전문가를 양성할 수 있는 교육훈련체계를 갖추고, 아동복지 분야에서 실질적인 신분보장과 생활보장이 될 수 있도록 하여야 한다. 전달체계 내에서 아동복지정책을 수립하고 집행하며, 아동과 가족에게 직접적인 서비스를 제공하는 일선의 종사자들이 아동을 제대로 이해하고 적합한 프로그램을 기획·실천하는 것은 무엇보다도 중요하다. 전문성을 갖춘 인력을 조직의 목적에 맞게 배치하고 이들이 계속적인 교육과 훈련을 받을 수 있도록 해야 한다. 또한, 보수를 비롯한 근무환경을 개선하여 전문성이 높은 종사자들이 이직을 줄이고 일할 수 있도록 하여야 할 것이다.

## 7. 재원의 확보

아동의 권리와 복지를 강화하는 법적 장치가 마련되어 있고 전문적인 서비스를 제공할 수 있는 규정이 있다 하더라도 이를 실행에 옮길 수 있는 인력과 시설을 위한 예산의 배당이 없으면 그 의미를 찾을 수 없다. UN 아동권리위원회에 따르면, 우리나라 정부예산에서 아동에게 할당된 예산이나 지출수준은 우리나라와 비슷한 경제발전 수준에 있는 다른 나라와 비교할 때 적다고 지적하였다. 아동복지 재원의 마련을 위하여 정부나 민간단체는 다각적인 노력을 기울여야 할 것이다. 정부는 아동복지정책의 재원을 마련하기 위하여 교육세를 아동의 건전육성을 위한 세금으로 전환하거나 필요한 경우에는 민간단체에 장기저리융자제도를 도입할 수 있을 것이다. 아동복지의 질적인 향상을 가져오는 사회 전반의 사회보장과 사회복지서비스의 확대를 위해서는 높은 세(稅) 부담을 동반하지 않을 수 없다. 따라서 사회 분위기를 고(高)복지 고(高)부담으로 전환하여야 한다(공계순 외, 2013).

## 토론 및 토의

1. 지역사회복지관이나 건강가정지원센터에서 아동과 그 가족을 대상으로 시행하는 프로그램과 서비스를 조사하여 장단점을 토론하시오.

2. 다문화가족지원센터의 결혼이주자가정아동을 위한 프로그램을 조사하여 장단점을 토론하시오.

3. 현재 우리나라 아동복지 관련해 가장 먼저 개선해야 할 부분은 무엇이며, 그 이유는 무엇인가?

4. 문재인 정부의 아동수당정책(2019년 기준 만 7세 미만에게 10만 원)에 대해 각자의 의견을 제시해 보시오(보편주의와 선별주의).

5. 앞으로의 아동복지 발전 방향에 대해 서로의 의견을 교환해 보시오.

# 참고문헌


감향숙·한인영(2013). 아버지가 알코올중독자인 여성 AOA의 아버지의 알코올중독, 가족 기능, 부모와의 애착, 심리사회적 적응에 관한연구. 한국심리학회지, 18(3). 407-439.

강한나·박혜원(2013). 저소득가정 영유아의 발달과 부모의 양육특성 및 하루 일과시간에 관한 연구. 대한가정학회지, 51(6), 613-622.

공계순·박현선·오승환·이상균·이현주(2013). 아동복지론(4판). 서울: 학지사.

교육과학부(2013). 사교육 해법 대국민 온라인 정책토론결과.

교육인적자원부(2007). 유아를 위한 장애이해 및 통합보육 활동자료.

김미숙(2013) 빈곤아동 삶의 질과 소득지원방안. 보건복지포럼, 206, 35-47.

김성경·김혜영·최현미(2013). 아동복지론(3판). 경기: 양서원.

김평화·윤혜미(2013). 아동학대가 아동의 정서결핍과 공격성에 미치는 영향. 한국아동복지학, 41, 217-239.

김현숙(2013). 지속된 학교폭력 피해경험이 청소년의 신체발달, 사회정서발달, 인지발달에 미치는 영향. 청소년복지연구, 15(2), 121-143.

도미향·정미현(2012). 보육과정. 경기: 학현사.

도미향·정미현·김응자(2008). 코칭과 성격의 이해. 서울: 신정.

도현심·김민정·김상원· 최미경·김재희 (2011). 부부갈등과 어머니의 분노가 아동학대에 미치는 영향. 아동학회지, 32(5).

보건복지부(2008). 보건복지가족통계연보. 한부모가족시설현황.

보건복지부(2009a). 미혼모 현황 및 욕구조사 주요결과.

보건복지부(2009b). 가족통계현황.

보건복지부(2012). 보건복지부 통계연보, 제58호.

보건복지부(2013). 2013 아동분야 사업안내.

보건복지부(2014). 국내입양현황.

보건복지부·중앙아동보호전문기관(2012). 2012 전국 아동학대현황보고서.

서울대학교교육연구소(1999). 교육학대백과사전. 서울: 하우동설.

안전행정부(2014). 2014년 지방자치단체 외국인주민 현황.

양옥남·김혜경·김미숙·정순둘(2006). 노인복지론. 경기: 공동체.

여성가족부(2006). 2006년 보육사업안내.

여성가족부(2007). 조손가족 실태조사 및 지원방안 연구.

여성가족부(2013). 2013 한부모가족지원 사업안내.

여성긴급전화 1366(2014). 전국협의회 운영보고서.

오정수·정익중(2013). 아동복지론(2판). 서울: 학지사.

왕석순(2013). 학교폭력 예방을 위한 가정과 교육의 접근 방안 탐색. 한국가정과 교육학회지, 25(1), 119-135.

우경연(2013). 아동관련법과 아동복지법 변천사 연구. 아동복지 연구소 보고서, 10, 1-101.

의정부청소년수련관(2014). 2014년도 청소년사업 운영계획.

이소희(2005). 아동복지론. 경기: 학현사.

이수훈(2013). 한국에서의 학령전기 소아 중독 실태에 관한 국, 내외 비교 연구. 대한보건연구, 39(1), 13-22.

이순형·민하영·이소은·이완정·황혜신·이강이·이영미·이혜승·한유진·권혜진·성미영(2013). 아동복지 이론과 실천(6판). 경기: 학지사.

이양희·오미경(2013). 뇌교육 프로그램이 초등학생의 학교폭력 예방에 미치는 영향. 뇌교육연구, 11, 47-73.

이진숙·최원석(2011). 이혼한 한부모의 사회서비스 욕구에 관한 성별 비교분석. 여성학연구, 21(3), 141-171.

이현심·박주현·최덕경(2011). 북한이탈청소년들의 한국생활 적응에 관한 현상학적 연구. 청소년복지연구, 13(4), 309-341.

장인협·오정수(2000). 아동 청소년복지론(개정2판). 서울대학교출판부.

전윤지·김경근(2013). 가정배경, 교사지지, 컴퓨터의 이용행태, 학업성취 간 구조적 관계분석. 한국교육학연구, 19(1). 5-34.

정동하·정미현(2011). 청소년의 스트레스가 비행행동과 자살생각에 미치는 영향에 관한 경로분석. 한국가족복지학, 16(3). 171-187.

정미현(2009). 한부모가족 지원체계로서의 리더십코칭접근. 코칭연구, 2(2), 69-82.

정미현(2010). 영유아기 자녀를 둔 어머니의 양육효능감 척도개발. 부모교육연구, 7(1), 45-58.

정미현(2011). 영유아기 자녀를 둔 부모의 양육지식척도 개발. 부모교육연구, 8(1), 69-82.

조금옥·도미향·정미현(2012). 코칭대화모델을 적용한 아동의 자기주도학습 코칭프로그램 개발 탐색연구. 코칭연구, 5(1), 73-87.

조은미·천성문·이영순(2011). 지지적 집단상담이 발달장애아동 어머니의 사회적 지지, 자존감 및 심리적 안녕감에 미치는 효과연구. 재활심리연구, 18(1), 49-71.

중앙육아종합지원센터(2008). 연령별 연간·월간 교육계획안.

중앙육아종합지원센터(2014). 표준보육과정에 기초한 0~2세 영아보육프로그램.

최덕경·박주현(2012). 가족정책론. 경기: 양서원.

최덕경·박연옥·박주현·전영록·안우상·박서춘·장갑수(2014). 정신건강론. 서울: 창지사.

통계청(2008). 인구주택총조사보고서.

통계청(2010). 2010 인구주택총조사 전수항목 집계결과: 다문화인구동태.

한국보건사회연구원(2008). 3차년도 한국복지패널 조사자료 사용지침서. 서울: 보건사회연구원.

현명선·우주현·김현래(2013). 알코올중독 환자의 병식과 자아존중감 및 대처방식 연구. 정신간호학회지, 22(3). 137-146.

Afifi, T. O., Mota, N. P., Dasiewicz, P., Macmillan, H. L., & Sareen, J. (2012). *Physical punishment and Mental disorders: results from a nationally representative US sample.*

Ainsworth, M. (1979). *Patterns of attachment.* NY: Halsted Press.

Allen-Meares, P. (2009). *Social Work Services in school.* Prentice Hall.

Bamba, S. & Haight, W. (2011). Child welfare and development: A Japanese case study. Cambridge university press.

Barker, R. (1987). *The Social Work Dictionary.* NASW.

Baumrind, D. (1973). The development of instrumental competence through socialization. In A. Pick (Ed.). *Minnesota symposium on child psychology* (Vol.7). Minneapolis: University of Minnesota Press.

Bowlby, J. (1989). *Attachment and loss* (Vol.2). Separation, anxiety and anger. NY: Basic Books.

Bronfenbrenner, U. (1995). The biological model from a life course perspective. In P. Moen, G. H. Elder, & K. Luscher (Eds.), *Examining lives in context.* Washington, DC: American Psychological Association.

Ceci & Shuman(2013). Disclousure of child sexual abuse: A review of the contemporary emperical literature. Routledge. NY: Taylor & Francis Group. In child sexual abuse, disclousure, Delay, and denial, edited by M, Pipe., M, Lamb., Y, Orbach., A, Cederborg.

Crosson-Tower, C. (2007). *Exploring child welfare, A practice perspective* (5th ed.). Boston: Pearson Education.

Demirbas, H., Ilhan, I. O., & Dogan, Y. B. (2012). Ways of problem solving as predictors of relapse in alcohol dependent male inpatients. *Addictive Behaviors*, *37*, 131-134.

DiNitto, D. M. (2005). *Social welfare: politics and public policy* (6th ed.). Boston: Pearson Ed.

Downs, S., Moore, E., McFadden, E. J., Michaud, S., & Costin, L. B. (2004). *Child Welfare and Family Services: Policy and Practice*. Boston: Allyn & Bacon.

Fine, M. & Lee, S. (2001). *Handbook of Diversity in Parent Education: The Changing Faces of Parenting and Parent Education*. Academic Press.

Friedlander, W. & Apte, R. (1980). *Introduction to Social Welfare*. Englewood Cliffs: Prentice-Hall.

Gilbert, N. & Terrell, P. (2005). *Dimensions of Social welfare policy* (6th ed.). Boston: pearson.

Gottman, J. (2013). *Emotion Coaching: The Heart of Parenting Video Program*. The Gottman Institute, Inc.

Guterman, N. & Taylor, C. (2005). *Prevention of Physical child abuse and neglect*. New York: Columbia University press.

Hsieh, M. & Shek, D. (2008). Personal and family correlates of resilience among dolescents living in single-parent households. *Journal of divorce & remarrige*, *vol. 49*(3/4), 330-348.

Kadushin, A. (1974). *Child Welfare Services*. New York: Macmillan.

Kadushin, A. & Kadushin, G. (1997). *The social work interview*. A Guide for human service professionals(4th ed.). New York: Columbia University Press.

Kadushin, A. & Martin, J. A. (1981). *Child abuse: An Interactional Event*. NY: Columbia University Press.

Kadushin, A. & Martin, J. A. (1988). *Child welfare services* (4th edition). NY: MacMillan.

Kohlberg, L. A. (1976). Moral stages and moralization. The cognitive development approach. In T. Likona (Ed.). *Moral development and behavior: Theory, research, and social issues*. NY: Holt, Rinehart & Winston.

Mallon, G. & Hess, P. (2005). *Child welfare for the twenty-first century*. New York: Columbia University Press.

Maslow, A. H. (2013). *Toward a Psychology of being: A psychology classic*. Start publishing LLC.

Meyer, C. (1985). Stability and change in child care and employment: Evidence from three states. *Next Generation Working Paper, 17*. New York: MDRC.

NASW (1995). *Encyclopedia of Social Work* (19th ed.). Washington, D.C.: National Association of Social Workers.

Noel, J. & Whyte, D. (2007). Children and perverty(63-87). In C. Crosson-Tower(Eds.), *Exploring Child Welfare, a Practice Perspective*. Boston: Pearson Education.

Papalia, D., Olds, S., & Feldman, R. (2008). *Human development*. 11ed. McCraw-Hill book Company.

Pearson, Weaver, C. J., Keller, D. W., & Loyek, A. H.(2005). Children with disabilities in the child welfare system. New York: Columbia University press.

Philips, J., Ray, M., & Marshall, M. (2006). *Social work with older people* (4th ed.). New York: Palgrave MaCmillian.

Piaget, J. (1954). *The construction of reality in the child*. NY: Basic Books.

Reed, D. R. (1997). *Following Kohlberg Liberalism and the Practice of Democratic Community*.

Saatcioglu, O., Erim, R., & Cakmak, D. (2006). Role of family in alcohol and substance abuse. *Psychiatry and Clinical Neurosciences, 60*, 125-132.

Santrak, J. W. (2004). *Child development* (10th ed.). McGrow-Hill.

Santrock, J. W. (2007). *Child development* (10th ed.). McGraw-Hill College.

Scharlach, A. E., Lowe, B. F., & Schneider, F. L. (1991). *Elder care and the work force: Blueprint for action*. Lexington, MA: D.C. Health.

Schreiber, J. C. (2011). Parenting, Policies, and Practice: Christian Influence on Child Welfare in American. *An international journal, 38*(3). 293-314

Sedlak, A., Mettenburg, J., Basena, M., Petta, I., Mcpherson, K., Geen, A., & Li, S. (2010). Fourth national in cidence study of child abuse and neglect(Nis-4). Washington, DC: Us department of health and Human services.

Slavinm R. E. (2007). *Educational Psychology: Theory and practice and My labschool and Emerging trands Booklet*. Prentice Hall.

Smitha, D. E. & Mooreb, T. M. (2013). Parenting style and psychosocial outcomes in a sample of Jamaican adolescents. *International Journal of Adolescence and Youth, 18*(3), 176-190.

Thomas, K. & Kilmann, R. (1974). *Thomas-Kilmann conflict mode Instrument*. Palo Alto, California: Consuling Psychologist Press.

Turner, P. & Welch, K. (2011). *Parenting in Contemporary Society* (5th ed.).

Weaver, C. J., Keller, D. W., & Loyek, A. H. (2005). *Children with disabilities in the child welfare system*. NY: Columbia University Press.

Yen, C., Hsiao, R. C., Rises, R. Liu, S., Huang, C., & Chang, Y. (2008). Insight into alcohol-related problems and its associations with severity of alcohol consumption, mental health status, race, and level of acculturation in Southern Taiwanese Indigenous people with alcoholism. *American Journal of Drug and Alcohol Abuse*, *34*, 553-561.

CBS노컷뉴스(2013. 12. 27). 학생들의 표현의 자유는 대한민국 헌법 등에 명시된 권리.

CBS노컷뉴스(2019. 10. 1). '베이비박스' 이종락 목사 부부, 기소 의견 검찰 송치.

수도권일보(2014. 2. 13). 학교에 사회복지사 배치 위기학생 지원활동 강화.

여성신문(2013. 12. 14). 아동학대, 최대 무기징역…친권 박탈 가능.

중앙일보(2002. 6. 12). 세계 아동 8명 중 1명 고강도 노동 혹사.

한겨레 21(2011. 4. 1). 소년 토아의 전쟁 같은 노동.

한겨레(2011. 1. 26). '보편적 복지' 선진국들이 불평등·빈곤 더 감소했다.

한겨레(2012. 7. 12). 유럽 위기 속 5% 성장 '스웨덴 복지의 힘'…한국도 주목해야.

한국일보(2010. 4. 10). 일자리 기쁨도 잠시…4개 중 1개는 저임금.

한국일보(2011. 6. 23). 아동학대 방지법 임시국회에서 처리를.

금천구 다문화가족지원센터 http://geumcheongu.liveinkorea.kr

법무부 http://www.moj.go.kr

# 찾아보기

## 정 미 현

남서울전문학교 아동가족학부 학과장, 한국부모교육학회 부회장
건국대학교 학사, 건국대학교 석사, 고려대학교 박사수료
전) 고려대학교/상명대학교/상명대학교 정책대학원 강사, 한국아동가족코칭연구소 부소장

[대표 저서와 논문]

『코칭 심리측정의 이해와 활용』(공저, 2019), 『아동권리와 복지』(공저, 2018),
『인간행동과 사회환경』(공저, 2014), 『보육과정』(공저, 2012),
『성격과 코칭의 이해』(공저, 2011), 『부모상담의 이해와 기법』(공저, 2008)
"양육지식과 양육효능감의 관계"(부모교육연구, 2012)
"The relations between parenting knowledge and parenting efficacy"(Korean Journal of Parent Education, 2012)
"코칭대화모델을 적용한 아동의 자기주도학습 코칭프로그램 개발 탐색연구"(공저, 코칭연구, 2012)
"청소년의 스트레스가 비행행동과 자살생각에 미치는 영향에 관한 경로분석"(공저, 한국가족복지학, 2011)
"영유아기 자녀를 둔 부모의 양육지식 척도개발"(부모교육연구, 2011)
"한국의 코칭연구 경향에 관한 분석"(코칭연구, 2011)
"영유아기 자녀를 둔 어머니의 양육효능감 척도개발"(부모교육연구, 2010)
"조직의 성과달성을 위한 리더십코칭 연구경향"(공저, 코칭연구, 2010)
"한부모가족 지원체계로서의 리더십코칭접근"(코칭연구, 2009)
"The effects of family leadership coaching program on parenting efficacy and child rearing stress" (International Journal of Family Welfare, 2008)

## 전 영 록

제주관광대학교 사회복지학과 교수
대구대학교 사회복지학과 문학사, 영남대학교 행정대학원 행정학 석사, 대구대학교 사회복지대학원 철학박사
제주특별자치도교육청 교육복지우선지원사업연구지원협력단 위원장
제주시지역사회보장협의체 공동위원장(역), 제주소년원 보호소년처우심사 및 분류심사위원

[대표 저서와 논문]

『지역사회복지론』(공저, 2009), 『장애인복지론』(공저, 2008) 외 다수
"지역사회 중심 사회복지전달체계 개선방안 고찰"(한국지역사회복지학회, 2012)
"기업의 자원봉사활동 활성화 방안에 관한 연구"(제주관광대학교 논문집, 2011)

# Author Introduction 저자소개


## 박 주 현

백석문화대학교 사회복지학부 부교수, 사회복지학 박사

동아대학교 졸업, 백석대학교 성경학 석사와 사회복지학 석사

사)한국가족복지학회 감사, 한국부모교육학회 부회장, 한국코칭학회 상임이사

서울남부지방법원 협의이혼상담위원(2006. 10. ~ 2014. 12.)


[대표 저서와 논문]

『다문화사회와 기독교』(2013), 『가족과 젠더』(공저, 2013), 『가족정책론』(공저, 2012)

"가족 건강성, 이성교제 만족도 및 생활 스트레스가 대학생의 심리적 복지감에 미치는 영향"(공저, 한국가족복지학, 2015)

"언론에 나타난 보육교사 이미지에 관한 연구"(공저, 한국가족복지학회 추계학술대회, 2015)

"이용 동기와 자기 통제력 및 사회적 위축이 스마트폰 중독에 미치는 영향"(공저, 디지털융복합연구, 2014)

"병영생활 중 이성과의 이별경험 연구"(공저, 한국군사회복지학, 2014)

"북한이탈청소년들의 한국생활 적응에 관한 현상학적 연구"(공저, 청소년복지연구, 2011)


## 김 태 동

김포대학교 사회복지과 교수

숭실대학교 일반대학원 사회복지학과 석사, 박사


[대표 저서와 논문]

『사회복지법제론』(학지사, 2018), 『사회복지조사론』(공동체, 2013)

"아동학대와 노인학대 관련법 법적 비교"(사회복지법제학회, 2018)

"지방자치단체 인권조례분석"(사회복지법제학회, 2018)

"어린이집의 CCTV 설치운영과 관련한 법률검토 및 분석"(한국영유보육학회, 2017)

"CCTV운영과 보육교직원 권리 충돌에 대한 이익형량 연구"(사회복지법제학회, 2017)

"유아의 유치원 적응에 미치는 영향"(한국영유보육학회, 2016)

"영유아보육교사의 다문화효능감 영향요인연구"(한국영유아보육학회, 2011) 외 다수

제3판

# 아동복지론

초　판 1쇄 발행 2014년 8월 30일
초　판 2쇄 발행 2015년 8월 14일
제2판 1쇄 발행 2016년 2월 23일
제3판 3쇄 발행 2025년 9월 5일

지 은 이 | 정미현 · 전영록 · 박주현 · 김태동
펴 낸 이 | 김기섭
편 집 인 | 김민수
펴 낸 곳 | 창지사 www.changJisa.com
08589 서울시 금천구 가산디지털 1로 83 파트너스타워 1차 9층
전화 (02)719-2211~3
팩스 (02)701-9386
등　　록 | 1977년 4월 28일 · 제1-421호



ISBN 978-89-426-1270-3 (93330)

값 22,000원